HOC · OPVS
EST · GRATIA · DEI
OPERATVM

Johannes Jetschgo

Im Zeichen der Rose

*Reise in eine europäische Provinz
zwischen Donau und Moldau*

Mit Fotos von Aleš Motejl

styria regional

INHALT

Vorwort … 9

ZISTERZIENSERKLOSTER IM GRENZRAUM
Vyšší Brod/Hohenfurth … 15
    Die Entstehung des Ordens … 15
    Das Kloster im Böhmerwald … 17
    Kirchenbau im Mittelalter … 20
    Kirche und Kloster Hohenfurth … 22

BAYERN–BÖHMEN–ÖSTERREICH
Gefolgschaft, Fehden und Heiratspolitik im Dreiländereck … 31
    Die Witigonen der ersten Stunde … 35
    Rožmberk nad Vltavou/Rosenberg an der Moldau
    Der erste Stammsitz der „Herren von der Rose" … 41
    „Bis die Moldau den Hradschin hinauffließt" … 42
    Die Rose und das Ritterideal … 48

BEWUNDERT · GEÄCHTET · GESCHÄNDET
König Přemysl Ottokar II. … 53
    Der Ursprung Oberösterreichs … 54
    Der historische Kern der Hohenfurther Gründung … 57

DIE GRÜNDUNGEN DES „GOLDENEN" BÖHMENKÖNIGS … 65
    Písek/Pisek … 65
    České Budějovice/Budweis … 66
    Zvíkov/Burg Klingenberg … 75
    Orlík nad Vltavou/Worlik an der Moldau … 76
    Zlatá Koruna/Goldenkron … 81

ZAWISCH VON FALKENSTEIN
Machthunger und dramatisches Ende … 89
    Stift Schlägl … 91

DIE GOTIK
Kulturraum ohne Grenzen … 99
    Kájov/Gojau … 101
    St. Anna in Steinbruch bei Neufelden … 102
    Haslach … 103

TRANSITWEGE UND HANDELSORTE
Salz · Luxuswaren · Böhmisches Tuch   109
    Prachatice/Prachatitz   110
    Freistadt   112
    Linz   118

RELIGION UND POLITIK
Die „zwei Cliquen des Adels"   123
    Dívčí Kámen/Maidstein   127
    Wildberg   131
    Blatná/Blatna   132

ČESKÝ KRUMLOV/KRUMAU
Die „Witwe der Rosenberger"   137
    Das Schloss   139
    Die Stadt   149
    Egon Schiele in Krumau   154
    Die wichtigsten Repräsentanten der Rosenberger   155

DIE BEIDEN LETZTEN BRÜDER
Ehrgeiz · Toleranz · Melancholie   163
    Wilhelm von Rosenberg (1535–1592)   163
    Kratochvile/Kurzweil   170
    Bechyně   175
    Třeboň/Wittingau   177
    Jindřichův Hradec/Neuhaus   186
    Peter Wok von Rosenberg (1539–1611)   189

IM HOCHWALD
Adalbert Stifters literarischer Ort und das Unzeitgemäße seines Romans „Witiko"   195

Zeittafel   203
Literatur   204

Nächste Doppelseite: Schloss Rosenberg an der Moldau

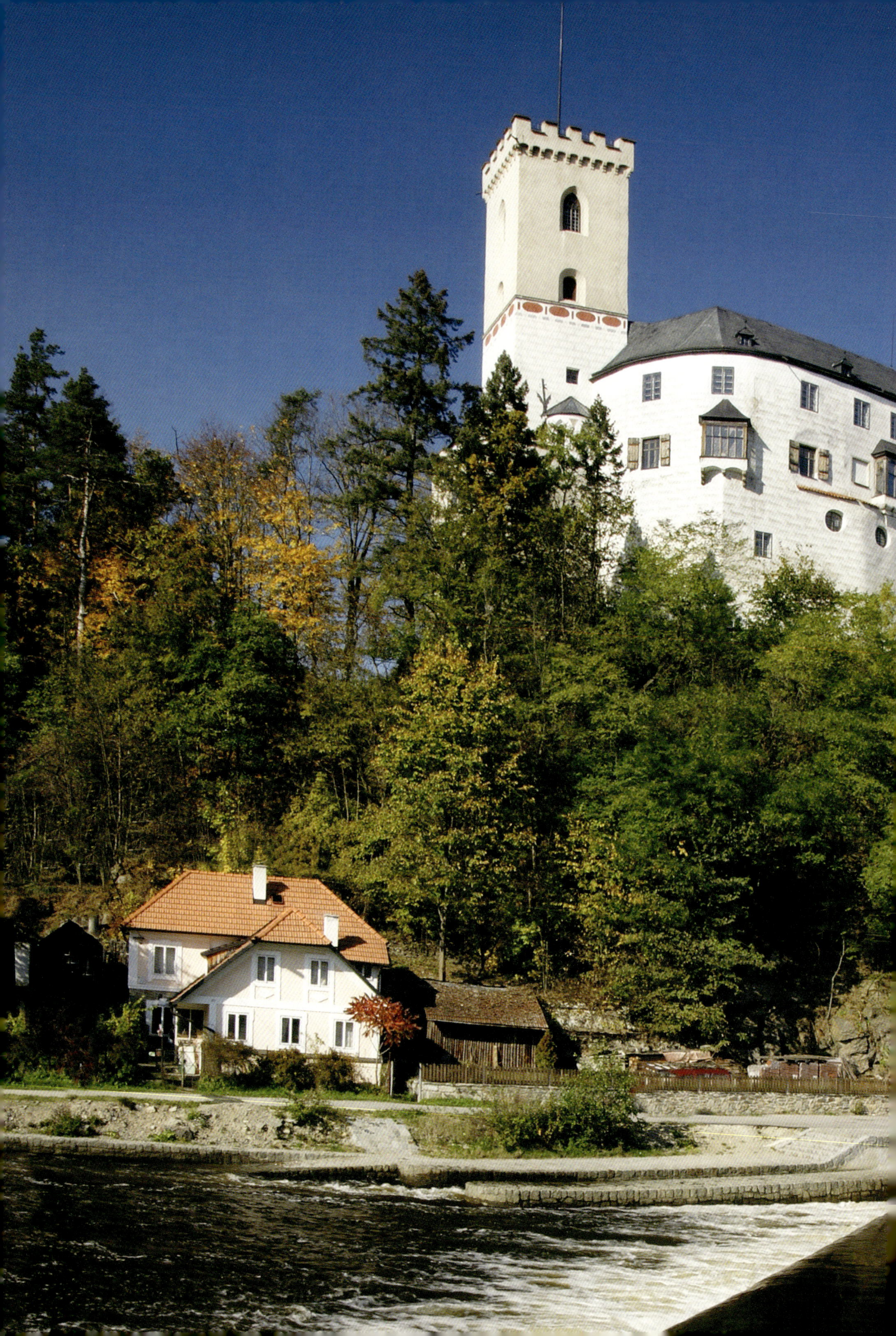

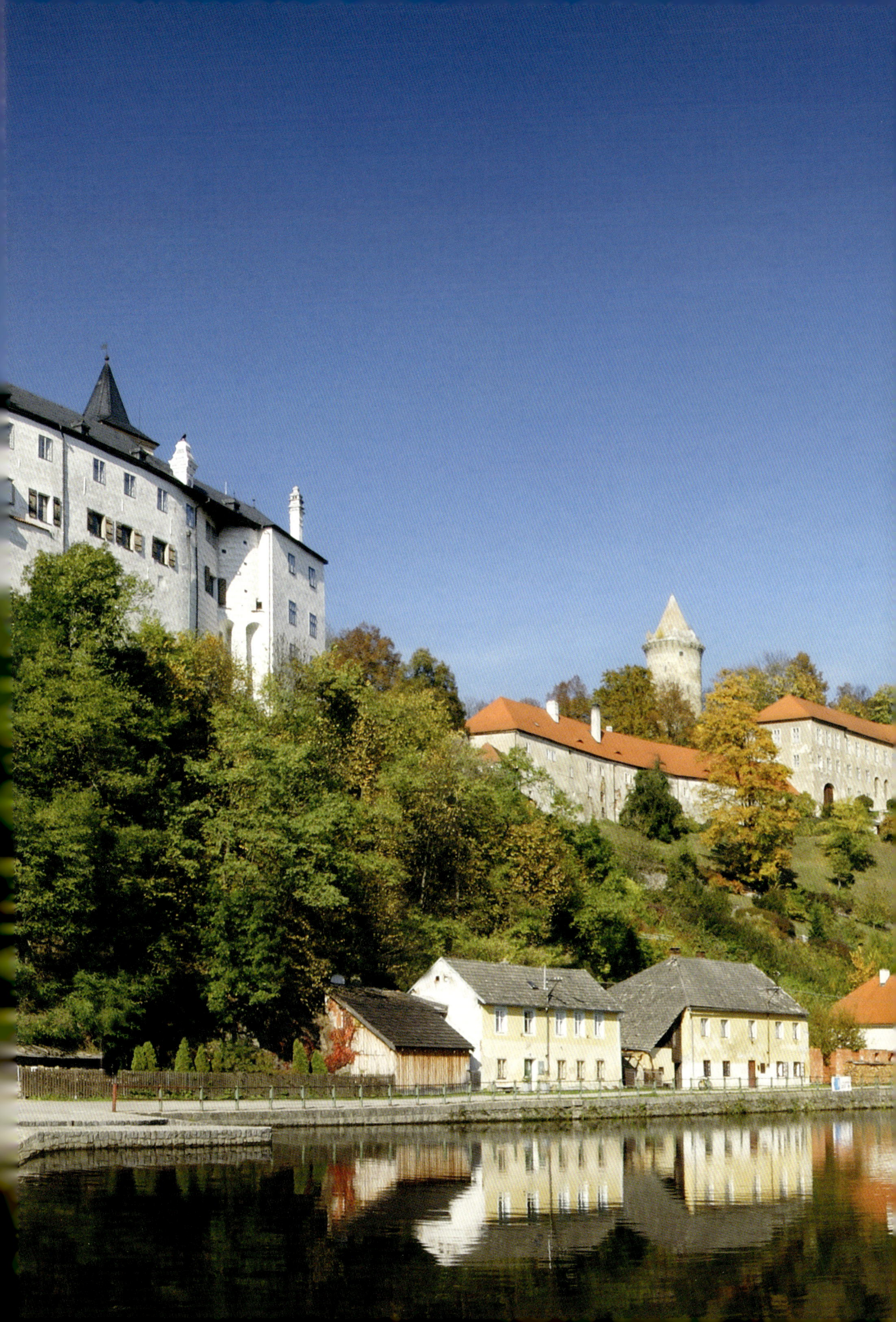

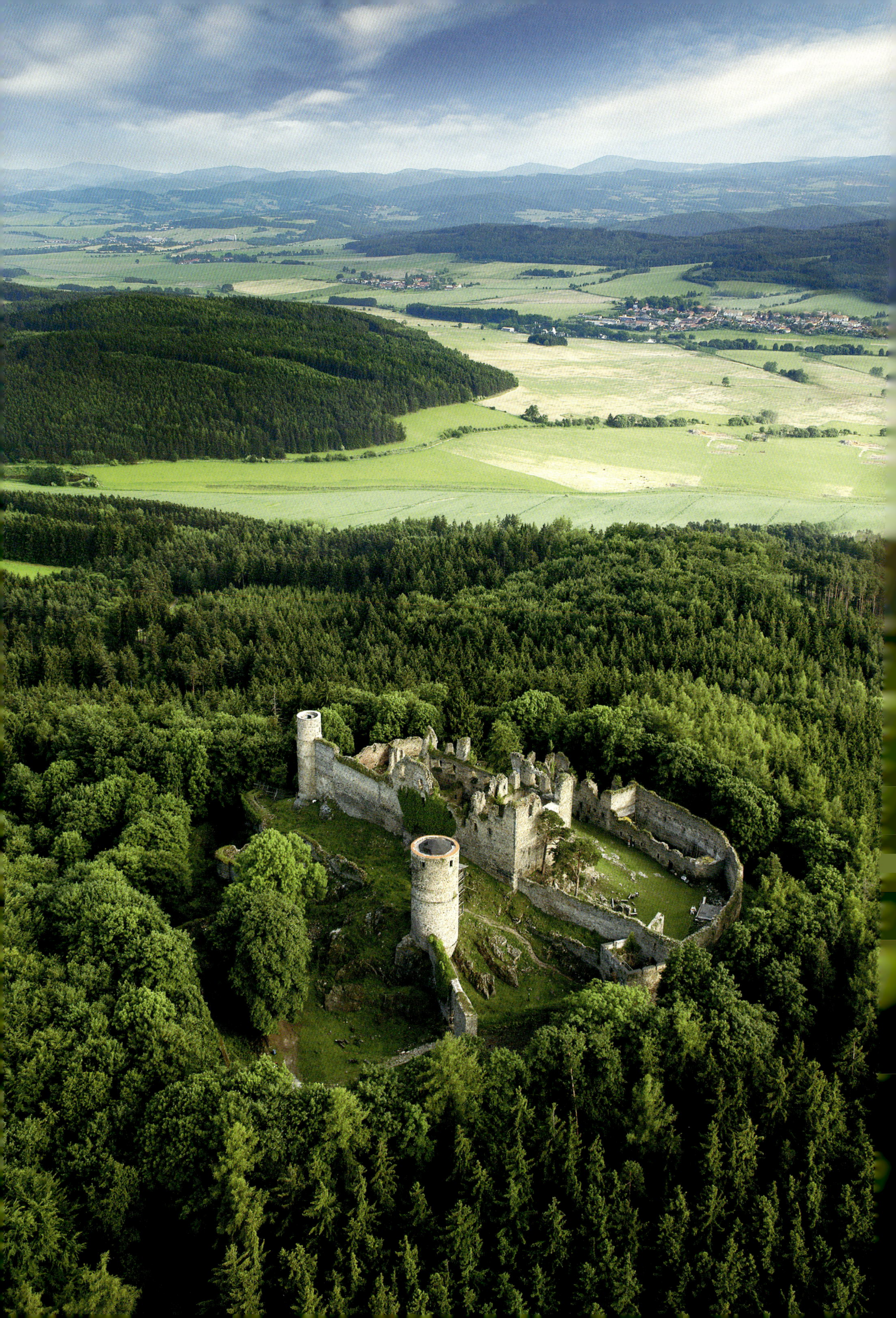

EIN WORT ZUVOR

„Böhmen hat eine der größten und
merkwürdigsten europäischen Geschichten."
(Adalbert Stifter, 1864, an seinen Verleger Gustav Heckenast)

Im Juni 2012 kreuzte ein Ausflugsschiff mit Politikern, Honoratioren, Amtsträgern und Dolmetschern auf der Donau vor Linz: Das Tagungsthema an Bord war die neu gegründete Interessengemeinschaft der Donau-Moldau-Region. Man glitt an idyllischer Uferlandschaft vorüber, beschwor Zusammenarbeit, intensivere Gesprächskultur und den Ausbau gegenseitiger Kontakte. Es ist zu spüren, dass 23 Jahre nach dem Fall des Eisernen Vorhangs noch immer viel zu tun bleibt. Touristische Interessen haben das Tor zur gemeinsamen Aktion geöffnet, die österreichische Wirtschaft ist zum zweitgrößten Investor in Tschechien aufgestiegen, Waren im Wert von fast fünf Milliarden Euro werden inzwischen aus dem Nachbarland importiert, die Handelsbilanz kann sich sehen lassen.

Doch das vergangene Jahrhundert hat auch vieles verschüttet, zerschnitten und demontiert. Eine Tatsache, die bis heute die Bereitschaft zum Dialog überschattet. So ist das Atomkraftwerk Temelín zum Reibebaum geworden, ein Thema, das geradezu magnetisch anzieht und verhindert, dass vieles, was in Tschechien an energiepolitischen Alternativen gedeiht, auf österreichischer Seite wahrgenommen wird.

Umgekehrt taugen die Beneš-Dekrete in Tschechien immer noch dazu, patriotischen Populismus und damit Wählermehrheiten zu mobilisieren. Das Jahrhundert der Nationalstaaten mit seinen grellen und giftigen Blüten bleibt mächtig. Nationale Geschichtsinterpretation und nationale Vereinnahmung färben nach wie vor die tschechisch-deutsch-österreichischen Beziehungen. Ob es sich um die Ostsiedlung deutscher Bauern und Kaufleute im Mittelalter handelt, die von den Přemyslidenherrschern ins Land geholt wurden, oder um die Hussiten, Glaubenskriege und Gegenreformation. Das Trennende wurde schließlich zum Programm in der Sprach-, Kultur- und Schulpolitik im 19. Jahrhundert und begleitete die bis heute nachklingende Einschätzung von Minderheiten.

Die Auswirkung der 143 „Dekrete des Präsidenten der Republik" von 1946, die im deutschsprachigen Raum verkürzt Beneš-Dekrete genannt werden – ein Teil davon verfügte die Enteignung und Entrechtung von etwa drei Millionen Deutschen und 660.000 Ungarn –, und die Exzesse der Vertreibung haben eine Vorgeschichte. Die Willkür des Hitler-Regimes wurde insbesondere im Massaker an den Dorfbewohnern von Lidice nach dem Attentat auf Reichsprotektor Reinhard Heydrich sichtbar, wobei nicht zuletzt diese Geschehnisse in der Konferenz von Jalta dazu beitrugen, dass die Alliierten den „odsun", die sogenannte „Aussiedlung" billigten.

Die Folgen dieser Ereignisse sind bis in die Gegenwart spürbar und beschäftigen Historikerkommissionen: „Bis heute haben Österreicher und Tschechen ein diametral verschiedenes Bild von der so oft beschworenen gemeinsamen Geschichte", schreibt die in Prag gebürtige Journalistin Barbara Coudenhove-Kalergi.

Blick über Südböhmen, im Vordergrund Helfenburk

Dabei gibt es einige Initiativen, gerade auch auf tschechischer Seite, die zur Völkerverständigung beitragen wollen: Der Verein „Antikomplex" untersucht die Geschichte des „verschwundenen Sudetenlands", nicht zuletzt als „community development", um der regionalen Identität nachzuspüren. Auch beschäftigen sich jüngere tschechische Autoren und Autorinnen wie Radka Denemarková oder Jáchym Topol in ihren Büchern mit der Zeitgeschichte. In einer breiten Öffentlichkeit haben sich diese Aktivitäten noch nicht herumgesprochen. Nach wie vor gibt es daher Ahnungslosigkeit und innere Abwehr gegenüber dem Nachbarn. Was einst in den nationalchauvinistischen Parolen des späten 19. Jahrhunderts offen und aggressiv geschürt worden war, wurde später, nach 1945, verinnerlicht und kultiviert. Was bleibt ist, dass wir wenig voneinander wissen (wollen). Das war nicht immer so.

Und hier setzt dieses Buch an. Im Paradox, dass die Sonntagsreden von heute, die sich auf ein undatiertes Morgen beziehen, von einem Gestern, das längst vergessen ist, schon eingeholt worden waren.

Was immer wieder überrascht: Das 13. oder 16. Jahrhundert, so fern es ist und so unbrauchbar und flüchtig es für das Hier und Jetzt erscheint, so wenig steht es in der Mobilität der Eliten aus Politik, Wirtschaft und Kunst dem 21. Jahrhundert nach. Dass sich das an historischen Schauplätzen und Persönlichkeiten einer Region illustrieren lässt, die nach dem Maß heutiger Weltläufigkeit tiefste Provinz verkörperten, könnte im besten Fall nachdenklich stimmen. Die Region zwischen Inn, Donau und Moldau ist jedenfalls geographisch gesehen die Mitte Europas, das heute vielbeschworene Zentraleuropa. Hier verweisen Städte und Orte aufeinander, erzählen von kulturellen oder wirtschaftlichen Beziehungen.

Nehmen wir ein Randphänomen, das in die globale Szene passt: Wer heute an einem der kleineren Grenzübergänge des Mühlviertels oder des Bayerischen Waldes nach Tschechien reist, der begegnet zuallererst den Vietnamesenmärkten. Die Vietnamesen ihrerseits sind inzwischen längst zu einer neuen Bürgerschicht geworden, die, geschäftstüchtig wie sie nun einmal ist, nach der Wende vom Grenzverkehr profitiert und deren Kinder, in Tschechien aufgewachsen, zur jungen Bildungsschicht des Landes zählen, die bei Wettbewerben und Schulolympiaden punkten.

Märkte, die im Kleinen beginnen und gesellschaftliche Erneuerungen herbeiführen, hat es immer gegeben. Märkte oder spirituelle Bewegungen waren auch in der Vergangenheit Antrieb für Mobilität. Wie sonst wären im Hochmittelalter Stifte wie St. Florian in Oberösterreich imstande gewesen, entlegene Pfarreien wie Haslach im Oberen Mühlviertel zu betreuen? Oder wie sonst wäre es südböhmischen Grundherren möglich gewesen, Allianzen und Verwandtschaftsbeziehungen im Donauraum oder im nahen Bayern zu pflegen?

Die Orden, insbesondere die Zisterzienser, gehörten zu den ersten, die im Hochmittelalter die Region zwischen Donau und Moldau erschlossen, jedoch war die vermeintliche Undurchdringlichkeit des „Nordwalds" schon durch die Säumerpfade des Salzhandels geöffnet worden. Und so erstreckte sich die „Prager Verkehrsspinne" über Prachatice/Prachatitz und Český Krumlov/Krumau in den Südwesten nach Passau und Linz.

Heute zählt Krumau, um jene Stadt zu nennen, die dreihundert Jahre lang Residenz der Rosenberger und damit der bedeutendste Platz ihrer Epoche war, zum UNESCO-Weltkulturerbe. „Die Stadt", sagt Ivan Slávik, der seit dem Kalten Krieg als Kunsthistoriker dort lebt, „war immer dann erfolgreich, wenn sie sich im offenen Raum befand und keine dichte Staats- oder Kronlandgrenze in der Nähe lag." Wir erinnern uns, dass die Zeit des Kommunismus das Gegenteil bewirkte. Damals produzierte der Publizist und Kunstsammler Hans Dichand seinen Film „Die tote Stadt Egon Schieles", in dem man sich an der Morbidität ergötzen konnte, an den zerfallenden Fassaden, die die Zeitschichten und damit auch die Wunden der jüngeren Vergangenheit offen hielten. Heute drängen sich in den Gassen Boutiquen und Besucher, Kunsthandwerk und Folklore. In der totalitären Zeit war Südböhmen abgenabelt und isoliert, jetzt pulsiert dort die Wirtschaft, und der materielle Fortschritt ist sichtbar. Aber die Selbstverständlichkeit, mit der sich die Menschen dieser Regionen zwischen Donau und Moldau in der ferneren Geschichte austauschten, ist noch lange nicht erreicht.

Daher gibt es viele Schauplätze in diesem zentraleuropäischen Raum, deren Verbindung zueinander historischen Persönlichkeiten zu verdanken ist. Und so ist eine Figur wie der Böhmenkönig Přemysl Ottokar II., der das Erbe der Babenberger antrat, genauso wiederzuentdecken wie der Renaissance-Magnat Peter Wok von Rosenberg, der die oberösterreichischen Protestanten unterstützte. Neben den Familienverbänden der Machthaber und ihrer grenzüberschreitenden Verwandtschaft waren die Bauhütten und die Orden mit ihrer europaweiten Gründungstätigkeit, die Handelsachsen an Moldau, Inn und Donau, und später die Wanderkünstler aus Oberitalien die Garanten für eine offene Gesellschaft.

Die Zeit der Rosenberger kann ein Spiegel dafür sein, wie eine „Provinz", die immer schon – sei es auf österreichischer oder tschechischer Seite – die Exklusivität und die Mängel einer Randlage kennengelernt hat, ihr europäisches Profil schärfen konnte. Sowohl als vitales kulturelles Terrain zwischen Linz, Budweis und Passau wie auch als lebensnotwendige Peripherie rund um die Metropolen.

Es kann hier freilich nur beispielhaft gezeigt werden, was sich an Beziehungen zwischen Bayern, Böhmen und Österreich entwickelt hat, durchaus auch als Spannung und Reibungsfläche, aber auch – etwa in der Zeit konfessioneller Polarisierung – als Allianz, die später in Vergessenheit geriet. Der deutschböhmische Schriftsteller Johannes Urzidil (1896–1970) meinte einmal dazu: „Nachbarschaft ist ein ewiges Risiko" – eine nüchterne Einschätzung, geprägt vom Wissen um die Konflikte, besonders um jene des 20. Jahrhunderts, aber auch vom Bewusstsein, dass darin ein starkes europäisches Potenzial liegt.

Das vorliegende Buch führt zu historischen Schauplätzen in der Region zwischen Moldau und Donau sowie zu den dort einst prägenden Persönlichkeiten. Die Kapitel folgen einer Chronologie, die durch die 400-jährige Geschichte der Rosenberger vorgegeben ist. Damit werden Entwicklungen und Zusammenhänge sichtbar gemacht, durch die diese Region mit großer Selbstverständlichkeit über viele Jahrhunderte als zentraleuropäische Drehscheibe fungierte.

Darin könnte in erweiterter Form auch ihre zukünftige Kraft für ein Europa der Regionen liegen.

Mühlviertel oder Südböhmen? Gemeinsame Landschaft, gemeinsame Geschichte (oben); nächste Doppelseite: Südböhmen an der bayerisch-österreichischen Grenze

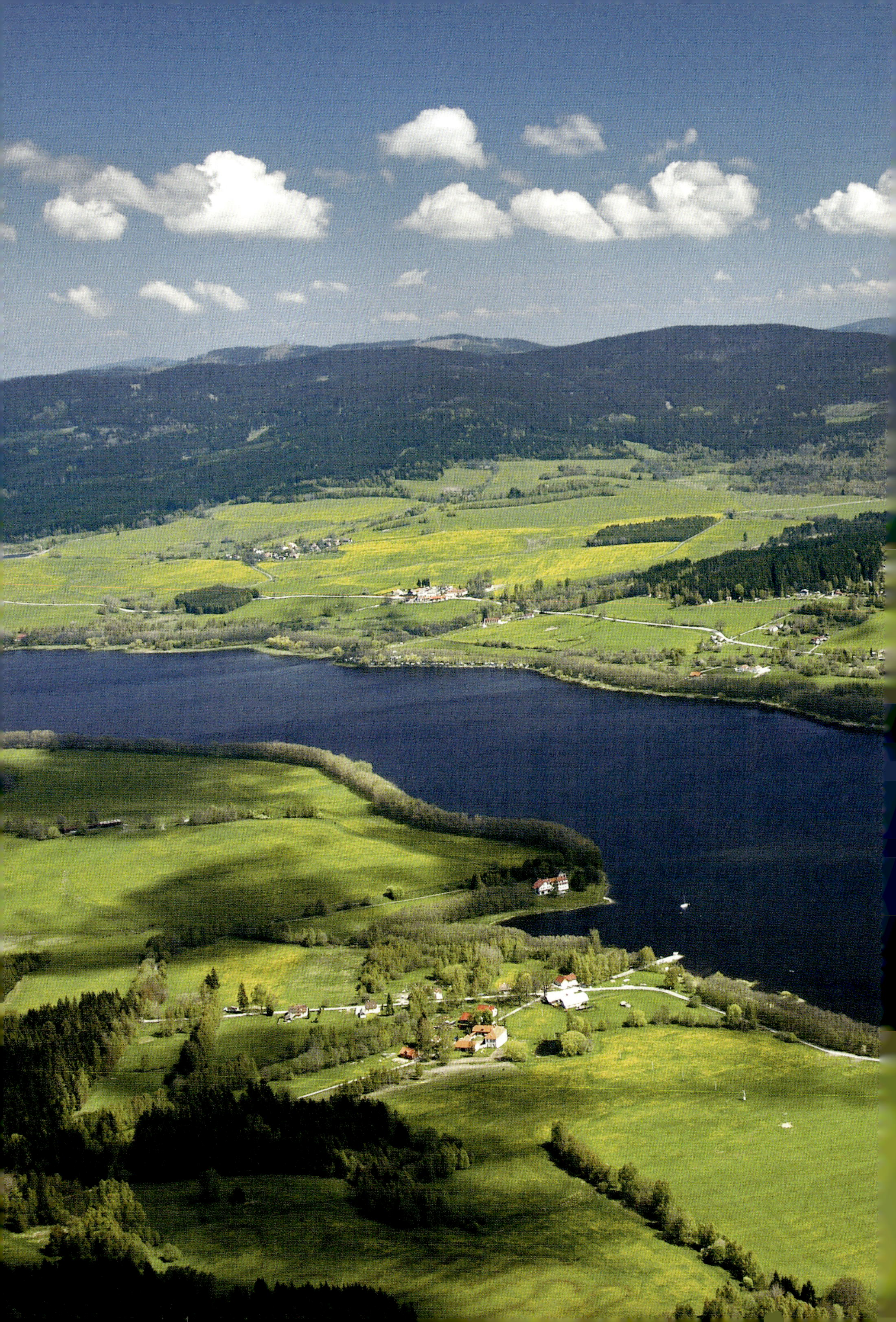

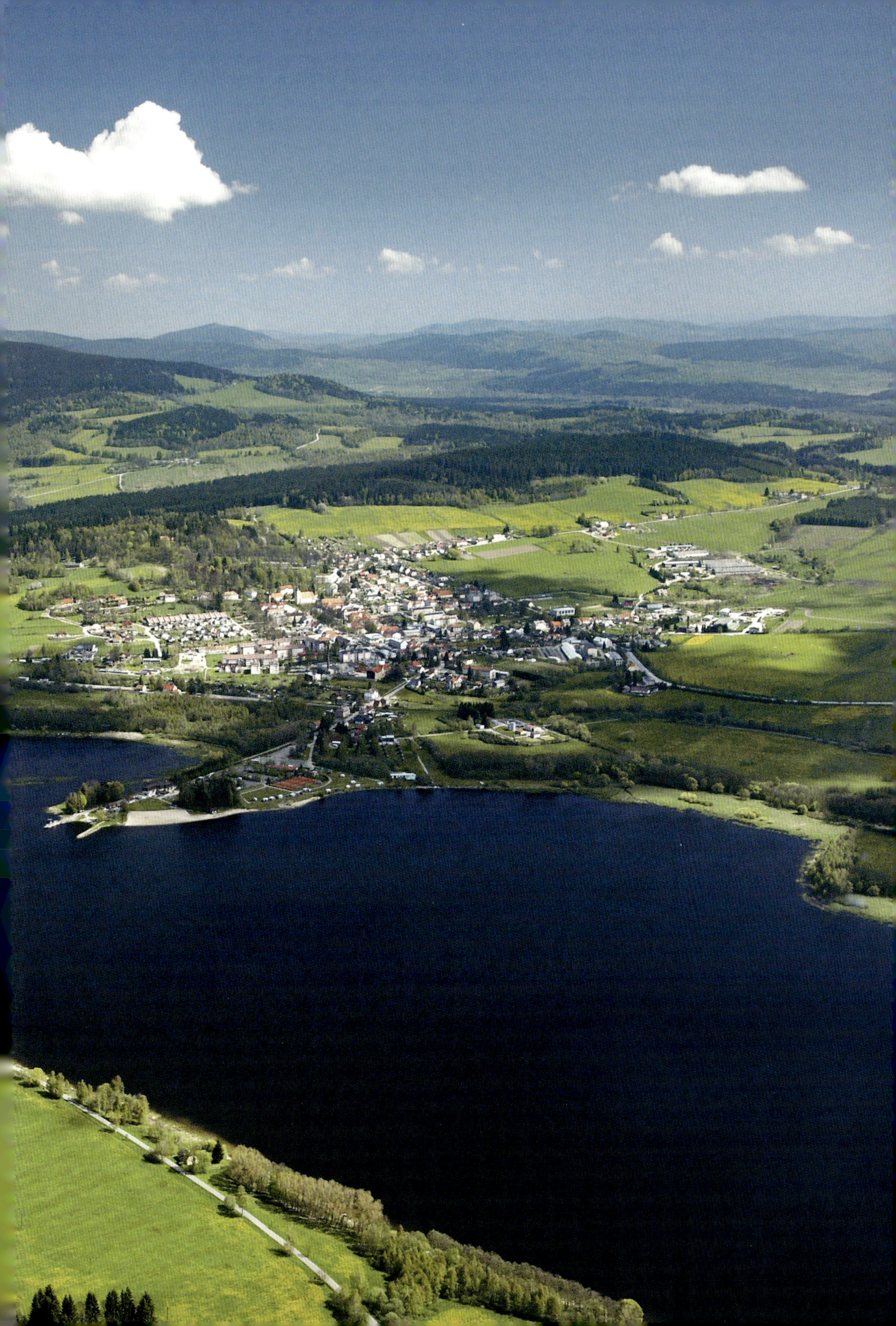

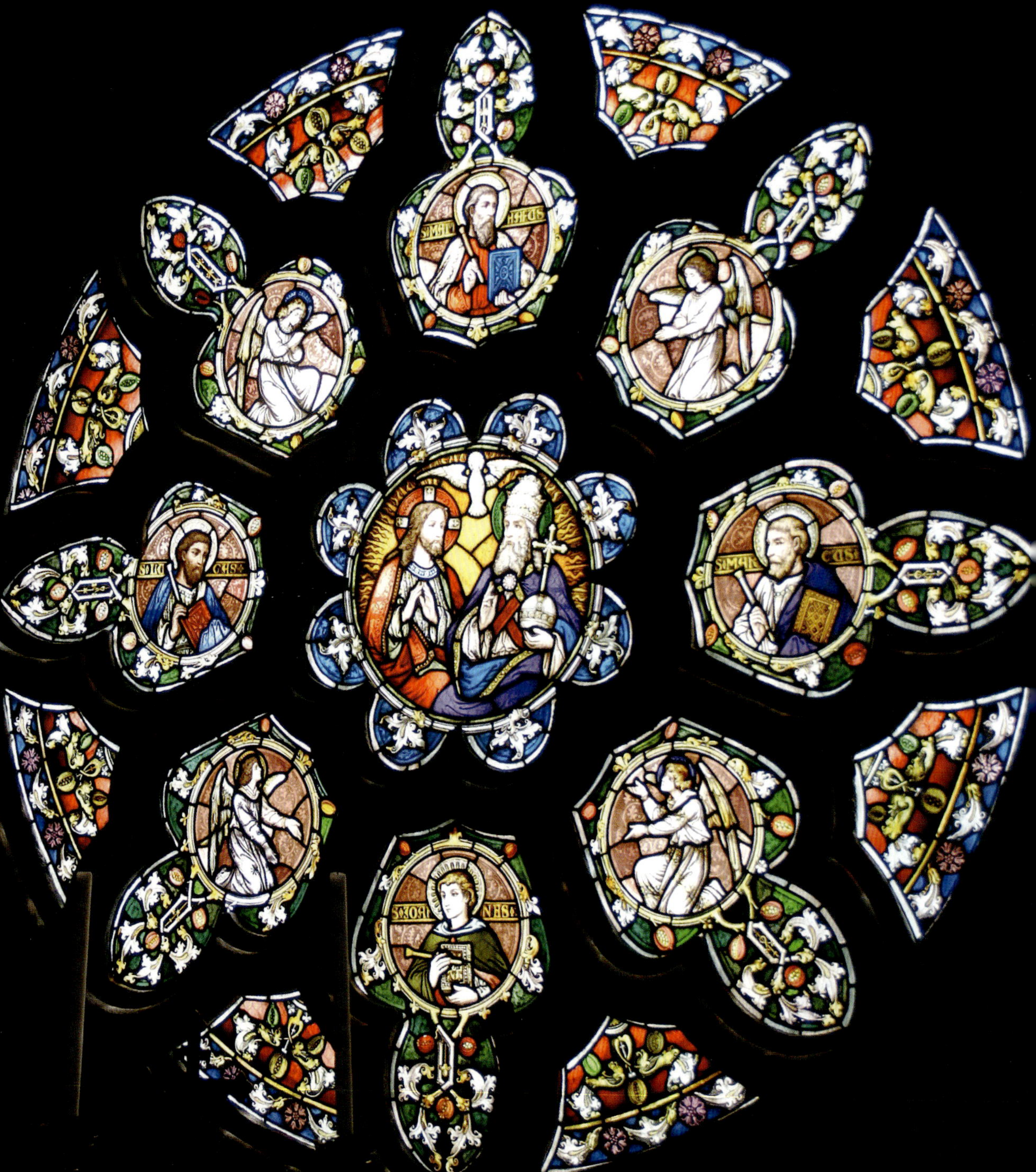

ZISTERZIENSERKLOSTER IM GRENZRAUM

Vyšší Brod/Hohenfurth – Stiftung der Rosenberger

Ein Foto aus dem Jahr 1937, das damals als hoffnungsvolles Dokument verstanden wurde, zeigt Abt Tecelin Jaksch, wie er dem Präsidenten der Tschechoslowakischen Republik Edvard Beneš eine der wertvollen Handschriften des Zisterzienserklosters Hohenfurth präsentiert. Zehn Jahre später war das Kloster aufgelassen und als Denkmal säkularisiert worden. Die freundschaftliche Beziehung, die den Abt mit dem Präsidenten verband, bewirkte nichts mehr, und die Zisterzienser mussten ins Exil nach Rein in der Steiermark gehen. Wenige der Mönche erlebten die Neubesiedlung nach 1989. Vor der kommunistischen Machtübernahme war Hohenfurth schon einmal, nach dem Einmarsch Hitlers, aufgehoben worden, der Frühling danach war von kurzer Dauer.

Josef Jaksch, geboren in Haklovy Dvory/Hackelhöf und letzter Abt vor der Zeit der kommunistischen Diktatur, trug den seltenen Ordensnamen Tecelin, der auf die erste Generation seiner Gemeinschaft zurückwies, auf den Vater des Ordensgründers Bernhard von Clairvaux.

Die Entstehung des Ordens

In der Stiftskirche von Hohenfurth steht die Statue eines Wegbereiters Bernhards, einer, der den Reformorden in seiner allerersten Stunde verkörpert: Robert von Molesme, der zwei Kirchen auf seiner Hand trägt, die Abteien Molesme und Cîteaux. Dort entspringen der Geist und der Einfluss der Zisterzienser auf die europäische Kultur.

Robert war beseelt von der kirchlichen Erneuerung seiner Zeit, des späten 11. Jahrhunderts. Als Benediktiner trachtete er danach, die unangefochtene Ordensregel des heiligen Benedikt wieder in ihrer ursprünglichen Klarheit zu leben. Die strenge Konsequenz hatte sich in der Karolingerzeit verloren, die Klöster standen häufig unter der Leitung von des Lesens unkundigen Laienäbten, waren abhängig geworden von weltlichen und geistlichen Fürsten. Dass der heilige Benedikt die Autorität auch für die Zisterzienser war, zeigt in Hohenfurth die gemeinsame Darstellung der beiden Heiligen Benedikt und Bernhard im barocken Eisengitter am Kircheneingang aus dem Jahr 1633.

Seit Karl dem Großen hatte der Kaiser viel Macht über die Kirche gewonnen. Im 11. Jahrhundert allerdings suchte die Kirche wieder ihre Selbständigkeit. So widersetzte sich Papst Gregor VII. der Laieninvestitur, bei der Äbte und Bischöfe durch den Landesherrn eingesetzt wurden. Der Reformgedanke der Zisterzienser unterstützte den Papst und schuf die Basis für die „Klerikalisierung des Abendlandes" im Mittelalter.

Robert von Molesme war Zeitgenosse des heiligen Bruno, des Gründers des Kartäuserordens und einstigen Domscholastikers von Reims. Auch er suchte Erneuerung durch Askese im Wald von Molesme. Die beiden sahen ihr Ideal, wie schon der heilige Benedikt, in den Eremiten, wie sie im

Spirituelles Zentrum, Impulsgeber und letzte Ruhestätte einer Dynastie: Stift Hohenfurth, Rosettenfenster im Kapitelsaal

Zweimaliges Ende und Neubeginn

3. Jahrhundert n. C. in Nordafrika in Wüstengegenden ihre Frömmigkeit lebten. In Europa fanden sie die Einsamkeit der Wüste im Wald.

Der Anfang war schwer. Das Ideal der Eremiten sollte in Molesme noch nicht gelingen, denn die erste Generation widersetzte sich der Radikalität des Anspruchs. Robert von Molesme zog weiter und siedelte sich in Cîteaux an, inzwischen unterstützt durch den Benediktinermönch Stephan Harding aus England, der, als er auf dem Rückweg von einer Pilgerreise nach Rom war, sich dieser Gemeinschaft angeschlossen hatte. Einer Gemeinschaft, die sich strenge Einschränkungen auferlegte, die auf Chorkleider, Pelze, Kämme, verschiedene Speisefolgen und Fett in den Speisen verzichtete und eine Lebensform praktizierte, die in ihrer extremen Auslegung auch damals Aufsehen erregte und Interesse weckte.

1109 wurde Stephan Harding Abt von Cîteaux. Er war pragmatischer als Robert von Molesme und sicherte die wirtschaftliche Zukunft des Ordens, indem er wieder Schenkungen annahm. Er holte Laienbrüder und Lohnarbeiter ins Kloster, mit deren Hilfe Landwirtschaft und Bodenkultur erst praktizierbar wurden, ohne den anspruchsvollen und strengen religiösen Tagesverlauf aufgeben zu müssen.

Der erste moderne Orden der Kirchengeschichte

Stephan Harding war aber auch ein Gelehrter, der kurz nach der ersten Jahrtausendwende eine Revision der Bibel vornehmen ließ, in der hebräische Quellen höher bewertet wurden als lateinische. Er zog Rabbiner bei, was selbst Anfang des 20. Jahrhunderts in der Bibelkommission des Vatikans noch verpönt war. Und er schuf den ersten modernen Orden der Kirchengeschichte, indem er demokratische Prinzipien wie das „capitulum abbatum" oder Generalkapitel – eine Versammlung der Äbte aller Zisterzen – in die Verfassung der Zisterzienser aufnahm. Vor allem aber gründete er Tochterklöster, darunter Clairvaux. Stephan Harding war der große Vermittler, er dürfte auch dem späteren heiligen Bernhard die geistigen Strömungen seiner Zeit nahegebracht haben.

1113, in Hardings Zeit, trat Bernhard von Fontaines mit dreißig Gleichgesinnten in Cîteaux ein, gemeinsam mit drei seiner Brüder. Sein Beispiel zeigt die Attraktivität, die die Reformbewegung für die burgundische Aristokratie darstellte. Bernhard habe, wie er stilisiert beschreibt, seine Theologie „von Eichen und Buchen" gelernt. Er war Autodidakt in der Einsamkeit des Waldklosters von Cîteaux, aber Hardings Abtei verfügte damals über bessere Bibelversionen als die Reformatoren des 16. Jahrhunderts, meint Gerhard B. Winkler, Mönch in Stift Wilhering und Bernhard-Biograph. 1115 übernahm Bernhard bereits die Abtei Clairvaux, wo drei Jahre später auch sein Vater Tescelin, Sire de Fontaines, die Mönchsgelübde ablegte. Während Bernhards Amtszeit bis 1153 wurden von Clairvaux aus zielstrebig neue Zisterzen gegründet, sodass letztlich 166 Klöster unter Bernhards Führung standen. Die Gründungsvorschriften für die neuen Klöster stammten noch aus der Zeit des Stephan Harding und garantierten die Befreiung aus der Disziplinargewalt des zuständigen Bischofs und von weltlicher Einflussnahme.

Die Attraktivität des Ordens lag einerseits im strikten Aufruf zur Askese, andererseits in der modernen betrieblichen Organisation. Dadurch gelang der Aufbau sogenannter Grangien, großer Wirtschaftshöfe, die mit bis zu 200 Hektar das Fünffache normaler Herrenhöfe umfassten und die vorrangig durch Konversen, also Laienbrüder, bewirtschaftet wurden. Diese Eigenwirtschaft, die nicht von grundherrlichen Einkünften lebte, entwickelte praxiserprobte Kenntnisse in der Landwirtschaft und unterstützte die „triumphale wirtschaftliche Expansion der Zisterzienser nach 1150". Eigene Stadthöfe dienten bald zum

Die Expansion der Zisterzienser nach 1150 hatte ihren Ursprung im Burgund: Abtei Notre Dame de Cîteaux

Weiterverkauf der landwirtschaftlichen Produkte. Das wirtschaftliche Talent der Zisterzienser sprach sich rasch herum. Bereits im 12. Jahrhundert riet man dem Erzbischof von Köln, zur Restrukturierung der verödeten Gutshöfe und der verpfändeten Einkünfte seines Bistums Verwalter der Zisterzienser auszuleihen.

Zur Spiritualität der Zisterzienser gehören die individuelle Armut – nicht die der Ordensgemeinschaft – und der Anspruch auf Autonomie: Die Mönche sollten alles innerhalb der Mauern vorfinden, was zum Leben nötig ist. Auch Einheit und Einheitlichkeit der Abteien gehören dazu. Die Verwirklichung der Einheit in der Vielfalt, der *unitas in varietate,* war das Neue, das sich ordensgeschichtlich als Verband von Hunderten selbständiger Abteien ausprägte.

Die Schmucklosigkeit, die die ursprünglichen Zisterzienserbauten auszeichnete, war bei Stephan Harding noch nicht Pflicht: Er pflegte die Buchmalerei und die Verzierung, und erst nach Hardings Tod 1134 schrieb das Generalkapitel unter dem Einfluss von Bernhard von Clairvaux unverzierte Texte vor. Dem entsprachen in der Architektur einfache Formen, die Vermeidung von Farbglas in den Kirchenfenstern und der Verzicht auf den Glockenturm, wie wir ihn in Zlatá Koruna/Goldenkron vorfinden.

Die in Gold gehaltene Figur Robert von Molesmes in Hohenfurth soll an jene Epoche im 11. und 12. Jahrhundert erinnern, in der sich die christliche Kirche einer großen Reform unterzog, die von Ordensgemeinschaften vorangetrieben wurde.

Das Kloster im Böhmerwald

Dieser Aufbruch lag 100 Jahre zurück, als 1258 Kloster Hohenfurth von Wok von Rosenberg gegründet wurde. Es war nicht das erste Zisterzienserkloster in Böhmen: 1143 war Sedlec, 1145 waren Nepomuk und Plasy in Westböhmen gegründet worden. Der Historiker Jiří Kuthan sieht diese Gründung als einen Teil des großen Kolonisierungswerkes des 13. Jahrhunderts, an dem die Familie der Witigonen in Südböhmen ihren Anteil hatte.

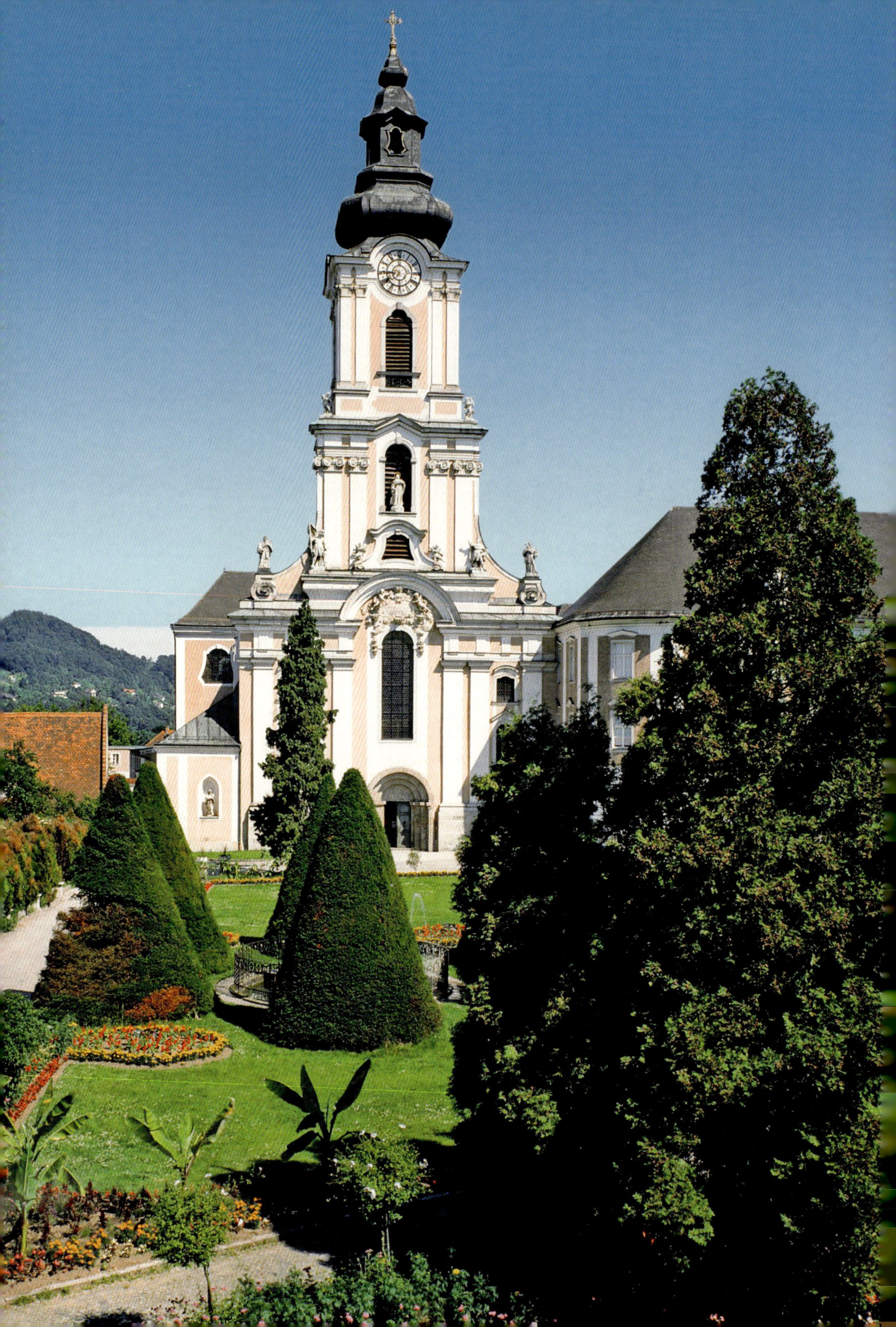

Das noch heute waldreiche Gebiet von Hohenfurth war damals auf weiten Flächen unbesiedelt, diente aber bereits als Passage für Handel und Grenzverkehr. Der Name Vyšší Brod deutet darauf hin, dass es hier am Oberlauf der Moldau eine Furt – tschechisch „brod" – gegeben hatte. 1198 war der „Linzer Weg" über das heutige Bad Leonfelden schon als „neuer Weg" bezeichnet worden. Und bereits vor der Klostergründung existierte vor Ort eine „Kaufmannskirche".

Wok hatte seinem Namen „z Rožmberku" (zu Rosenberg) hinzugefügt. Wenige Jahre vorher, 1250, ist der Stammsitz seines Familienzweigs erstmals belegt: die Burg Rosenberg an der Moldau. Wenige Kilometer flussaufwärts sollte die Klostergründung stattfinden. Wok, so die Legende, sei beim Durchritt der Moldau in Not geraten, ein großformatiges Bild an der Seitenwand des Presbyteriums der Stiftskirche schildert die Szene. Sie könnte sich historisch nachweislich im August 1257 zugetragen haben, allerdings anderswo, in einem lebensgefährlichen Rückzugsmanöver am Inn, als die Bayern das Heer des Böhmenkönigs bei Mühldorf zurückschlugen.

Im Klosterarchiv von Wilhering ist das erste Ansuchen des böhmischen Adeligen an den Abt und Konvent von Cîteaux zu finden. Die Äbte der Nachbarklöster, so war es üblich, sollten die Sinnhaftigkeit der Gründung prüfen. Erste Bauarbeiten in Holz wurden bereits früher in Gang gebracht, um die Besiedlung zu ermöglichen. Fest steht, dass am 1. Juni 1259 die Kirche geweiht wurde. Wobei der damalige erste Bau nur die heutige Sakristei umfasste. An sie schloss schon damals der Kapitelsaal an. Dem Gründungsabt Hohenfurths aus dem Stift Wilhering, Otto, diente das Kloster Fontenay in Burgund als Modell. Mit ihm kamen 12 Mönche nach Hohenfurth.

Die Aufzeichnungen des Generalkapitels der Zisterzienser deuten auf eine langfristigere und planvolle Gründung hin. So wird berichtet, dass noch zwei weitere Familienmitglieder der Witigonen an der Hohenfurther Stiftung beteiligt waren, die zunächst nicht so groß ausfiel wie jenes Zisterzienserkloster, das König Přemysl Ottokar II. selbst in Goldenkron stiftete. Sie wuchs dennoch zügig, wie das älteste in Böhmen bekannte Urbar beweist – das Verzeichnis der Verpflichtungen und Abgaben der Stiftsuntertanen. Jedenfalls wurde zwischen 1281 und 1308 an der heutigen Stiftskirche gebaut, Heinrich II. von Rosenberg unterstützte diesen Fortschritt durch Schenkung weiterer Dörfer.

Die enge Beziehung zwischen der Stifterfamilie und dem Kloster wurde auch dadurch zum Ausdruck gebracht, dass Hohenfurth zur Grabliege der Rosenberger erwählt wurde. Unter dem Marmorboden des Stiftskirchenpresbyteriums wurde schon der Gründer bestattet, Wok I., der 1262 in Graz starb. Hierher wurde 350 Jahre später auch der letzte Rosenberger gebracht.

Stift Hohenfurth konnte in den ersten Jahrzehnten Patronatsrechte an verschiedenen Kirchen in der Region erwerben. In die Stiftungsurkunde des Klosters wurde von Wok auch Přídolí/Priethal einbezogen, eine der ältesten Siedlungen Südböhmens, die 1206 erwähnt wird und zu deren Pfarrsprengel bis ins 14. Jahrhundert Krumau gehörte. 1231 war dieser Ort im Vertrag zwischen Bischof Gebhard von Passau und „Witiko von Plancinberc" als Salzlagerplatz ausgewiesen.

Der Fortschritt im Klosterbau wird durch mehrere Dokumente belegt, in denen Bischöfe das Stift zu Ablässen ermächtigten. So versprachen geistliche Würdenträger aus Merseburg oder Meißen allen jenen einen Ablass, die für Leuchter und andere Gegenstände zahlten. Selbst Bischof Rudger von Bozen, der vier Altäre in Hohenfurth weihte, erteilte einen Ablass zugunsten des Hohenfurther Klosterbaus.

Das Gründungskloster von Hohenfurth: Stift Wilhering am südlichen Donauufer bei Linz

Kirchenbau im Mittelalter

Die frühen Kirchenbauten Europas kannten als Vorbilder die von Kaiser Konstantin gestifteten Kirchen der Spätantike in Rom: die Lateranbasilika und die Peterskirche. Sie hatten aber zunächst nicht mehr die bauliche Dimension, sondern waren – besonders in den ehemals römischen Nordprovinzen und erst recht darüber hinaus – als *ecclesia lignea,* als Holzbauten, gefertigt. Der kompliziertere Mauerwerksbau erforderte eine höhere Arbeitsteilung, behielt aber über den Verfall des römischen Reichs hinaus in Oberitalien seine Kontinuität und kam als Technologieimport in die Regionen nördlich der Alpen.

Zwischen dem 8. und 11. Jahrhundert erschienen in Mittelosteuropa Bautrupps, die als Griechen, Lombarden und Comasken in Urkunden ausgewiesen wurden. Außerdem existierten die römischen Fachbücher des Vitruv, die in den klösterlichen Schreibwerkstätten vervielfältigt wurden und auch in der Praxis Anwendung fanden. Man studierte den Bau Jerusalems und die Ruinen des zerstörten Salomonischen Tempels.

Der Bau mittelalterlicher Kirchen war nicht nur herrschaftliche Selbstdarstellung, sondern auch „Gottesdienst". Die Ausführenden sind meist hinter den Bauherren in der Tiefe der Geschichte verschwunden. Erst im späten 14. Jahrhundert treten sie in einer Gruppe von Büsten im Chor-Triforium des Prager Veitsdoms hervor, wo neben Kaiser Karl IV. die Erzbischöfe als Ausführende des kaiserlichen Plans, aber auch die Bauverwalter und die für die künstlerische und technische Umsetzung verantwortlichen „Werkmeister" dargestellt sind.

Der Kultstättenbau der Antike verteilte sich im Mittelalter auf weltliche und geistliche Autoritäten und war vielfach begleitet von „repräsentativem Bauzwang", der den Wettbewerb zwischen Papst und Kaiser spiegelte. Die weltlichen Herren jeden Ranges hatten damit das Vorrecht verbunden, im gestifteten Kirchenbau ihr Familiengrab einzurichten. Das war auch eine Triebfeder, Fertigkeiten zu perfektionieren. In der zweiten Hälfte des 11. Jahrhunderts wird das Episkopat des Passauer Bischofs Altmann als verdienstvoll erwähnt, weil er den Übergang vom Holzkirchenbau zum Mauerwerk gefördert habe.

Die zu diesem Zeitpunkt entstandenen westeuropäischen Monumentalbauten waren zeitgenössischer Kritik ausgesetzt, gerade von Seiten der Zisterzienser, die eine Vereinfachung des Stils genauso wie eine Professionalisierung zum Ziel hatten und damit die Frühgotik beeinflussten. Bernhard von Clairvaux wendet sich um 1124 ausdrücklich gegen „die übermäßigen Höhen, die maßlosen Längen, die überflüssigen Breiten der Kirchen, welche die Andacht behindern", und er bringt das soziale Argument in die Ausstattung ein: „Es ziemt sich nicht, die Steinwände mit Gold zu überziehen, wenn die Armen nackt gehen müssen". Die Bettelorden der Dominikaner, Franziskaner und Minoriten übernahmen in den Städten vielfach dieses Schlichtheitsideal. Der Aufbruch in die Gotik unterlag der Spannung zwischen Repräsentationsbedürfnis und asketischem Ideal, war aber europaweit von einer Baueuphorie getragen: Zwischen 1180 und 1270 entstanden allein in Frankreich 80 Kathedralen und 500 Klöster. Wie auch in Hohenfurth entstanden die meisten Kirchenneubauten durch Stiftungen, in denen der Stifter das Kloster mit Geld, mit Rechten oder mit Grundbesitz ausstattete. Darüber hinaus hatte der Klerus ein umfangreiches „Instrumentarium des Gelderwerbs" entwickelt: die Votivmessen, die viele Pilger anziehende Wirkung von Reliquien, die wirtschaftliche Verquickung kirchlicher Feiern mit merkantilen Messen und den erwähnten Ablass. Die dort erzielten Einnahmen liegen in Größenordnungen, die dem Zeitgenossen

Spenden erwirkten Ablass

Gesamtkunstwerk Peter Parlers: Der Veitsdom in Prag

im 20. Jahrhundert unglaubhaft erscheinen. Der mittelalterliche Mensch versicherte sich im Glauben durch reichliche Spenden eines besseren Jenseits".

Reliquien konnten Pilgerzüge auslösen und damit das Wirtschaftsleben anregen. So wurde die Errichtung oder Wiedererrichtung von Kirchen im Mittelalter, weil sie auf die Einnahmen von Städten und Märkten Einfluss hatte, zu einer Notwendigkeit für Städte. Der „Karrenkult", die freiwillige Hilfe Tausender Menschen unterschiedlichsten Standes und ohne jede Idee feudaler Fronarbeit beim aufwendigen Transport von Baumaterial wurde zu einem Massenphänomen jener Zeit und erleichterte das Zustandekommen der heutigen Denkmäler. Im Ablass sollten ursprünglich Bußübungen durch nützliche Werke und später durch Geldzahlungen abgelöst werden.

Die zunehmende Bedeutung der Geldwirtschaft brachte es mit sich, dass aus dem Ablass Finanzierungsinstrumente wurden. So wurde die Elbbrücke in Dresden 1319 mit Ablassgeld repariert, wobei sich der Personenkreis beliebig ausgeweitet hatte. Der Regensburger Bischof konnte anlässlich des Konzils Ende des 13. Jahrhunderts 22 Bischöfe gewinnen und mit deren Unterschrift erwirken, dass selbst spanisches Geld zugunsten des Regensburger Domes floss. Solche Praktiken weiteten sich aus und gerieten allmählich unter Kritik auch von kirchlicher Seite. Nicht zuletzt löste unter anderem die Ablasskritik dann auch revolutionäre Bewegungen und die Reformation aus.

Der Kirchenbau war das Werk mehrerer Generationen von Stiftern und Werkmeistern, also jener Fachmänner, die als *magister operis* für die eigentliche Bautätigkeit verantwortlich zeichneten. Diese Werkmeister kamen im 12. Jahrhundert oft aus dem Klerus selbst. So war Abt Suger von Saint Denis in Paris der Werkmeister des ersten gotischen Kirchenbaus. Die Ausbildung löste sich aber dann von den Klöstern, und Werkmeister wurden nach ihrem Herkunftsort benannt. Sie kamen nach fünfjähriger Steinmetzlehre in die Ausbildung zum Bildhauer, erlernten Zeichnen und Geometrie und mussten als Meisterstück ei-

Der „Karrenkult" schafft Tausende Bauhelfer

nen Bauplan liefern. „Werkmeister" wurde als Profession in den Familien weitergegeben, die sich einen besonderen Ruf erwarben. So wurde der erst 23-jährige Peter Parler von Karl IV. nach Prag berufen, seine Brüder arbeiteten im südböhmischen Goldenkron und in Freiburg im Breisgau.

Im 15. Jahrhundert bauten die Werkmeister nicht mehr vorrangig an Kirchen, sondern ebenso an Schlössern und Festungen (Benedikt Ried ab 1489 in Prag und Blatna). Sie wurden von Bauherren oft empfohlen und „ausgeliehen". Die Löhne qualifizierter Bauarbeiter waren überdurchschnittlich. Im 15. Jahrhundert verdiente ein Steinmetz das Achtfache eines Schneiders. Waren bis ins 10. Jahrhundert noch alle Mönche eines Klosters zu notwendigen Bauarbeiten herangezogen worden, so teilen sich später die Aufgaben für Laienbrüder und Mönche, und besonders bei den Zisterziensern entwickeln sich professionelle Bauhütten, die europaweit gefragt waren und die in Prag sogar am Bau der Synagogen mitwirkten.

Peter Parler – als 23-Jähriger von Karl IV. als „Werckmeister" nach Prag berufen

Kirche und Kloster Hohenfurth

Im Stiftswappen Hohenfurths ist ein Teil der vier Felder dem regierenden Abt vorbehalten. Im zweiten Feld bezeichnet das gotische H den Ortsnamen Hohenfurth, im dritten zeigt die burgundische Lilie die Herkunft des Zisterzienserordens und im vierten Feld erinnert die fünfblättrige Waldrose an das Gründergeschlecht der Rosenberger. Auch Hohenfurth war ursprünglich turmlos wie Goldenkron. Der heutige Turm wurde erst im 19. Jahrhundert in gotischem Stil errichtet. Außergewöhnlich an der dreischiffigen Klosterkirche ist die architektonische Lösung im Chor: Fünf Kapellen reihen sich im Osten an das Querschiff. Man betritt die Kirche durch das westliche Hauptportal. Das Eisengitter im Kircheninneren wurde 1653 in Gallneukirchen von Tobias Trautwein gefertigt, das Chorgestühl im Mittelschiff 1725 durch den Laienbruder Josef Raffer. In den zwei Seitenschiffen steht jeweils ein Flügelaltar aus der Zeit der Gotik, der rechte dem heiligen Rochus, der linke der heiligen Barbara geweiht.

Die Glasmalereien in den zehn gotischen Spitzbogenfenstern des Mittelschiffs stellen auf der Nordseite das Leben des heiligen Bernhard dar und wurden im 19. Jahrhundert in Innsbruck gefertigt. Am Fenster der Westseite über dem Hauptportal ist die Marienerscheinung von Lourdes wiedergegeben, im Querschiff Glasbilder des heiligen Johannes Nepomuk. Und auf der untersten Darstellung hat sich Abt Leopold Wackarz darstellen lassen, unter dem die Renovierung Ende des 19. Jahrhunderts durchgeführt wurde.

Presbyterium und barocker Hochaltar
1646 wurde der Hochaltar mit seinen mehr als 60 vergoldeten Figuren errichtet. Früher wurde viermal jährlich das Bild gewechselt. Heute sind diese Bilder in der Stiftsgalerie zu sehen.

Im Presbyterium rechts und links neben dem Hochaltar illustrieren zwei Wandbilder die Gründungssage: Wok I., der die Moldau durchquert, und Heinrich von Rosenberg, der Sohn Woks, der die Zisterziensermönche in das neue Kloster geleitet. Diese beiden großformatigen Ölgemälde an den Seiten des Presbyteriums stammen aus dem späten 19. Jahrhundert. Jiří Franc hat ihre Motive in einem aufschlussreichen Vergleich mit einem weiteren Gemälde analysiert, jenem Bild, das Abt Quirin Mickl 1759 anlässlich des 500-Jahr-Jubiläums anfertigen ließ. Dieses Bild, das sich in der Gemäldegalerie des Stiftes befindet, schildert eindringlich und in reicher Metaphorik die Gründung und die gesamte Spiritualität der Zisterzienser und verknüpft die Allegorie des Hohelieds mit dem Marienkult des Ordens und der Rosenmetapher.

Franc weist darauf hin, dass die Stiftungsdarstellungen, die für das Kloster in verschiedenen Jahrhunderten angefertigt wurden, als gesamtes Bildprogramm gesehen werden sollen. Die Bilder im Presbyterium sind dabei die jüngsten. Sie sind 1879 entstanden und sie sollten Fresken ersetzen, die durch unsachgemäße Restaurierung im frühen 19. Jahrhundert zerstört wurden, deren Motive aber in die Nachfolgerbilder eingeflossen sind.

Wesentlich erscheint an allen diesen Stiftungsdarstellungen, dass die Geschichte verschiedene Deutungen zulässt: Mag sein, dass das Kriegserlebnis Wok I. am Inn in ein Rettungserlebnis an der Moldau umgedeutet wurde, um den Platz des Klosters einzubinden; mag sein, dass ein anderes Familienmitglied aus dem Hochwasser der Moldau gerettet wurde und einfach zwei Glücksfälle zusammengeführt wurden. Denn die Gründungslegende wurde erst in einer Handschrift aus dem Jahr 1629 aufgezeichnet. Man sollte also neben den beiden Wandbildern der Stiftskirche auch das „Jubiläumsbild" in der Galerie betrachten, das in seiner barocken Erzähllust und sinnlichen Darstellungsfreude ein weitläufiges historisches Panorama aufspannt.

Die Gruft der Rosenberger

Unterhalb der Gründungsdarstellung im Presbyterium ist, in rotem Marmor, die Grabplatte des letzten Rosenbergers Peter Wok in die Wand eingelassen. Unmittelbar davor liegt der zugemauerte Bodeneinstieg in die Gruft. „Der Sage nach", schildert ein Chronist des Stiftes, „soll sich die Gruft der Rosenberger unter dem Priesterchor befinden, wo nach Auskunft des Geschichtsschreibers aus dem Jahr 1679 die Rosenberger nicht in Särgen ruhen, sondern als Skelette im Kreis auf Stühlen sitzen. Nach dem Begräbnis des letzten Herrn von Rosenberg am 1. Februar 1612 wurde der Zugang zur Gruft vermauert." 1902 ließ man erstmals im Presbyterium nachgraben. Man stieß auf eine Grabkammer und vermutete Einzelgräber, verteilt in der Stiftskirche.

Abt Justin ließ 2009 durch ein Team von Wissenschaftern aus Budweis Bohrungen im Kirchenboden anbringen, durch die mit

„Hier liegt der letzte Rosenberger, Peter Wok, gestorben 1611" – Detail am Sarg des letzten Rosenbergers in der zugemauerten Gruft

Eines der bedeutendsten Werke der Goldschmiedekunst: Das Zawisch-Kreuz aus dem 13. Jahrhundert

letzten Rosenbergers trägt die Aufschrift „Illustris princeps ... hic sepult". Von 1262 bis 1611 wurden hier 36 Familienmitglieder beigesetzt, die letzten auf dem Staub ihrer Vorgänger.

Das Presbyterium der Stiftskirche wird flankiert von je zwei Kapellen. Linker Hand liegt die Benediktkapelle: die Bilder an ihren Seiten stammen aus dem 17. Jahrhundert, von einem pfälzischen Maler (Geburt Christi) und einem Nürnberger Maler (Unterredung Jesu mit Nikodemus). In dieser Kapelle wurde 1612 Johann Zrinyi, der Neffe des letzten Rosenbergers, bestattet. Sein Figuralgrabmal in rotem Marmor hat der Linzer Bildhauer Johann Spatz angefertigt. Wand an Wand folgen die Bernhard-Kapelle, die Kreuz-Kapelle und die Marien-Kapelle. (Das Original der Madonnenbildkopie befindet sich in der Prager Nationalgalerie.)

Der älteste Teil des Klosters ist die Sakristei. Sie war der erste Kirchenraum zum Zeitpunkt der Klostergründung und bildet im Ostflügel der Kirche den Übergang zum Kapitelsaal.

Der mit einem schweren Gewölbe ausgestattete Raum wird von der Kirche durch ein Eingangsportal betreten, über dem ein Relief aus dem 13. Jahrhundert eine Szene aus dem Lied Salomos darstellt: eine aus den Wolken segnende Hand und zwei Fuchsköpfe, umrankt von den Reben eines Weinstocks. Das Bild erinnert an einen Kommentar Bernhards von Clairvaux zum Hohelied, in dem von den kleinen Füchsen gesprochen wird, die den Weinberg des Herrn verwüsten („vulpaeculae vineam devastantes").

invasiver Technik Kameras in die Gewölbe geführt wurden, deren Bilder darüber Aufschluss gaben, ob und wie viele Särge des längst verschwundenen Geschlechts im geweihten Boden liegen. Tatsächlich zeigte sich in dem Gruftgewölbe das Bild teilweise gestapelter Särge, die allerdings zu einem großen Teil bereits zerfallen waren. Nur so ist zu erklären, dass heute nur mehr der Gewölbeansatz sichtbar ist. Der Sarg des

Schon im 13. Jahrhundert wurde dieser Text in einem der ältesten Bücherverzeichnisse des Klosters registriert. Das Kloster Goldenkron weist eine ähnliche Darstellung auf.

Am Gewölbe der Stiftskirche zeigt sich die Verwandtschaft der Architektur mit der nordfranzösischen klassischen Gotik, anders in den kleineren Chorkapellen: Sie stammen bereits aus dem „böhmischen Milieu". In der Benediktkapelle, in der sich das Grabmal Zrinyis befindet, steigt der Besucher durch ein kleines Türmchen, dessen Tympanon die Rose trägt, in zwei Gemächer im Obergeschoß der Kirche, in das einstige Rosenbergeroratorium.

Kapitelsaal
Durch die Sakristei auf der gegenüberliegenden Seite gelangt man über den Kreuzgang zum Kapitelsaal, dem Zentralraum des Klosters, einem Versammlungs- und Verhandlungsplatz der Mönche.
Sein Gewölbe ruht auf einem massiven Mittelpfeiler, dessen Sockelverzierungen und Wimperge sehr stark wieder an die Vorbilder in der französischen Gotik erinnern. Er ist als Lebensbaum gestaltet und trägt in Stein gehauene Blätter sowie Lämmerköpfe, die das tier- und pflanzenbelebte Gewölbe stützen. Französisch geprägt ist auch das große Rosettenfenster.
Der Chronik Jakobs von Nové Hrady/Gratzen zufolge war im Kapitelsaal der Kopf des 1290 unterhalb der Burg Hluboká hingerichteten Zawisch von Falkenstein eingemauert worden. Der König, also damals Wenzel II., musste höchstselbst die Beisetzung Zawischs im Kapitelsaal erlauben. Die schriftlichen Quellen aus dem 14. Jahrhundert, die im Stiftsarchiv aufliegen, bestätigen dies. Die Stelle links unter dem Rosettenfenster, die durch eine eingemeißelte Rose kenntlich gemacht worden war, ebenso wie die Grabplatte im Boden waren im 19. Jahrhundert neugotisch überbaut worden.
Den Paradieshof umgeben die Gebäude des Konvents, nicht anders als in anderen Zisterzienserabteien. Der Kreuzgang selbst dürfte der letzte Bauabschnitt gewesen sein, die Maßwerke seiner Fenster lassen auf die Zeit nach der Mitte des 14. Jahrhunderts schließen, in der nach hundertjähriger Bauarbeit der innere Bezirk des Klosters fertiggestellt war.

Das Zawisch-Kreuz
Es ist eines der bedeutendsten Werke der Goldschmiedekunst des 13. Jahrhunderts: Das Zawisch-Kreuz, benannt nach jenem Witigonen, der ehrgeizig nach dem Tod des Böhmenkönigs Přemysl Ottokar II. die Politik des Landes bestimmte, dann allerdings scheiterte und 1290 enthauptet wurde. Am Höhepunkt seiner Macht schenkte er dem Kloster Hohenfurth das Reliquiar, das, so die Überlieferung, ein Stück des Kreuzes Christi birgt. In Reliquiaren wurden edelste Materialien verarbeitet: Auf der Vorderseite des Zawisch-Kreuzes elf Saphire, vier Rubine, drei Spinelle, sieben Smaragde, sieben Amethyste und andere – ein blau-rot-violettes Farbenspektrum, das von mehr als 230 Perlen umrahmt wird.
Auf der Rückseite sind 10 hellblaue Saphire gefasst. Neun Emailbilder mit Aposteln und Heiligenbildern gelten als byzantinische Arbeiten. Das Kreuz misst in der Höhe 70 Zentimeter. 1775 wurde der ursprüngliche Korpus durch einen Silberkern ersetzt, den Originaluntersatz, vermutlich aus Gold, musste das Kloster nach dem Staatsbankrott der Habsburgermonarchie 1811 abliefern, 1840 wurde deshalb ein neubarocker Fuß angefertigt.
Das Zawisch-Kreuz wurde vermutlich im zweiten Viertel des 13. Jahrhunderts als Krönungskreuz des ungarischen Königs hergestellt. Möglicherweise gelangte es mit dem ungarischen Kronschatz nach Böhmen, als 1270 Anna von Ungarn, die Tochter des Königs, wegen politischer Unruhen zu ihrer Tochter Kunigunde, der Gattin Přemysl Ottokars II. nach Böhmen flüchtete. Nach Ottokars Tod 1278 in der Schlacht von Dürnkrut gewinnt der Witigone Zawisch das Vertrauen und die Hand der Königinwitwe Kunigunde. Sie stirbt

Ein Stück aus dem ungarischen Kronschatz kommt zurück nach Hohenfurth

Meister des Hohenfurther Altars: Gemälde aus der Serie der neun Tafelbilder zum Leben Christi, bestimmt für das Zistersienserkloster Hohenfurth, heute in der Nationalgalerie Prag

Peter I. von Rosenberg – der verhinderte Mönch

wenig später, Zawisch zieht sich den Unmut ihres Sohnes, des jungen Königs Wenzel II., zu und scheitert letztlich an seinem Machthunger. Zuvor hatte er das wertvolle Kleinod, das als Reliquiar mit jenem im königlichen Nachbarkloster Goldenkron (das ein Stück der Dornenkrone Christi enthalten soll) durchaus konkurrieren konnte, dem Stift Hohenfurth geschenkt.

Seit 2010 gehört das Zawisch-Kreuz zu den Nationaldenkmälern der Tschechischen Republik. Nach jahrzehntelanger Verwahrung in Prag wurde es wieder an das Kloster zurückgegeben.

Der Hohenfurther Altar

Peter I. von Rosenberg (†1347), der Enkel Woks I., stiftete den Altar, der sich heute in der Nationalgalerie in Prag befindet. Es handelt sich dabei um neun Temperatafeln aus dem 14. Jahrhundert, vermutlich für einen Flügelaltar angefertigt.

Die Darstellungen des Zyklus fassen Szenen aus dem Marienleben und aus dem Leben Jesu. Im Bild „Geburt Christi" ist der Stifter Peter von Rosenberg samt Wappen kniend dargestellt. Experten glauben, der Hohenfurther Altar, der zwischen 1350 und 1355 datiert wird, entstamme einer Werkstatt, die sowohl Einflüsse aus Oberitalien als auch westgotische Stilelemente aufgenommen habe. Der Meister von Hohenfurth lieferte die Grundlage für die böhmische Malschule des 14. Jahrhunderts. Sein Gemäldezyklus steht in enger Verwandtschaft zu den gotischen Tafelbildern des Meisters von Wittingau aus Třeboň.

Peter I. von Rosenberg, der seinem Vater Heinrich in einem der höchsten Ämter des Königreichs nachfolgte und dieses auch drei Jahrzehnte bekleidete, besaß das Vertrauen des Königs Johann von Luxemburg, der im Todesjahr Heinrichs 1310 den Thron bestieg. Für Johann von Luxemburg, verheiratet mit der letzten Přemyslidin, war es in Anbetracht der Rivalität der Habsburger von großer Bedeutung, einen loyalen Hochadel um sich zu scharen, vor allem an der südlichen Flanke des Landes.

Peter von Rosenberg war dem Luxemburger gegenüber nicht nur loyal, sondern dem Königshaus auch familiär verbunden. Denn er hatte Elisabeth von Teschen geheiratet, die Witwe König Wenzels III. Wie König Johann fühlte also auch er sich dem Přemysliden-Erbe verpflichtet. Wäre es nach seinen persönlichen Ambitionen gegangen, wäre er vermutlich Kleriker geworden. Die erhaltenen Schriftstücke weisen ihn als karitativen und spirituellen Menschen aus. Die von ihm geplanten Kirchen- und Klosterstiftungen wurden von seinen Söhnen umgesetzt. Nachdem Elisabeth von Teschen früh verstorben war, hatte Peter von Rosenberg in zweiter Ehe noch acht Kinder, das älteste war Heinrich, der im Hundertjährigen Krieg auf Seite der Franzosen 1346 in der Schlacht von Crécy ums Leben kam.

Peter I. von Rosenberg wurde in der Gruft in Hohenfurth bestattet. Er ließ sich auf dem Sterbebett den Mönchshabit anlegen, um zu zeigen, wo er sich zeitlebens beheimatet fühlte.

Bibliothek
Die Bibliothek des Klosters Hohenfurth aus der Barockzeit (1753–1755) ist mit 70.000 Bänden die bedeutendste Bibliothek des Böhmerwalds. Das Deckenfresko des Vorraums, das „Salomonische Urteil", hat Stiftslaienbruder Lukas Wawra (†1804) gemalt. Das Porträt des Erbauers der Bibliothek, des Abtes Quirin Mickl, hängt über dem Eingang des großen Saals. Mickl war selbst Sammler und Schriftsteller. Von Lukas Wawra stammt auch das Deckenfresko des großen Saals, „Jesus im Tempel". Ebenfalls ein Stiftslaienbruder, Josef Raffer, gestaltete die 21 Bücherschränke. Stift Hohenfurth besitzt auch 200 Pergamenthandschriften und 400 Wiegendrucke. Die ältesten Handschriften der Bibliothek sind Fragmente von Paulusbriefen aus dem 8. bis 9. Jahrhundert. Als schönste Handschrift des Stiftes gilt der Codex Gratiani, ein Kirchenrechtskommentar aus dem 14. Jahrhundert.

Der einstige Ordinarius für Kirchengeschichte an der Universität Regensburg und Wilheringer Zisterzienser Gerhard B. Winkler erinnert in seinem Vortrag zum 750-Jahr-Jubiläum Hohenfurths an einen Zwischenfall aus der Barockzeit, der drastisch aufzeigt, wie sich Hohenfurth von Wilhering zu emanzipieren suchte: „Darnach hatte der gebürtige Baier, Caspar II. Orlacher, Deputierter des Prälatenstandes im Landtag zu Linz, Abt zu Wilhering und Vaterabt von Hohenfurth nach einem bösen Wortgefecht mit dem streitbaren und offensichtlich schmähsüchtigen Nicolaus Henrici von Plauen, Prior des böhmischen Tochterklosters, einen ‚trutzigen Federhansen', diesen am 13. April 1663 in seiner Pferdekutsche von Linz nach Wilhering bringen und dabei allerdings auch an Händen und Füßen binden lassen. Die Gewaltanwendung schien dem energischen Prälaten angemessen, weil der wortreiche Gegner des Wilheringer Klosterpaternats aus dem Gefährt seines ‚Vaterabtes' zu flüchten versuchte. Die Nacht davor war er schon im Wilheringer Freihaus zu Linz, heute Altstadt 13, unter Beiziehung der Stadtautoritäten und des städtischen Büttelpersonals festgehalten worden."

Das Selbstbewusstsein des Klosters an der Moldau war längst und mit Recht gewachsen. Von der ersten Stunde weg war Hohenfurth reicher ausgestattet von seinem Stifter als die „Mutter" Wilhering, weil sich die Rosenberger dies im Vergleich zu den einstigen Bamberger Ministerialen, den Herren von Wilhering, leisten konnten. Und während Wilhering in der Reformationszeit Äbte erlebte, „die mit der Klosterkasse ins lutherische Nürnberg" flüchteten, war Hohenfurth in der Ära der Rosenberger zu einer Säule des gesamten Ordens geworden. Um 1900 wurde das Kloster zu einem spirituellen Zentrum, das von Budweis bis Salzburg in Lehre und Seelsorge wirkte.

In einem Fragment beschreibt der bedeutende tschechische Schriftsteller Karel Čapek (1890–1938), wie er sich dem Kloster in einem „Frächterwagen" nähert und wie er es vorfindet:

„Abgeschlossen wie eine kleine Stadt, wo alles ist: eine Apotheke und auch eine Brauerei und auch eine Bibliothek und ein Museum und auch ein Kuhstall und hauptsächlich eine Ruhe, eine Ruhe, die schon selbst an sich eine gewisse Frömmigkeit ist, du gottloser Mensch."

Čapeks Reisebild wurde erst nach dem Zweiten Weltkrieg veröffentlicht, ein Blick auf ein dunkles Jahrhundert, wobei der Autor meint, es sei ein Wunder, dass das Werk „bei uns, im Land vielmaliger Zerstörung, in einer unbescholtenen Unversehrtheit er-

Selbstbewusstsein der böhmischen Tochter

Abt Tecelin Jaksch: Ein verständiger Unterstützer für die Bevölkerung

Das Ende in Etappen: Es begann mit Hitler

halten blieb." Das Kloster war zu Lebzeiten Čapeks längst den Verwerfungen des 20. Jahrhunderts ausgesetzt, die es bereits nach dem Ende der Donaumonarchie erreicht hatten.

Nach 1918 wurde Abt Bruno Pammer aufgrund seiner einstigen Studienzeit in Linz als Separatist beinahe verhaftet und nur durch einen umsichtigen Prager Beamten rehabilitiert. In seiner Zeit wurde ein Kraftwerk durch den Papierfabrikanten Ignaz Spiro aus Krumau auf Stiftsgrund errichtet, ab 1904 eigener elektrischer Strom erzeugt und 1911 die elektrische Bahnverbindung von Zartlesdorf über Hohenfurth nach der Lippnerschwebe in Betrieb genommen, um die Papierfabrik Porak in Loučovice/Kienberg konkurrenzfähiger zu machen. Das Kloster übernahm die finanzielle Hauptlast. Pammers Nachfolger wurde 1925 Abt Tecelin Jaksch, der gerade als Arbeitgeber die Polarisierung in der Bevölkerung zu spüren bekam: „Ging einer der tschechischen Grenzlervereine den Abt um ein paar Bretter für eine Vereinsbühne an und gab der Abt diese, so wurde darüber deutscherseits gehetzt und dabei vergessen, dass es in der ganzen Umgebung keinen deutschen Verein, Schule u. ä. gab, die nicht regelmäßig seit jeher im Kloster verständige Unterstützung gefunden hätten", schreibt die Ordenschronik.

Unter Abt Tecelin Jaksch wurden ein Kindergarten, ein Stiftsspital und ein Arbeiterheim eingerichtet. Die nationale Gegnerschaft zwischen deutscher Minderheit und Tschechen verschärfte sich, die Arbeitslosigkeit in den deutschen Gebieten stieg. Ende September 1938, am Tag vor dem Münchner Abkommen, drangen zwei SA-Provokateure ins Kloster ein und eröffneten auf dem Stiftsareal das Feuer auf tschechische Verbände. Auf diese Weise geriet das Stift ins Zentrum lokaler Kämpfe. Die Patres kamen in den Ruf, selbst zu den Waffen gegriffen zu haben, was 1945 zu Lasten des Klosters ausgelegt wurde.

Am 2. Oktober 1938, einem Sonntag Nachmittag, besetzten deutsche Truppen Hohenfurth; am 20. Oktober fuhr Hitler durch Hohenfurth, Rosenberg und Krumau, wenig später wurde das Stift bei der Gestapo als deutschfeindlich gesinnt denunziert, mit dem Argument, der Abt fahre häufig nach Prag. Abt Tecelin wurde von der Gestapo verhaftet und nach Linz gebracht. In der Nacht zum 17. April 1941 werden die Mönche verhört, ihre Zimmer durchsucht, das gesamte Stiftsvermögen als „staatsfeindlicher Besitz" von den Nationalsozialisten beschlagnahmt. Die Aufhebung des Klosters erfolgte zum Zeitpunkt des mit 73 Mitbrüdern höchsten Personalstands. Da Abt Tecelin nicht resignierte, stattdessen öffentlich zurücktrat, provozierte er die NS-Behörden.

Im Stift war Wilhelm von Rosenbergs Orden des Goldenen Vlieses aufbewahrt „mitsamt der zwei Fuß langen venetianischen Goldkette". Es musste mit anderen „Goldsachen" aus dem Kloster 1942 in Linz abgeliefert werden. Wertvolle Möbel des Klosters wurden an Schloss Lamberg in Steyr geliefert, das Gauleiter Eigruber zur Verfügung stand, Schauspieler aus Linz konnten aus dem Stiftsinventar Stücke für ihre Privatwohnungen wählen.

Umgekehrt hatte Adolf Hitler im Stift seine persönliche Kunstsammlung, insbesondere Skulpturen des von ihm favorisierten Monumentalbildhauers Josef Thorak einlagern lassen. 1945 schließlich wurde die Bahnlinie Oberhaid–Budweis die Demarkationslinie zwischen Amerikanern und Sowjets in Südböhmen.

Dass Abt Tecelin zurückkehren durfte und das Kloster zurückgegeben wurde, empfand er samt einer Audienz bei Staatspräsident Beneš 1945 als „herrliche Genugtuung nach all der Schmach, die mir die Nazis angetan haben". Er hatte die Hoffnung, dass sich das Kloster wiederbeleben ließe. Umso mehr, als er sich dem neuen Staat gegenüber loyal verhielt, mehr noch: der tschechische Nationalausschuss von Tischnowitz, wo Tecelin Jaksch sein Exil während der Nazizeit verbracht hatte, bestätigte, dass es Jaksch zuzuschreiben sei, ein Massaker wie in Lidice verhindert zu haben.

Nachdem am 5. Mai 1945 drei deutsche Soldaten von Partisanen erschossen worden waren, hatte der Abt in Verhandlungen mit dem deutschen Truppenkommandanten erreicht, dass die von General Schörner befohlene Vergeltungsaktion, vierzig Männer aus Tischnowitz zu erschießen und den Ort zu zerstören, dann doch nicht durchgeführt wurde.

Abt Tecelin Jakschs Glaube an eine Erneuerung der tschechoslowakischen Republik wurde Lügen gestraft. Es folgten schikanöse Hausdurchsuchungen im Kloster, selbst die tschechische christliche Volkspartei ließ im Februar den Orden wissen, dass ihr, aber auch dem Kloster, der Verbleib deutscher Stiftsangehöriger schaden würde und ersuchte um deren Aussiedlung. Anfang Februar 1948 nahm der Bischof von Budweis Josef Hlouch das Zawisch-Kreuz als kostbarste Reliquie des Klosters in seinen Ge-

Wappen des Klosters Hohenfurth

wahrsam. Mitte Juni verließ Abt Tecelin die Tschechoslowakei. Stift Rein in der Steiermark wurde zum Sammelpunkt der Hohenfurther Mönche.

Das Kloster Hohenfurth war nach der kommunistischen Machtübernahme im Mai 1950 aufgelöst worden, zum zweiten Mal in seiner Geschichte. Die Mönche kamen auf Anordnung von Minister Zdenek Fierlinger zur „Umschulung". Der letzte Obere des Konvents P. Udalrich, ein Tscheche, blieb zunächst noch im Kloster wohnen, wechselte aber bald zum Forstdienst nach St. Thoma, „von wo aus er am Stefanitag 1950 auf einem Forstdienstgang die Grenze Richtung Schlägl überschritt und von Linz her am 29. Dezember bei seinen deutschen Mitbrüdern in Rein einlangte."

Heute beherbergt Hohenfurth sieben Mönche. Seit drei Jahren wird das Kloster, unterstützt durch einen oberösterreichischen Verein, renoviert. Abt Justin, der selbst aus dem Erzgebirge stammt, erzählt, er habe schon in Zeiten des Kommunismus erkannt, dass dies sein Platz sein werde. Das kostbare Reliquienkreuz, das Zawisch von Falkenstein dem Stift 1278 geschenkt hatte, wurde von Präsident Václav Havel nach der Wende restituiert.

Fluchtort Steiermark

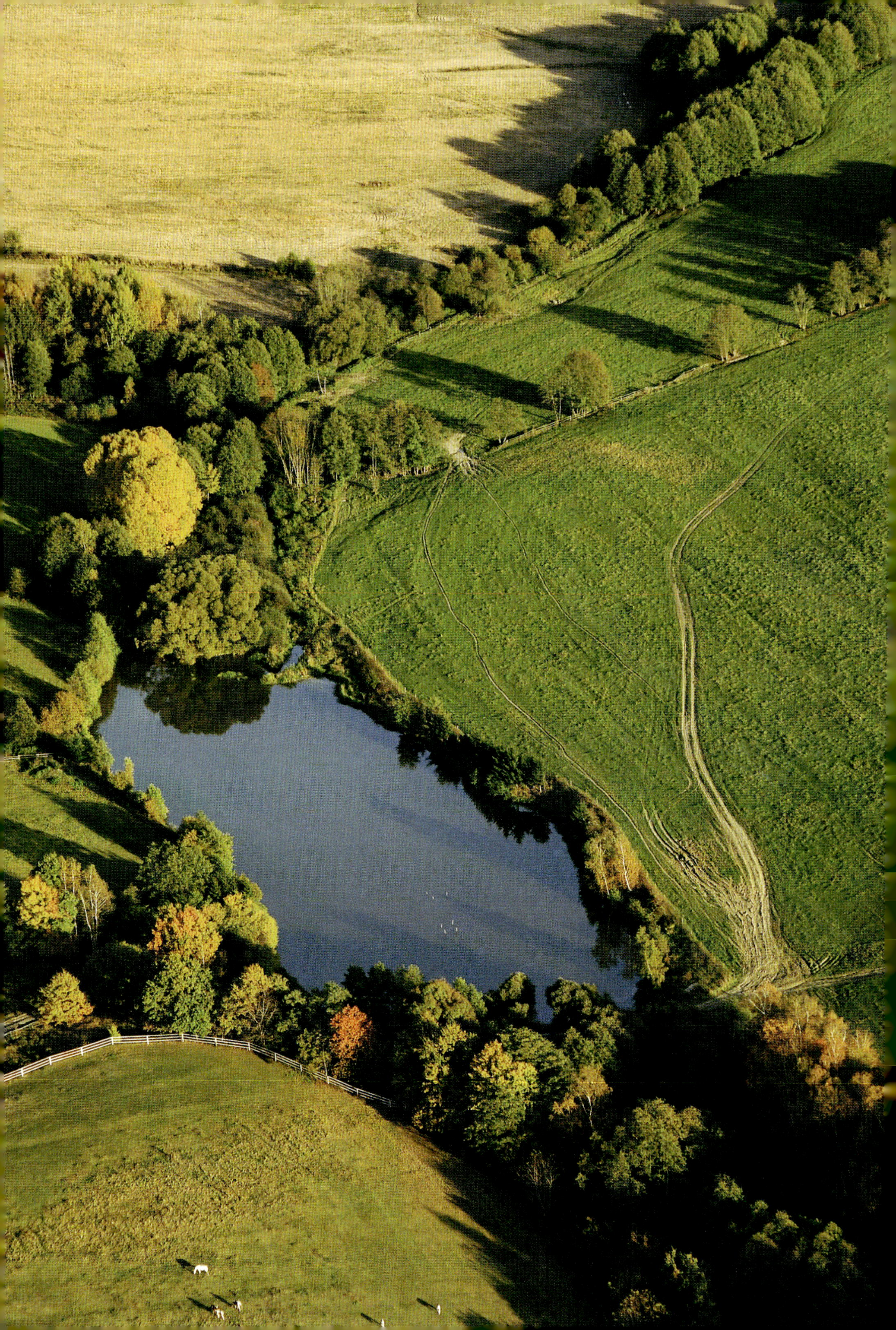

BAYERN–BÖHMEN–ÖSTERREICH
Gefolgschaft, Fehden und Heiratspolitik im Dreiländereck

Das Gründungskloster von Stift Hohenfurth und Stift Engelszell, das Zisterzienserstift Wilhering an der Donau, schlägt eine Brücke zum Donauraum. Wilhering selbst wurde, wie Stift Schlägl, nicht im ersten Anlauf besiedelt. Erfolg hatten erst die Mönche aus Ebrach in Franken und als Schutzherren nach den Wilheringern die Familie der Schaunberger. Die Ebracher Mönche begannen schon 1195 mit dem Kirchenbau. Von dieser ersten Kirche ist nach Umbauten und einem verheerenden Brand 1733 nur mehr das romanische Trichterportal geblieben, das in die Rokokokirche integriert wurde, und zwei Grabtumben, heute rechts und links am Kircheneingang: ein frühgotisches Grabdenkmal des Wernhard von Schaunberg aus dem 13. Jahrhundert und eine hochgotische Marmortumba für Ulrich II. von Schaunberg (†1398), beide an den Frontseiten reich verziert. Als nach schwierigen Zeiten der Barockumbau durch Feuer zerstört wurde, setzte Abt Johann Hinterhölzl bewusst einen Neuanfang. Er beauftragte den damals bereits 80-jährigen Martino Altomonte mit dem Hochaltarbild und seinen Sohn Bartolomäo mit der Freskierung der Deckengewölbe. Die beiden schufen in Wilhering – aufgrund der Brandkatastrophe zum Sonderpreis – einen Meilenstein österreichischer Malerei: den Übergang zum Rokoko.

Auch im 20. Jahrhundert schätzte man zeitgenössische Kunst: den oberösterreichischen Malern Fritz Aigner und Fritz Fröhlich wurde Wilhering Wohn- und Arbeitsplatz, Fritz Fröhlich erhielt eine Dauerausstellung im Stift, er gestaltete 1995 das Deckenfresko des Festsaals.

Doch blicken wir zurück in die gemeinsame Geschichte: Im 10. Jahrhundert waren Böhmens politische wie kirchliche Kontakte wechselweise nach Bayern oder nach Sachsen gerichtet. Dort lagen die Zentren kirchlichen und politischen Lebens, denn die Babenberger verfügten damals noch nicht über ein eigenes Landesbistum im Donauraum. In Regensburg hingegen wirkte als Bischof der heilige Wolfgang – eine prägende Figur im mittelalterlichen Südböhmen. Für das Herrscherhaus der Přemysliden und die tschechische Selbständigkeit bedeutete die Loslösung Böhmens von der Regensburger Diözesanhoheit und die Gründung des Bistums Prag im Jahr 973 einen kräftigen Auftrieb. Dass dies möglich wurde, ist dem Regensburger Bischof Wolfgang zu verdanken, der sich für ein selbständiges Bistum Prag ausgesprochen hatte.

Drei Jahre später, 976, eroberte Kaiser Otto II. im Machtkampf des Hochadels nach dem Zusammenbruch des karolingischen Reichs die damalige bayerische Hauptstadt Regensburg und verlieh die Ostmark an der Donau an den Babenberger Luitpold/Leopold I. aus altem bayerischen Adel. Damit beginnt die Herrschaft der Babenberger im Donauraum in der Nachbarschaft der Přemyslidenherzöge. Es entwickelte sich nun ein überaus bewegliches Beziehungsgeflecht zwischen den

An der Grenze dreier Länder: im Moldautal bei Lipno

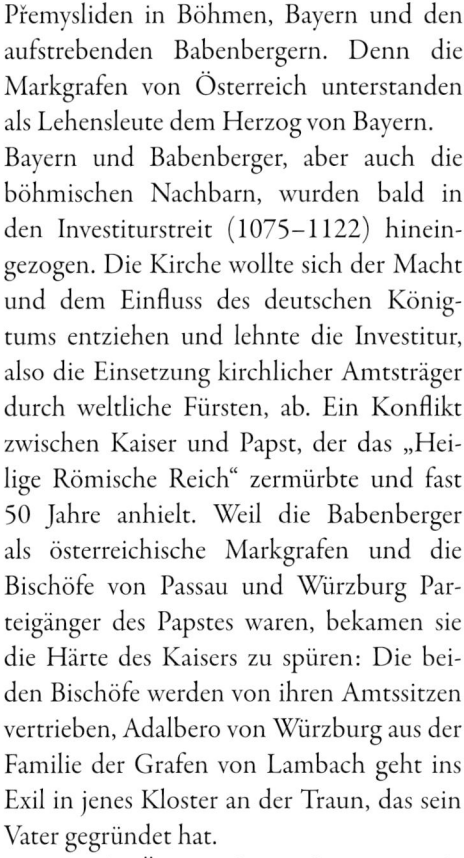

Přemysliden in Böhmen, Bayern und den aufstrebenden Babenbergern. Denn die Markgrafen von Österreich unterstanden als Lehensleute dem Herzog von Bayern.

Bayern und Babenberger, aber auch die böhmischen Nachbarn, wurden bald in den Investiturstreit (1075–1122) hineingezogen. Die Kirche wollte sich der Macht und dem Einfluss des deutschen Königtums entziehen und lehnte die Investitur, also die Einsetzung kirchlicher Amtsträger durch weltliche Fürsten, ab. Ein Konflikt zwischen Kaiser und Papst, der das „Heilige Römische Reich" zermürbte und fast 50 Jahre anhielt. Weil die Babenberger als österreichische Markgrafen und die Bischöfe von Passau und Würzburg Parteigänger des Papstes waren, bekamen sie die Härte des Kaisers zu spüren: Die beiden Bischöfe werden von ihren Amtssitzen vertrieben, Adalbero von Würzburg aus der Familie der Grafen von Lambach geht ins Exil in jenes Kloster an der Traun, das sein Vater gegründet hat.

Die Mark Österreich wiederum wurde von Kaiser Heinrich IV. kurzfristig an seinen treuen Gefolgsmann Herzog Wratislaw (1061–1092) von Böhmen verliehen, der ihm mit seinem Vermögen aus dem Silberbergbau materiell den Rücken stärkte. Schließlich fügte 1082 der böhmische Herzog gemeinsam mit dem kaisertreuen Bischof von Regensburg dem papsttreuen Babenberger Leopold II. (1075–1095) bei Mailberg in Niederösterreich eine schwere Niederlage zu und verwüstete das Gebiet nördlich der Donau.

Wenig später, 1085, wurde Herzog Wratislaw die persönliche Königswürde verliehen. Der deutsche König und Kaiser Heinrich IV. honorierte also die kaisertreue Haltung des böhmischen Fürsten. Und er gab dem Babenberger erst seine Markgrafschaft wieder, als sich dieser 1084 unterwarf. Um sich abzusichern, verheiratete Markgraf Leopold II. seine Tochter mit einem böhmischen Königssohn. Er war der erste Babenberger, der sich durch seine eigene Außenpolitik und Kontaktpflege zur Kirche selbständig gegenüber Kaiser und König behauptete. Die Adelsfamilien wechselten in dieser Zeit je nach familiärem Eigennutz zwischen kaiserlicher und päpstlicher Partei. Dieses Taktieren und Schwanken zwischen den beiden Machtpolen Papst und Kaiser wurde ein Kennzeichen babenbergischer Politik.

Für die Nachbarschaftsverhältnisse der Frühzeit müssen wir uns von dem uns geläufigen nationalstaatlichen Begriff des „Landes" trennen. Das mittelalterliche „Land" war eine Interessengemeinschaft mehrerer regionaler Machthaber, die einen Herzog oder Markgrafen als übergeordnete Instanz anerkannten und mit diesem Landesherrn oder seinem Vertreter beim „Taiding" zweimal jährlich zusammentrafen, um ihre Meinungen und Entscheidungen abzustimmen. Die Entwicklung der Gerichtsbarkeit formte dabei allmählich die Territorialherrschaft. Da Interessen und Bündnisse oft wechselten, lässt sich ermessen, wie schnell sich auch Grenzen und Einflusssphären verschoben und zwischen Bayern, Österreich und Böhmen neu ordneten. Erstmalige Versuche, die Landesgrenze Österreichs im Norden festzulegen, wurden im Waldviertel unternommen, wo Stift Zwettl Besitz auf böhmischer Seite hatte und die Zöbinger als Lehensleute der Grafen von Raabs in Böhmen Burg Landstein gründeten, die später, im 13. Jahrhundert, von den Witigonen übernommen wurde.

Um die erste Jahrtausendwende erlebte Westeuropa einen enormen Aufschwung. Dreifelderwirtschaft und Räderpflug verbesserten Landwirtschaft und Ernährung: Heute spricht man von der „Vergetreidung" Europas. Zwischen 700 und 1000 wuchs die Bevölkerung Gesamteuropas von 27 auf 42 Millionen Menschen, bis 1300 auf 73 Millionen. Klöster erschlossen Rodungs-

Der Investiturstreit: Die Kirche will sich der Macht des deutschen Königtums entziehen

flecken, die Expansion drang in bislang unwegsame Randbezirke Böhmens. Hier waren es vor allem die Orden, die daran mitwirkten. Die Witigonen waren treibende Kraft dieser Erschließung, die auf beiden Seiten des Böhmerwalds stattfand und die die „böhmische Zitadelle", wie Goethe die geografische Beschaffenheit des Landes charakterisierte, öffnete.

Mit der Kirchenreform des 11. Jahrhunderts, durch die der Idealzustand der Urkirche wiederhergestellt werden sollte, wurde die Arbeit in Rodung und Landwirtschaft zum Heilswert erhoben. Der Wald löste die Wüste der orientalischen Eremiten und Kirchenväter ab. Mit dieser Kirchenreform entstanden neue Orden, und es traten den „schwarzen Mönchen" der Benediktiner die „weißen Mönche" der Prämonstratenser, Zisterzienser und Kartäuser zur Seite. Im 11. und 12. Jahrhundert hatte das heutige Oberösterreich im Vergleich zu den anderen Bundesländern die größte Dichte an Klostergründungen. Wie in Hohenfurth waren auch hier adelige Hausklöster entstanden, die sich besonders den Stifterfamilien verpflichteten und deren Begräbnisorte beherbergten. Stift Lambach wurde bereits 1050 von den Herren von Lambach gegründet, Garsten von den steirischen Otakaren gestiftet, die Zisterze Wilhering 1146 von den Wilheringern.

Die Klöster pflegten Buchmalerei, Geschichtsschreibung und geistliche Musik. Als besonders bedeutendes Zeugnis aus dem 11. Jahrhundert hat sich der Freskenzyklus am Westchor der Lambacher Stiftskirche erhalten, eine byzantinisch-italienisch beeinflusste Wandmalerei. Auch das romanische Portal der Stiftskirche Wilhering ist ein gutes Beispiel für den intensiven kulturellen Austausch. Denn die europaweite Reformbewegung der Ordenskirche schuf weitgestreute Kontakte: Die Gründungsmönche kamen aus Franken (für Wilhering) oder aus Burgund (für Kloster Baumgartenberg). Das Augustinerchorherrenstift St. Florian hatte bereits Ende des 11. Jahrhunderts böhmische Herrscher unter seinen Gönnern. Mitte des 12. Jahrhunderts wurden auch österreichische Klöster durch böhmische Mutterklöster gegründet. Etwa die Klöster Geras und Pernegg im Waldviertel oder 1218 das Prämonstratenserkloster Schlägl durch Milevsko/Mühlhausen in Mittelböhmen.

Neue Orden durch die Kirchenreform

Wie aber entwickelte sich die Nachbarschaft zu den später österreichischen Gebieten? 1158 hatte Herzog Wladislaw II. vom deutschen König und Kaiser Friedrich Barbarossa den Königstitel erhalten, 1212 wurde Böhmen schließlich zum erblichen Königtum erhoben. Mit dieser Aufwertung überflügelte Böhmen das Herzogtum Bayern. Doch wie die Přemysliden, so waren auch die Babenberger auf Kosten der Bayernherzöge mächtiger geworden. Annähernd zur gleichen Zeit als Kaiser Friedrich Barbarossa Böhmen zum Königreich erhob und Wladislaw die Königswürde verlieh, löste er 1156 die Markgrafschaft an der Donau vom Herzogtum Bayern und erhob Österreich durch das „Privilegium minus" zum selbständigen Herzogtum. Die entsprechende Kaiserurkunde wurde in Regensburg unterzeichnet. Der babenbergische Hof war von Melk über Klosterneuburg 1156 endgültig nach Wien übersiedelt. Das Herzogtum Österreich umfasste Mitte des 12. Jahrhunderts ungefähr die Fläche des heutigen Niederösterreich, im Westen gehörte noch die Riedmark, das Gebiet zwischen Donau und Freistadt dazu. Die babenbergische Herrschaft reichte zwar nördlich der Donau damals schon auf heute oberösterreichisches Gebiet, südlich der Donau reichte der Einfluss des bayerischen Herzogs aber weiterhin noch bis zur Enns.

1212: Böhmen wird erbliches Königtum

Nach 1180 wandte sich die Familie der Schaunberger als Erste den Babenbergern zu und wechselte damit von der bayerischen auf die österreichische Seite. Kurze

Die Heiratspolitik der Přemysliden und Babenberger

Zeit später gehört auch die Steiermark zum babenbergischen Machtbereich und 1187 wird vom Kaiser den Babenbergerherzögen der Schutz des Stiftes Wilhering übertragen. Nach 1200 wechseln auch die bayerischen Ministerialen im oberösterreichischen Raum ins Lager der Babenberger. Das bedeutet aber nicht, dass die Bayernherzöge ihre Ansprüche auf diese Gebiete aufgegeben hätten. Die Heiratspolitik ließ nun zwischen den Herrscherhäusern, den Přemysliden und den Babenbergern, politische Achsen entstehen, verhinderte allerdings nicht Konflikte.

Herzog Leopold V. suchte, nachdem sich der Besitz der Babenberger durch die Übernahme der Steiermark 1186 verdoppelt hatte, die beunruhigten Nachbarn durch bewährte Heiratsverträge zu beschwichtigen. Diese vielfachen Verbindungen pflanzten sich fort durch die Gründung von Städten in Südböhmen, wo zunächst Siedler vorwiegend aus dem süddeutschen Raum, dann aber auch aus Österreich zuzogen. Wo sich in den königlichen Gründungen wie Budweis oder Písek ein Bürgertum etablierte, verstand es sich aber keineswegs national separiert. Die deutsche „Ostsiedlung" im 12. Jahrhundert, die von den Přemysliden, die Böhmen zwischen 894 und 1306 regieren, gefördert wurde, sollte, betont der Kulturhistoriker Jacques Le Rider in seiner Mitteleuropa-Studie, „keineswegs mit der modernen imperialistischen Expansion verwechselt werden. Sie war das Ergebnis unzähliger persönlicher und lokaler Initiativen, die von keiner Zentralmacht koordiniert wurden. Neben den einzelnen Siedlergruppen ergriffen die verschiedenen Herzogtümer und Markgrafschaften im Osten die Gelegenheit, ihr Gebiet auszudehnen und ihre regionale Macht zu festigen.

So war die Ostsiedlung vor allem eine demografische, wirtschaftliche und soziale Verschiebung, die von der Einführung neuer Anbaumethoden und neuer städtebaulicher, politischer und juridischer Modelle getragen wurde und mit dem späteren Imperialismus der Nationalstaaten – einem für die damaligen Verhältnisse völlig anachronistischen Begriff – nichts gemein hat." Diese systematische Siedlungstätigkeit brachte Arbeitskräfte sowie Kenntnisse quer durch Europa. So kamen auch fränkische Siedler in den oberösterreichischen Raum (Frankenburg) oder slawische Siedler nach Zwettl in Niederösterreich. „Dynamik und Mobilität kennzeichnen nicht nur die hochmittelalterliche Siedlungsbewegung, sondern auch die sozialen Verhältnisse", resümiert Siegfried Haider in seiner Geschichte Oberösterreichs.

Einflussreiche Familien konnten durch Kindersterblichkeit, Kriegszüge und Fehden rasch verschwinden, andere minderten selbst ihren sozialen Rang, indem sie Gefolgsleute, also Ministerialen, wurden und sich unterordneten, etwa den Babenbergern, die sich als Landesfürsten profilierten. So waren in der zweiten Hälfte des 13. Jahrhunderts im oberösterreichischen Raum nur die Herren von Schaunberg und wahrscheinlich jene von Kapellen als freie Geschlechter übriggeblieben. Es ist kein Zufall, dass sich gerade die Schaunberger mit den Witigonen in Südböhmen verheirateten.

Wirtschaftlich bildete der Salzhandel eine frühe Grundlage, der in den Händen der ansässigen Bevölkerung lag. Der bedeutende Fernhandel auf der Donau allerdings wurde von Regensburger Kaufleuten organisiert, die im 12. und 13. Jahrhundert in Enns, der ersten Münzstätte im oberösterreichischen Raum, internationale Messen und Märkte veranstalteten. Händler aus Maastricht, Köln oder Kiew trafen sich hier. Durch gezielte Förderung der Städte und Märkte stärkten die letzten Babenberger ihre Position, nicht anders als die Böhmenkönige. Wels, Enns und Linz oder Budweis und Pilsen profitierten davon.

Die Witigonen der ersten Stunde

In der tschechischen Geschichtsschreibung wird ein widersprüchliches Bild der Witigonen gemalt: Den einen galten sie als politische Querköpfe, weil sie sich mehrmals dem Landesherrn widersetzten, den anderen als das Rittergeschlecht par excellence und das bis zu ihren letzten Vertretern.

Ihr erster fassbarer Vorfahre, Witiko von Prčice (†1194) – der Ort liegt in Mittelböhmen –, galt, wie Zeitgenossen bestätigen, als „eloquenter Mann", was schließen lässt, dass er die damalige Amtssprache Latein beherrschte, möglicherweise auch Deutsch. Sein Name Witiko/Vitek, der sich in seiner Nachkommenschaft vielfach vererbt, ist der Diminutiv des Prager Kathedralpatrons Vit, also des heiligen Veit. Er gehörte zweifellos zur gesellschaftlichen Elite und begleitete seinen Herzog und nunmehrigen König Wladislaw II. im Gefolge Kaiser Friedrich Barbarossas auf dessen Feldzug 1158 nach Italien.

Friedrich Barbarossa war der erste Kaiser aus dem Geschlecht der Staufer. Ihm war es gelungen, den Reichsgedanken durchzusetzen. Durch eine geschickte Heiratspolitik schuf er eine dauernde Verbindung des Reichs mit Italien und Südfrankreich und festigte damit das Reich als Sacrum Imperium, als Heiliges Reich und als politisch-wirtschaftliche Macht. Die weltliche Baukunst blühte, das Kaisertum trat selbstbewusst neben den Papst, und Kaiser Friedrich Barbarossa wurde zur Leitgestalt höfisch-ritterlicher Dichtung. Der niedere Adel, in den auch Bürger aufrücken konnten, festigte das Standesbewusstsein eines christlichen Ritters. Der soziale Aufstieg war literarisch zum Thema geworden, die mittelhochdeutsche Versnovelle „Helmbrecht", verfasst von Wernher dem Gärtner, ist, wenn auch mit tragischem Ende, ein Beispiel sozialer Beweglichkeit.

Die Witigonen waren damals *nobiles,* Adelige, die hohe Hofämter innehatten. Das Land war in Burggemeinden strukturiert, deren Verwalter *(comites)* stellvertretend Gerichts-, Militär- und Verwaltungsaufgaben erledigten. Der Herzog von Böhmen war dem deutschen König und Kaiser zeitweilig zur Heerfolge verpflichtet, dieser war sein Lehensherr. Umgekehrt war aber der Böhmenherzog königgleich souverän und konnte von diesem seinem Lehensherrn nicht zur Rechenschaft gezogen werden. Eine durchaus ambivalente Stellung, die im 19. Jahrhundert und danach Streitpunkt nationaler Geschichtsschreiber wurde.

Meister des Hohenfurther Altars, Detail des Stiftungsporträts Peters I. von Rosenberg (Nationalgalerie Prag)

Die Teilung der Rose, im Mittelpunkt Witiko von Prčice vor Schloss und Stadt Krumau

Gesichert ist jedenfalls, dass unter Kaiser Friedrich I. Barbarossa gutes Einvernehmen mit Böhmen herrschte. Während der Hochzeit des Kaisers mit Beatrix von Burgund in Würzburg wurde mit Herzog Wladislav ein Geheimvertrag unterzeichnet, der dem Böhmenherzog nach der geplanten Unterstützung des Feldzugs Barbarossas gegen Mailand die Königswürde sicherte. 1158, beim Hoftag zu Regensburg, wurde Wladislav zum König von Böhmen gekrönt. Das Versprechen, dem Kaiser Heerfolge im Italienfeldzug gegen Mailand zu leisten, brachte Wladislav zunächst Probleme im böhmischen Adel, den er aber durch reichliche Belohnung zum Feldzug bewegen konnte. Und Witiko von Prcice nahm daran teil. Adalbert Stifters „Witiko" erzählt von dieser Allianz und lässt seinen Protagonisten, ganz im Sinn seiner Nachfahren, der letzten Rosenberger, aus Italien die Wappenblume holen.

Im heutigen Oberösterreich treten seit dem 11. Jahrhundert bayerische Adelsfamilien auf, die sich nach ihren Burgen und Stammsitzen benennen, sich auf Grundbesitz stützen und – nicht anders als ihre südböhmischen Nachbarn – auf eine von ihnen abhängige Gruppe von Gefolgsleuten oder Ministerialen. Aufgrund dieser Machtbasis konnten sie die Gerichtsbarkeit ausüben.

Die bedeutendsten Familien waren die Herren von Lambach und die Herren von Schaunberg, Letztere errichteten im Eferdinger Becken die gleichnamige Burg. Während die Adelsherrschaft südlich der Donau vielteilig war, waren die Rodungsherrschaften nördlich der Donau vergleichsweise geschlossene Gebiete.

Im oberen Mühlviertel baute das Geschlecht der Wilheringer 1150 Waxenberg zu seinem Hauptsitz aus und stellte seinen ursprünglichen Platz an der Donau der Klostergründung zur Verfügung. Das Gebiet an der Großen Mühl wiederum wurde von den Herren von Schönering-Blankenberg beherrscht. Ein Zweig dieser Familie nannte sich nach der Burg Falkenstein, und deren Grundherrschaft zwischen Ranna und Kleiner Mühl ging nach 1226 an die Witigonen. Im unteren Mühlviertel saßen nach 1217 die Babenberger, wobei zu Beginn des 13. Jahrhunderts der Babenberger Leopold VI. der zweitreichste deutsche Fürst nach dem böhmischen König war. Er erwarb Ottensheim, die Donaustrecke bis Passau, Wels und Freistadt. Die Witigonen waren ihrerseits bald verwandtschaftlich mit ihren „Nachbarfamilien" verknüpft. Witiko II., der Ältere, wurde der Stammherr der Krumauer Linie, die sich mit den Falkensteinern verband.

Witiko III. von Prčice, der Jüngere (†nach 1244), der sich auch „Witco de Plankinberc" nannte, war mit Kunigunde von Schönering-Blankenberg verheiratet. Die beiden wurden die Eltern von Wok I., dem Erbauer von Burg Rosenberg und Gründer des Stiftes Hohenfurth. Im 13. Jahrhundert fanden sich die Witigonen als Nachbarn des Bistums Passau (westlich der Großen Mühl) und der Babenberger (östlich der Großen Mühl). Passau, dessen Bischöfe papsttreu die große Kirchenreform im Zuge des Investiturstreits mitgetragen hatten, baute als größte Diözese des römisch-deutschen Reichs eine straffe Aufsicht und Organisation des Kirchenwesens auf. An der Wende zum 13. Jahrhundert orientierte sich der Passauer Bischof Wolfger an den neuesten, an französischen und italienischen Universitäten erarbeiteten Kirchenrechtsprinzipien.

Im späteren Land ob der Enns überschnitten sich damals verschiedene Einflusszonen. Nicht Territorialstaaten, sondern Bündnisse waren maßgeblich. Die wechselnden Allianzen, die Heiratspolitik, die mit dynastischem Hintersinn gesponnenen Beziehungen erzeugten ein wechselvolles Geschehen, in dem sich rasch die Fronten verschieben konnten und Partnerschaften nur befristet gültig waren. So hatte das Augustinerchorherrenstift St. Florian 1223 seine Güter in St. Stefan am Walde im nördlichen Landesgebiet nicht den Babenbergern, sondern dem Schutz des Böhmenkönigs anvertraut, vermutlich aus Sorge vor Übergriffen der Witigonen. Der böhmische König brauchte zwar die Gefolgschaft des Adels, suchte aber gleichzeitig, dessen Machthunger einzugrenzen.

In den meisten südböhmischen Schlössern der Rosenberger wird in einem großen Tafelbild Witiko von Prčice als Ahnherr dargestellt, der unter seinen Söhnen die „Teilung der Rose" vornimmt. In dem zum legendenhaften Panorama geformten Bild überreicht Witiko von Prčice seinen Söhnen ihr Erbe und das Wappen mit der Rose in unterschiedlichen Farben. Witiko II., der Ältere, der als Wappen die grüne Rose auf silbernem Grund erhielt, war der Begründer der Krumauer Linie, die nur bis 1302 existierte. Heinrich wurde zum Ahnherrn des Zweigs von Neuhaus, der bis 1604 die goldene Rose auf blauem Feld trug. Witiko III., der Jüngere (1170–1256), schließlich war Stammvater der Herren von Rosenberg, die die rote Rose auf silbernem Grund als Wappen erhielten. Witiko IV. (†1234) wurde zum Begründer der Herren von Landstein, denen Třeboň/Wittingau und Nové Hrady/Gratzen gehörten. Und schließlich entstand auch noch eine Linie in Sezimovo Ústí/Alttabor mit der schwarzen Rose.

Jindřichův Hradec/Neuhaus soll ursprünglich eine Burg des Königs gewesen sein, mit einem romanischen Tor im Kern. Mitte des 13. Jahrhunderts dürften die Witigonen sich dieses Besitzes bemächtigt haben. Der Einfluss von Neuhaus reichte weit nach Mähren, daher ist es schlüssig, dass Heinrich von Neuhaus im bedeutenden mährischen Wallfahrtsort Velehrad bestattet wurde. Das Siegel Witikos III., des Jüngeren, auf dem er als „Witco de Plankinberc" auftaucht, beschäftigte die Historiker und ließ sogar Vermutungen keimen, dieser Herr habe Blankenburg bei Neufelden im Oberen Mühlviertel, die Burg seiner Ehefrau, zur Residenz gewählt. Nachdem die Familie der Schönering-Blankenberg um 1191 ausgestorben war, wurde ihre Grundherrschaft von den Witigonen übernommen, akzeptiert von den mächtigen Nachbarn, dem Babenbergerherzog und Bischof Wolfger von Passau, in dessen Umfeld das „Nibelungenlied" entstanden war. Wolfger war übrigens Förderer des Dichters und Sängers Walther von der Vogelweide.

1231 weisen Schriften des Bistums Passau Witiko III., den Jüngeren, als „Witigo nobilis homo de Boemia" aus. Er verkaufte allerdings diesen Besitz zum großen Teil an die Passauer Diözese, weil er sich auf seine südböhmischen Güter konzentrieren wollte.

Der böhmische Adel wollte Einfluss im Land gewinnen und stand deshalb der Zentralgewalt des böhmischen Königs reserviert gegenüber. 1212 hatte der deutsche König Friedrich II. in Regensburg mit der „Goldenen Sizilianischen Bulle" dem Böhmenkönig Ottokar I. die erbliche Königswürde bestätigt, mitsamt der dauerhaften Selbständigkeit der Länder der böhmischen Krone gegenüber dem Reich. Bei diesem Festakt

Witiko III. und der böhmische Adel

Das Ende der 250 Jahre dauernden Herrschaft der Babenberger

wurde Böhmens König Ottokar I. von zwei Witigonen begleitet: Von Heinrich von Neuhaus, dem Erbauer der gleichnamigen Burg und von Witiko III., dem Jüngeren – ein weiteres Zeichen für den Einfluss und das Ansehen der Familie, die durch familiäre Verbindungen und territoriale Interessen grenzüberschreitend präsent war.

Für die Witigonen war deren Anwesenheit am Königshof machtbildend. Umgekehrt brauchte der böhmische König wieder den Familienverband, der die Südgrenze zu den Babenbergern kontrollierte. Zu Beginn des 13. Jahrhunderts schien die Position der Witigonen am Prager Hof noch schwankend. Doch nach 1208 weitete sich der witigonische Einfluss in Prag aus. Zugleich, genauer bis 1230, bauten auch die Babenberger in Österreich unter Leopold VI. ihre Macht aus. Der letzte Babenberger, Friedrich der Streitbare, überwarf sich allerdings mit seinen Nachbarn, mit Kaiser und Papst und trieb sogar seine eigene Mutter ins Exil zu König Wenzel I. nach Prag. 1246 endete mit seinem Tod auf dem Schlachtfeld die 250 Jahre andauernde Ära der Babenberger. Österreich und im Verbund die Steiermark waren eine attraktive Hinterlassenschaft und bildeten eine ideale Keimzelle für einen zusammenhängenden Territorialstaat der Zukunft, die jeden benachbarten Herrscher interessieren musste. Die herrenlosen österreichischen Länder hatten zwar noch mit den Babenbergerinnen Margarethe und Gertrud zwei Erbinnen. Diese konnten aber ihre Rechte nicht durchsetzen. Nun meldete Bayern wieder seine Ansprüche an, hatte man doch das altbayerische Gebiet westlich der Enns noch nicht preisgegeben. Bayern bedrängte auch das Bistum Passau, das sich den Böhmenkönig zum Bündnispartner wählte. Die Situation im restlichen Österreich war den adeligen Grundherren überlassen, die in dieser Zeit nach dem Ende der Babenber-

Jindřichův Hradec/ Neuhaus kam Mitte des 13. Jahrhunderts in den Besitz der Witigonen

ger nach Gutdünken ihren Einfluss geltend machten, was alle Kleineren, aber auch Kirchen und Klöster zu spüren bekamen. Dem Erzbistum Salzburg beispielsweise war es 1248 unmöglich, die eigenen Weine und landwirtschaftlichen Produkte von Niederösterreich nach Hause zu bringen. Herzog Otto von Bayern versuchte währenddessen immer wieder, durch Überredung der Ministerialen oder durch Kriegsdrohungen das Land ob der Enns zurückzugewinnen. Und als die Babenbergerin Gertrud den Ungarnkönig Béla IV. ehelichte, meldeten auch die Ungarn Interesse an den österreichischen Ländern an. 1251 wandten sich die österreichischen Landesherren an den Böhmenkönig Wenzel I. um Hilfe. Er schickte seinen Sohn und Thronerben Přemysl Ottokar, der über Freistadt und Enns ins Land zog und die österreichischen Länder besetzte.

Die Kuenringer waren dabei Ottokars Wegbereiter, und im Herbst 1252 nannte sich Přemysl Ottokar bereits Herzog von Österreich und Steiermark. Schließlich hatte er in Hainburg die Babenbergerin Margarethe geheiratet.

Das heutige Oberösterreich, die Region an Donau und Enns, die den Bayern von den Babenbergern abgenommen worden war, die die Bayern aber immer noch beanspruchten, wurde für Přemysl Ottokar II. zur Herausforderung. Er versucht nun, den Attacken des Bayernherzogs zuvorzukommen und kann dabei auf den Bischof von Passau zählen. Die Bayern ihrerseits sind mit den Ungarn verbündet. Přemysl Ottokar gerät dadurch in eine Zange. 1260, in der Schlacht bei Kressenbrunn in Niederösterreich, gelingt es Wok I .von Rosenberg, für den Böhmenkönig die Lage zu retten. Wok I., der Namensgeber seiner Dynastie, zieht das Schlachtenglück auf die böhmische Seite und vernichtet die ungarischen Truppen.

Österreichs Adel ruft Böhmen zu Hilfe

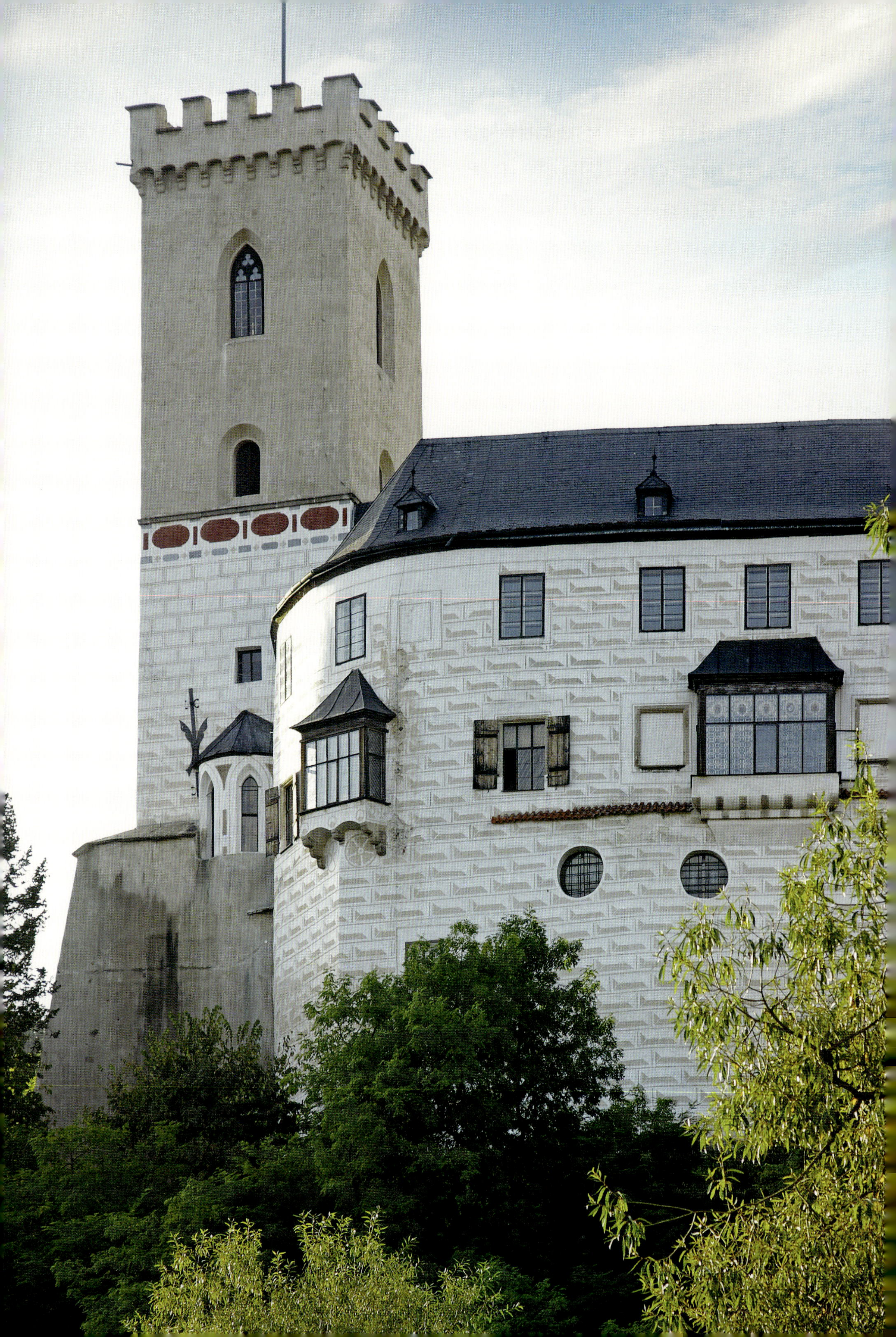

ROŽMBERK NAD VLTAVOU/ ROSENBERG AN DER MOLDAU

Der erste Stammsitz der „Herren von der Rose"

Rosenberg liegt wenige Kilometer flussabwärts jener merkwürdigen Stelle, die Moldauknie genannt wird. Dort wendet sich der Fluss, der bis dahin zielstrebig ostwärts fließt, jäh nach Norden. Die Straße wird zunächst von Eichen gesäumt, später von Fichtenwäldern. Die Flussstrecke ist ein Paradies für Camper und Kanuten, die im Sommer das Tal bevölkern. Rosenberg, der Ort selbst, ist immer noch als ein unter dem Kommunismus wegsterbender Ort sichtbar, auch wenn längst die touristische Frequenz das Einkommen einer Reihe von Straßenlokalen und Herbergen sichert.

Die Aufmerksamkeit gilt ohnedies dem Schloss, das sich entlang der Flussschleife von verschiedenen Seiten zeigt. Seitlich eher unscheinbar steht der runde „Jakobinerturm", der Bergfried der alten Burg aus dem 13. Jahrhundert. Hier hat Wok I. von Rosenberg seinen Stammsitz gewählt, hier blieb die Familie bis 1611.

Burg Rožmberk/Rosenberg war zwar als Stammsitz der Rosenberger von Wok I. gegründet worden, die Funktion einer Residenz ging allerdings 1302 auf Schloss Krumau über. Die erstmals 1262 urkundlich erwähnte Untere Burg wurde 1330–1340 unter Peter I. von Rosenberg erweitert. Nach 1550 wurde der Bau von einem Neffen und Teilerben Peter Woks von Rosenberg, Jan Zrinský, zu deutsch Johann Graf von Serin, zu einem wohnlichen Renaissanceschloss umgebaut, da sich die Funktion eines Wehrbaus, der die Straße nach Süden zur Landesgrenze schützen sollte, erübrigt hatte. Nach dem Aussterben der Rosenberger 1611 war ab 1612 Peter von Schwanberg der neue Besitzer der Anlage, der aber aufgrund seiner Teilnahme am böhmischen Ständeaufstand die Burg 1619 der Besatzung des kaiserlichen Heeres unter Feldmarschall Karl Bonaventura Buquoy überlassen musste. Seit 1620 blieb Burg Rosenberg im Besitz der Grafen Buquoy bis zu deren Enteignung und Vertreibung im Jahre 1945. Die Buquoy haben in Südböhmen die allgemeine Schulpflicht und die Sozialfürsorge eingeführt und sie haben 1816 in ihren Glashütten das erste schwarze Glas (Hyalithglas) erzeugt.

Der Renaissancebau beherbergt heute die Sammlungen der Familie Buquoy. Das Interieur, besonders die mit Greifen und Drachen im Stil der Neugotik im 19. Jahrhundert eingezogene Eichentreppe führt alle Wappen des Hauses Longueval-Buquoy von 1080 bis 1897 vor.

Der Rittersaal wiederum leitet zurück in die Renaissance, die Fresken und Bilder in den Wandnischen illustrieren ein ritterliches Leben und mit Ironie die weltlichen Freuden. Sie sind die jüngsten jener Renaissancefresken, wie sie in den Rosenberger Schlössern Bechyně, Kratochvíle/Kurzweil oder Třeboň/Wittingau und Český Krumlov/Krumau entstanden sind und sie verweisen bereits auf den damaligen Besitzer und Teilerben Jan Zrinský.

Besonders bemerkenswert ist die Musiknische im Rittersaal, in der vermutlich Thomas Trebochovsky die Allegorie der Mu-

Zwar als Stammsitz gegründet, die Residenz wurde aber nach Krumau verlegt: Schloss Rosenberg an der Moldau

sik in Gestalt eines Mädchenorchesters mit 19 Figuren ausführte, die ursprünglich mit Edelsteinen geschmückt waren. Von den meisten Kunsthistorikern wird das Werk allerdings einem Unbekannten aus dem Umkreis des Hofs Kaiser Rudolfs II. zugeordnet, der hier auf Rosenberg für Jan Zrinský gearbeitet haben soll. Wahrscheinlich war Zrinský durch seine Besuche in Mantua bei seiner Mutter, der Schwester der letzten beiden Rosenberger, der italienische Manierismus vertraut . Der Maler der Musiknische jedenfalls kannte sowohl die niederländische Maltradition, die im Zyklus des Menschenlebens, in der Serie der fünf Sinne und der Planeten zum Ausdruck kommt, als auch die italienische, die er in der Musiknische umgesetzt hat, einem angedeuteten Raum, der sich fiktiv in den Garten und die Natur öffnet. Man muss diese Wandmalereien im Zusammenhang mit der Kunst in den anderen Schlössern Bechyně, Kratochvíle, aber auch Český Krumlov zur Zeit Wilhelms und Peter Woks sehen. Es ist manieristische Illusionsmalerei, wie sie von Giulio Romano (1499–1546), einem Schüler Raffaels, im Palazzo del Te in Mantua erstmals angewendet wurde.

„Bis die Moldau den Hradschin hinauffließt"

Die Ära König Přemysl Ottokar II. brachte in Böhmen nach dem Vorbild der Babenberger schon 1255 eine den Juden gegenüber tolerante und allgemein gegen religiöse und ethnische Diskriminierung gerichtete Gesetzgebung. Das führte dazu, dass auch außerhalb Prags viele jüdische Gemeinden entstanden. Bis Ende des 14. Jahrhunderts konnten jüdische Bürger aufgrund dieser ottokarischen Rechtspraxis in Böhmen vor Pogromen sicher sein. Später, besonders unter Kaiser Ferdinand I. im 16. Jahrhundert, sollte sich das ändern. Rosenberg an der Moldau hat zwei jüdische Friedhöfe. Der ältere liegt im Ortszentrum, der Rest einer steinernen Platte bezeugt in deutscher Sprache, diese Ruhestätte sei schon vor 1480 gegründet worden. Einige Grabsteine aus dem 18. Jahrhundert benennen Verstorbene, die ihren Lebensmittelpunkt im damaligen ob der Enns hatten. Bis 1863 wurden alle Juden aus dem heutigen Oberösterreich in Rosenberg bestattet, wie umgekehrt viele jüdische Bürger in Linz aus Böhmen stammten.

Dass heute der Linzer Verein „Wider das Vergessen" von Oberösterreich aus den zweiten, jüngeren, jüdischen Friedhof vor dem Verfall bewahrt, liegt in einer vergessenen Beziehung, die die beiden Plätze an Donau und Moldau verbindet. Der neuere Friedhof war im späteren 19. Jahrhundert errichtet worden, an der Straße nach Krumau, auf freiem Feld. Dort hatte ihn sich in den vergangenen Jahrzehnten die Natur zurückgeholt, wie es auch bei anderen verlassenen Friedhöfen der Fall war. Mitte des 19. Jahrhunderts war Rosenberg jedenfalls ein fester Begriff für alle Juden im Kronland ob der Enns und in gewisser Weise eine geduldete Heimat, die sie an der Donau nicht hatten.

Am 4. März 1849 hatte der junge Kaiser Franz Joseph I. ein Patent unterzeichnet, das Forderungen der bürgerlichen Revolution in die „Reichsverfassung für das Kaiserthum Österreich" einbrachte, die Freizügigkeit des Personenverkehrs, die Möglichkeit als österreichischer Reichsbürger „Liegenschaften jeder Art zu erwerben" und jedes erlaubte Gewerbe auszuüben. Und vor allem war jetzt verbrieft: „Der Genuß der bürgerlichen und politischen Rechte ist von dem Religionsbekenntnisse unabhängig." Bis dahin hatte man ein Paradox gelebt. Juden, obwohl sie das Land als Händler bereisten, hatte es rechtlich als Einwohner nicht gegeben, die Behörden trachteten, sie nicht ansässig werden zu

Jüdisches Leben und Exil

Grabsteine auf dem jüdischen Friedhof von Rosenberg (links); nächste Doppelseite: Der Stammsitz der Rosenberger: Rožmberk nad Vltavou

lassen. Sie durften sich in Linz nur für die Dauer der großen Märkte aufhalten, ansonsten – das war durch Regierungsdekrete von 1814 und 1823 geregelt – mussten sie ob der Enns binnen drei Tagen wieder verlassen.

Als 1849 die neue Verfassung verlautbart wurde, hielten zunächst lokale Behörden dagegen und verweigerten den jüdischen Geschäftsleuten ihre neuen Rechte. So mussten die Juden in Steyr sogar über die Statthalterei beim kaiserlichen Innenministerium gegen die von den Landes-, wie auch Kommunalbehörden ausgegebenen Ausweisungsbescheide ankämpfen. Christliche Gewerbetreibende hatten sich nämlich beschwert, dass durch „Trödlerjuden, die im Stadt- und Landbezirk ungescheut den Hausierhandel betreiben und förmliche Magazine halten, … hiesige Schnittwarenhändler Schaden nehmen". Die Konkurrenz war naturgemäß unerfreulich für die eingesessenen Geschäftsleute und jene jüdischen Mitbürger, die sich hier niederlassen wollten, waren nicht gern gesehen. Dieser Unmut, der Boden des „späteren wirtschaftlichen Antisemitismus" wie Gerhart Marckhgott ausführt, steigerte sich soweit, dass 1853 der Linzer Bezirkshauptmann Bancalari dafür plädierte, „in Hinkunft die Niederlassung im Kronland Österreich" wieder zu untersagen. Mehr noch: Er wollte ihnen den Hausierhandel generell verbieten. Tatsächlich wurde die Verfassung per Verordnung vom Kaiser schließlich wieder zurückgenommen, weshalb sich das judenfeindliche Provisorium in Oberösterreich besonders lange hielt und den Grunderwerb durch die jüdische Gemeinde verhinderte und auch die Errichtung eines eigenen Friedhofs verzögerte.

Es war ein Rückschlag. Die Statthalterei berichtete: „Sie senden ihre Leichen regelmäßig nach den Beerdigungsplätzen in Rosenberg und Kalladey in Böhmen." Selbst aus Graz wurden Tote dorthin überstellt,

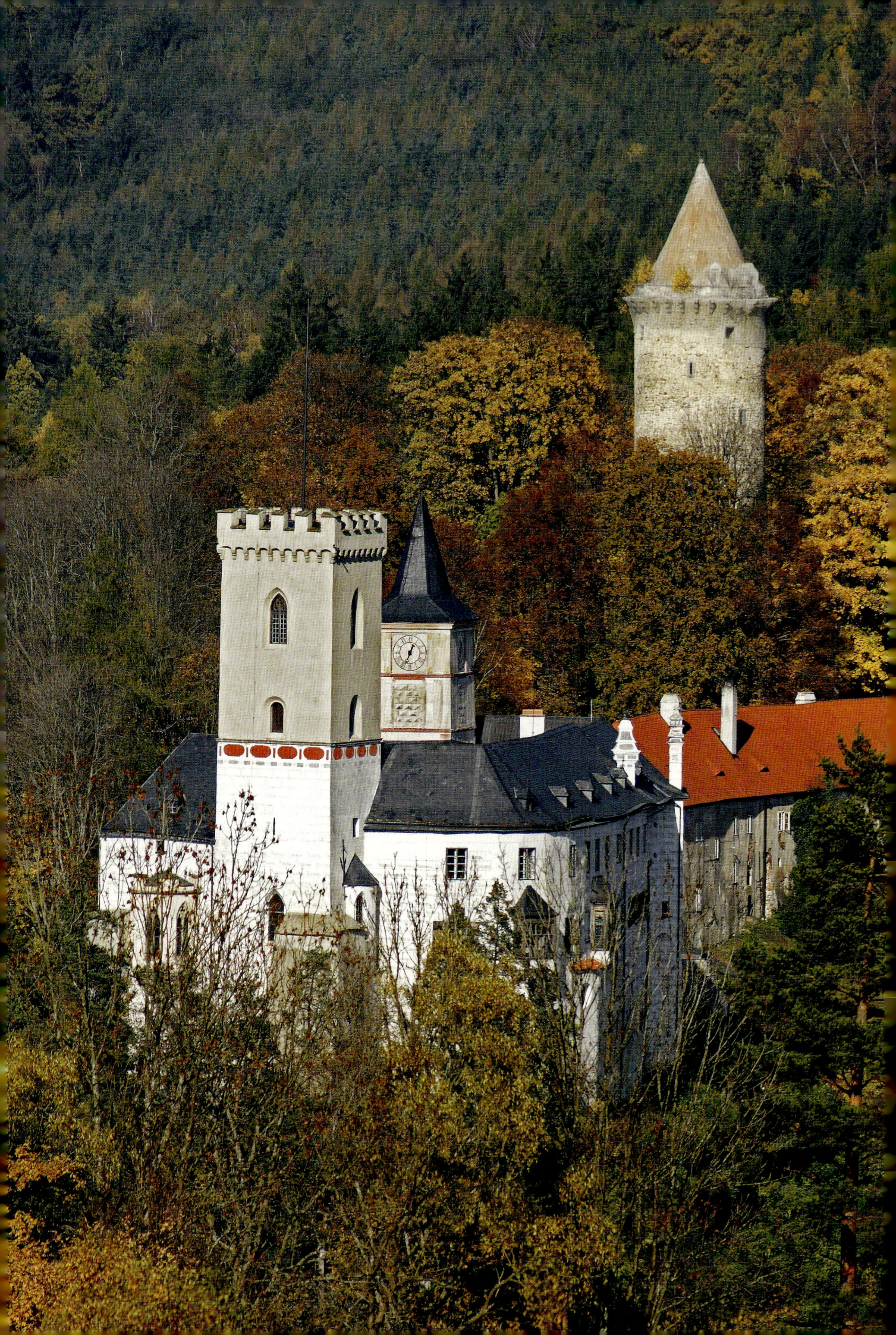

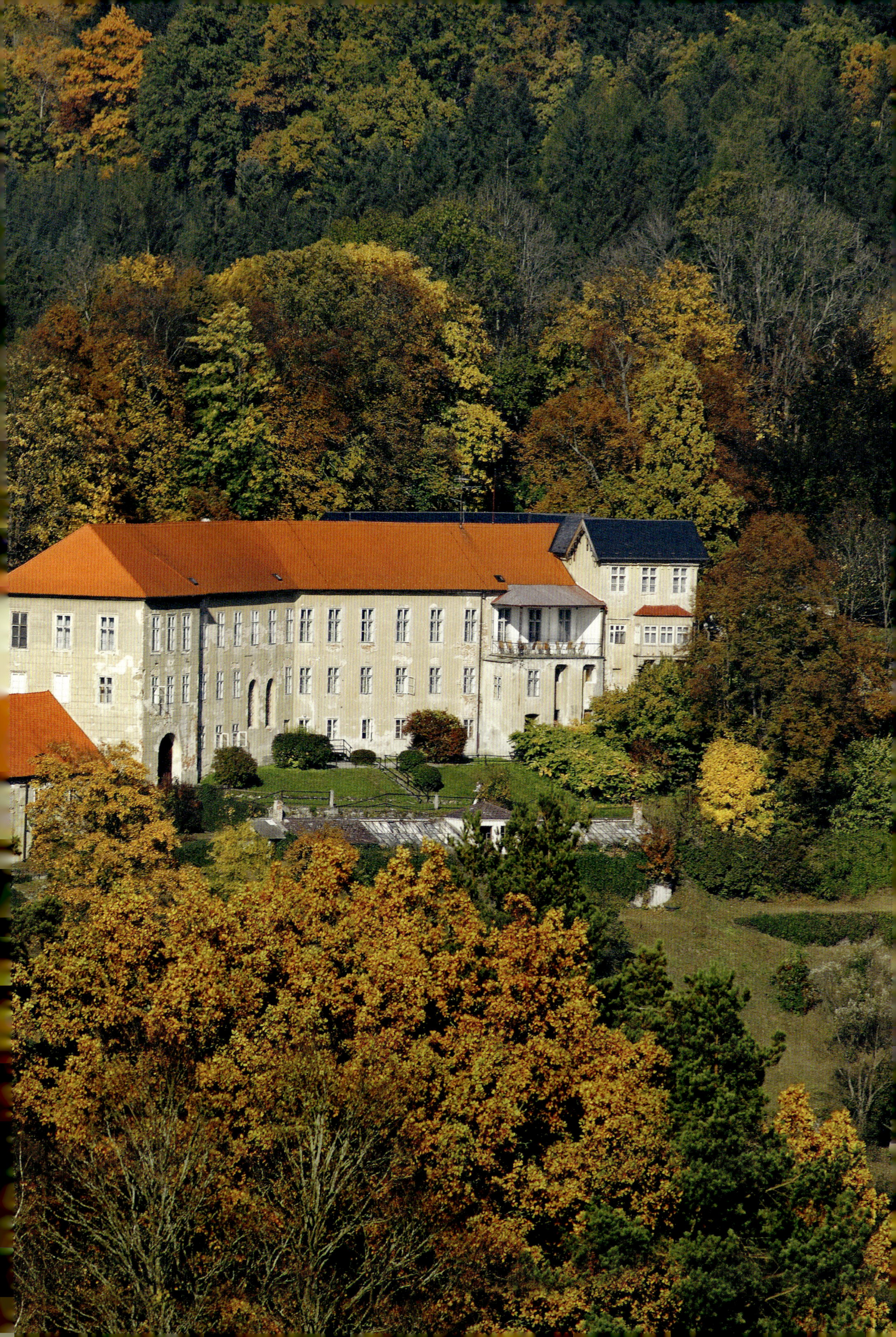

Tafel für Jan Neruda an dessen ehemaligem Wohnhaus in Prag: Gedenken trotz antisemitischer Töne (oben); die Wappenblume der Rosenberger in Krumau (S. 48) und Třeboň (S. 49)

alles polizeilich überwacht, „auf gewöhnlichen bedeckten Wägen und auf Kosten der Familie des Verstorbenen". Deshalb ist uns das Schreiben eines Pfarrers an die Behörde erhalten geblieben, man möge „die Leichen verstorbener Israeliten in wohlverpichten Särgen verwahren, damit die Gesundheit der Bewohner nicht gefährdet werde".

Hygienebedenken und Ressentiments wirkten zusammen, die Ansuchen der jüdischen Gemeinde in Linz um einen „Nothfriedhof" vor Ort wurden verschleppt, die Linzer katholische Kirche stemmte sich dagegen und sah darin eine „Arglist gegenüber den Christen". Nur der Linzer Gemeinderat setzte sich zunächst darüber hinweg, musste aber schließlich klein beigeben, denn der Stadtpfarrer insistierte in einem Schreiben, „meine liebe Vaterstadt möge sich so fern als möglich von diesem Volke halten, das Gott gerichtet hat".

Die jüdischen Bürger, die „Israeliten in Linz", waren also darauf verwiesen, Gottesdienst und Unterricht in Privathäusern abzuhalten, die Errichtung einer öffentliche Synagoge wurde abgelehnt. Die Behörde erschwerte dies alles mit dem Argument, dies würde noch mehr Juden anziehen, was schon angesichts der Wohnungsnot unakzeptabel sei.

Oberösterreich gehört zu den wenigen Ländern der Monarchie, in der dieser Zustand hartnäckig aufrechterhalten blieb, auch noch 1860, als bereits für den größten Teil der Monarchie Besitz und Erwerb unbeweglicher Güter durch Juden möglich war. Letztendlich verfügte die jüdische Gemeinde in Linz erst 1867 über einen öffentlichen Status und etwas früher über einen eigenen Friedhof. Das allerdings beruhte auf dem Argument, man habe auch k. k. jüdische Soldaten und Kurgäste aus Bad Hall und Bad Ischl mitzubetreuen. Doch die Linzer jüdische Gemeinde wäre selbst schon groß genug gewesen. Sie war tatsächlich eng verbunden mit dem Kronland Böhmen. 24 von 80 Linzer Familien stammen aus der jüdischen Gemeinde von Koloděje bei Tábor. Angesichts dieser Tatsache ist es auffallend, dass von den 53 Familiennamen mindestens 80 Prozent deutschen Ursprungs sind; ein Indiz dafür, dass die jüdischen Gemeinden in der böhmischen Umgebung nicht nur religiöse, sondern auch sprachliche Inseln darstellten.

Nun ist damals in Böhmen die Situation auch nicht gerade judenfreundlich. Im Revolutionsjahr 1848 musste das Prager Ghetto erneut pogromartige Zustände erleben. Die Flugblätter peitschten die Stimmung auf, und viele Prager Juden waren gerade in jenem Jahr, das ihnen Emanzipation versprach, eher eingestimmt auf die letzte Stunde, als sei „der Tag gekommen, an dem die Moldau den Hradschin hinauffließen wird". Die Juden, seit dem Toleranzpatent Kaiser Joseph II., das vielfach nur Papier geblieben war, angehalten deutsch zu sprechen, hatten dadurch auch bei vielen tschechischen Mitbürgern nur begrenzte Sympathien. Der tschechische Schriftsteller Jan Neruda publizierte 1870 Antisemitisches und unterstellte den Juden „bösartige Gegnerschaft gegen unsere tschechische Nationalität".

In Linz wurde erst 1872 eine Synagoge errichtet. Dass das möglich wurde, war Josef Kralik zu verdanken, dem Glasfabrikanten der Adolfshütte in Winterberg im Böhmerwald, der der Linzer jüdischen Gemeinde überhaupt erst die finanziellen Möglichkeiten gab, indem er ein Grundstück an der Betlehemstraße kaufte. Damals hatte sich also die jüdische Gemeinde Oberösterreichs nach jahrelangen Schikanen ihre Rechte sichern können und es begann ein selbstbewusstes Leben.

In Rosenberg lebte bis 1917 ein Rabbiner, dann war die Gemeinde offenbar zu klein, die Familien Sternschein und Holzbauer übernahmen den Unterricht und die Gottesdienste. Trotzdem war in Rosenberg im Vergleich zu vielen anderen Orten Böhmens erstaunlich lange eine jüdische Glaubensgemeinschaft erhalten geblieben. Denn religiöse Traditionen kamen dem Judentum Böhmens in der zweiten Hälfte des 19. Jahrhunderts schneller abhanden als jenem Deutschlands, weil es in Böhmen nie ein modernes Rabbinerseminar gegeben hatte. Auch die Binnenwanderung der Juden von den kleinen Dörfern in die größeren Städte und Industrieräume dünnte die Glaubenslehre aus. Und schließlich waren die Gehälter der Rabbiner und Religionslehrer „den Löhnen der Tagelöhner näher als den Gehältern der niedrigsten Staatsbeamten".

Die religiöse Bindung der Juden wurde seit den 1870er Jahren immer schwächer, „traditionelle jüdische Religiosität zog sich in einige Nischen zurück". Franz Kafka formulierte die Tatsache in seinem „Brief an den Vater": „Du hattest aus der kleinen ghettoartigen Dorfgemeinde wirklich noch etwas Judentum mitgebracht, es war nicht viel und verlor sich noch ein wenig in der Stadt und beim Militär, immerhin reichten noch die Eindrücke und Erinnerungen der Jugend knapp zu einer Art jüdischen Lebens aus ... aber zum Weiter-überliefert-Werden war es gegenüber dem Kind zu wenig, es vertropft zur Gänze, während du es weitergabst." Man könnte hier noch Stefan Zweig anfügen, der in seiner „Welt von gestern" am Schluss betont, die Juden hätten zumeist ihre spirituellen Wurzeln verloren. Also war es doch beachtlich, dass in Rosenberg Rabbi Glanzberg bis ins vorletzte Jahr des Ersten Weltkriegs noch Betende und Schüler fand. Der Antisemitismus war damals auch in Böhmen allgegenwärtig, er war aus Österreich ins Land gezogen. In Prag schreibt Franz Kafka verstimmt über die Lähmung der jüdischen Bürger, von der „Schande, immerfort unter Schutz zu leben". Und selbst dieser Schutz sollte bald verschwinden.

Im September 1938 wurde die Inneneinrichtung der Synagoge von einer Linzer SS-Einheit zerstört, nach 1945 wurde eine Schlosserei dort einquartiert. 1966 wurde das Gebäude abgerissen und der Friedhof an der Moldau sich selbst überlassen.

Im jüdischen Kalender von 1937/38 liest man Irma Polavkovás Trauer, die sie – schon im Exil in Israel – so formuliert: „Nie höre ich auf, an dich zu denken, du kleines Dörfchen an der Moldau; mögen meine Rechte verwittern, wenn ich aufhöre, auf dich zu hoffen, Jerusalem."

Die tschechischen Juden verlieren ihre spirituellen Wurzeln

Die Rose und das Ritterideal

Die rote Rose auf weißem Grund ist das heraldische Erkennungszeichen der Familie der Rosenberger als Wappenzeichen, wie es im Mittelalter gebräuchlich wurde, nicht zuletzt um in voller Rüstung und bei geschlossenem Visier identifizierbar zu bleiben. Die rote Waldrose ist in der südböhmischen Architektur, besonders in den Kirchenbauten auf dem Land, allgegenwärtig. Warum die Wahl der Witigonen auf sie fiel, ist letztlich ungeklärt geblieben.

Dem Mittelalter ist die Welt ein Symbol, ein „von der Hand Gottes geschriebenes Buch", die Pflanzen- und Tierwelt ein Schlüssel. Vincentius von Beauvais hat für seine Zeitgenossen im 13. Jahrhundert einen „Spiegel der Natur" geschrieben, in dem die Rose, ist sie rot, den „Chor der Märtyrer" bedeutet. „Sie wächst aus der Mitte der Dornen empor, wie die Märtyrer sich aus der Mitte der Ungläubigen erheben." Es spricht vieles dafür, dass die rote Rose, als sie von Wok von Rosenberg als heraldisches „Kennzeichen" gewählt wurde, als christliches Sinnbild verstanden wurde. Auch wenn es später am Ausgang des 15. Jahrhunderts literarische Erklärungen gab, die vor allem dazu dienten, das Geschlecht mithilfe des Symbols in der Antike zu verankern. So widmete Jacob Canter sein 1497 in der Abtei Zlatá Koruna/Goldenkron fertiggestelltes Gedicht „Rosa rosensis" dem damaligen Familienoberhaupt Peter IV. von Rosenberg. Es ist ein zart-erotisches Werk, das beschreibt, wie die Göttin Venus, umgeben von weißen Rosen, dem Meer entsteigt und eine dieser Blüten ihrem sterblichen Geliebten Anchises überreicht, der sie dann als sein Emblem verwendet. Als der gemeinsame Sohn Aeneas viel später von seiner göttlichen Mutter vor einem feindlichen Speer beim Kampf um Troja geschützt wird, trägt Venus selbst Wunden davon. Die drei Grazien bedecken ihre Wunden mit weißen

Rosenblüten, die sich im Blut der Venus einfärben. Die Illustration in der Handschrift, die das Gedicht überliefert, zeigt die Szene, in der rotbeschuhte Helferinnen mit Rosen das Blut am Arm der Venus stillen, während der Rosenbusch schon rote Blüten treibt. Aeneas und seine römischen Nachfahren nehmen die rote Rose in ihr Wappen. Die später gepflegte Familiengeschichte erzählt, die römische Adelsfamilie Orsini, die Aeneas zu ihren Ahnen rechnete, habe das Wappen an ihre Nachfahren, die Rosenberger, weitergereicht. Nicht erst Wilhelm von Rosenberg, der Renaissancefürst, kultiviert dieses Zitat der Antike.

Die Rosenbergische Rose wird in den Kirchen von Třeboň, Polná, Netolice und Hořice als Zeichen am Tabernakel verwendet, genauso als Schlussstein im Gewölbe der Kirchen, etwa im Augustinerkloster in Třeboň oder auf einem Grabstein in der Nordkapelle des Stiftes Wilhering und im Wappen des Stiftes Schlägl. Und die Rose taucht auch als Synonym Mariens auf. Die Wappenblume wird also aufgeladen mit vielen Bezügen: mit der christlichen Symbolik gleichermaßen wie mit antiker Mythologie, beides fließt im Sinne der idealisierten Herkunft in der Renaissance zusammen und sollte das Geschlecht der Rosenberger als Träger europäischer Kultur von der ersten Stunde an ausweisen.

In der Pfarrkirche von Rosenberg an der Moldau, dem ersten Stammsitz aus dem 13. Jahrhundert, wurde die Wappenblume überaus dicht verwendet. Die dem heiligen Nikolaus geweihte Kirche ist zu großen Teilen dem Rosenbergischen Bauhüttenleiter Hanns Getzinger aus Haslach zu danken. Hier schmückt die Waldrose nicht nur die Außenfassade, sie tritt auch in einem Freskenbild, umgeben von den Marterwerkzeugen Christi auf. Die Rose wird hier als Symbol für Christus, ihre fünf Blätter zeichenhaft für seine am Kreuz erlittenen Wunden gesehen, wie sie bereits Bernhard

Der „Miles christianus": Darstellung ritterlicher Ideale über der Klosterpforte des Stifts Hohenfurth (rechts) und auf dem Siegel Wilhelms von Rosenberg aus dem Jahr 1564 (SOA Třeboň, Vs Český Krumlov, I5AZ N.16, S. 51)

von Clairvaux (1090–1152) und andere Kirchenväter verstanden wissen wollten. In einem französischen Stundenbuch des Spätmittelalters erscheint die Auslegung noch deutlicher. Hier steht der weiße Hintergrund für den Leichnam Jesu, die Rosenblätter für sein Martyrium, wobei im 13. Jahrhundert die Leidenswerkzeuge Christi noch mehr als triumphale Majestätszeichen gesehen werden.

Damals stand auch das böhmische Königshaus mit seinen Ministerialen im Einfluss des höfischen Ritterideals, wie es, aus Frankreich kommend, den Prager Hof unter dem Přemysliden Ottokar II. und vor allem seinem Vater Wenzel erreicht hatte. Der christliche Ritter, *miles christianus,* der sich auf den Erlöser am Kreuz selbst bezog, war ein Ideal, das das Mittelalter durchzog und durch eine gesellschaftliche Dreiteilung gegliedert war: „Hier auf Erden beten die einen, andere kämpfen und noch andere arbeiten; die Männer des Gebets, die Bauern und die Krieger." Die Bischöfe Adalbero von Reims und Gerhard von Cambrai, Verwandte Kaiser Karls des Großen, hatten als Mitglieder der lothringischen Aristokratie diese Dreiteilung erstmals im frühen 11. Jahrhundert ausgesprochen und so hat sich die Redewendung „aller guten Dinge sind drei" bis heute erhalten.

George Duby zitiert Gerhard von Cambrai: „Im Himmel wie auf Erden sind alle Wesen unterschiedlichen Ordnungen zugeteilt und unterstehen der Autorität eines Herrschers, der in der Stadt hoch oben thront: Christus. Er ist der ‚König der Könige'. Nach seinem Vorbild, als seine Gesandten herrschen die Könige auf Erden." Christus ist das Modell des Fürsten schlechthin, er ist auch Vorbild aller Kriegsoberhäupter, er ist oberster Richter, aber auch ernährender Vater. Auf Erden sind diese Funktionen verteilt, zunächst auf Bischöfe und Könige, oratores und pugnatores.

In der römischen Republik bedeutete „ordo" einfach eine Zuteilung männlicher Erwachsener: in jene Gruppe, die besser kämpfen, und in jene, die besser das Gemeinwesen verwalten konnte. Die mittelalterliche Kirche erweiterte *ordo* auf eine „privilegierte Körperschaft mit besonderen

Verantwortungen". Und schließlich ist *ordo*, abstrakter verstanden, die gerechte Organisation des Universums, die als Plan vorhanden, aber verborgen bleibt und die durch Reflexion erkennbar wird. So verstehen es auch zwei große Denker, die das Mittelalter beeinflussten, Gregor der Große und Augustinus, der in seinem Werk „De civitate Dei" Ordnung als Zustand des Friedens interpretiert. Hier wirkt Hierarchie, die aus dem Römischen entlehnte Disziplin und Organisation, weiter. Augustinus schreibt: „In der Kirche herrscht ein ordo; die einen gehen voran, die andern folgen. Und jene, die vorangehen, folgen Christus selbst." Genau genommen handelt es sich um das Vorbild der mittelalterlichen Prozessionen und Umzüge. Und es ist die Sorge, die die Zeit seit den Karolingern umtreibt, dass die Welt zerfalle, und die Karl den Großen, dem die Wiederherstellung des Reichs gelungen war, dazu veranlasste zu raten: „Ein jeder bleibe auf dem ihm gegebenen Lebensweg und in seiner Bestimmung, in Eintracht." Die himmlische Ordnung spiegelte sich in der Welt, in den Krönungszeremonien, im Ritterschlag. Das Schwert war das Zeichen der Ritterfunktion.

In der Fortsetzung des „Parzival", im Prosa-Lancelot wurde Anfang des 13. Jahrhunderts von einer Frau offenbart, was Ritterschaft bedeutete: Dem „Schwachen und Friedlichen Gewähr zu bieten, nach Maßgabe des Rechts walten, bereit, Diebe und Mörder zu strafen und auch der heiligen Kirche Gewähr zu bieten. Denn sie darf sich nicht mit den Waffen rächen noch Böses mit Bösem vergelten." Der Ritter erscheint hier auf seinem Zenit, er ist es, der von Volk und Klerus bedient wird, dessen Schwert zwei Schneiden hat, weil er „Streiter unseres Herrn und seines Volkes" ist, dessen Lanze „Gehorsam" bedeutet, der ihm geschuldet wird, und dessen Pferd das Symbol des Volkes ist, denn „desgleichen muss es den Ritter für alle Erfordernisse tragen ... weil der Ritter es Tag und Nacht hütet und bewacht."

Den Rosenbergern der ersten Generationen war diese Ideenwelt gegenwärtig und Teil ihres eigenen Lebens. Und sie haben sie bis zuletzt, symbolisiert im rosenbergischen Reiter vor sich hergetragen.

Die Ideenwelt des idealen Rittertums wurde im rosenbergischen Reiter symbolhaft verkörpert

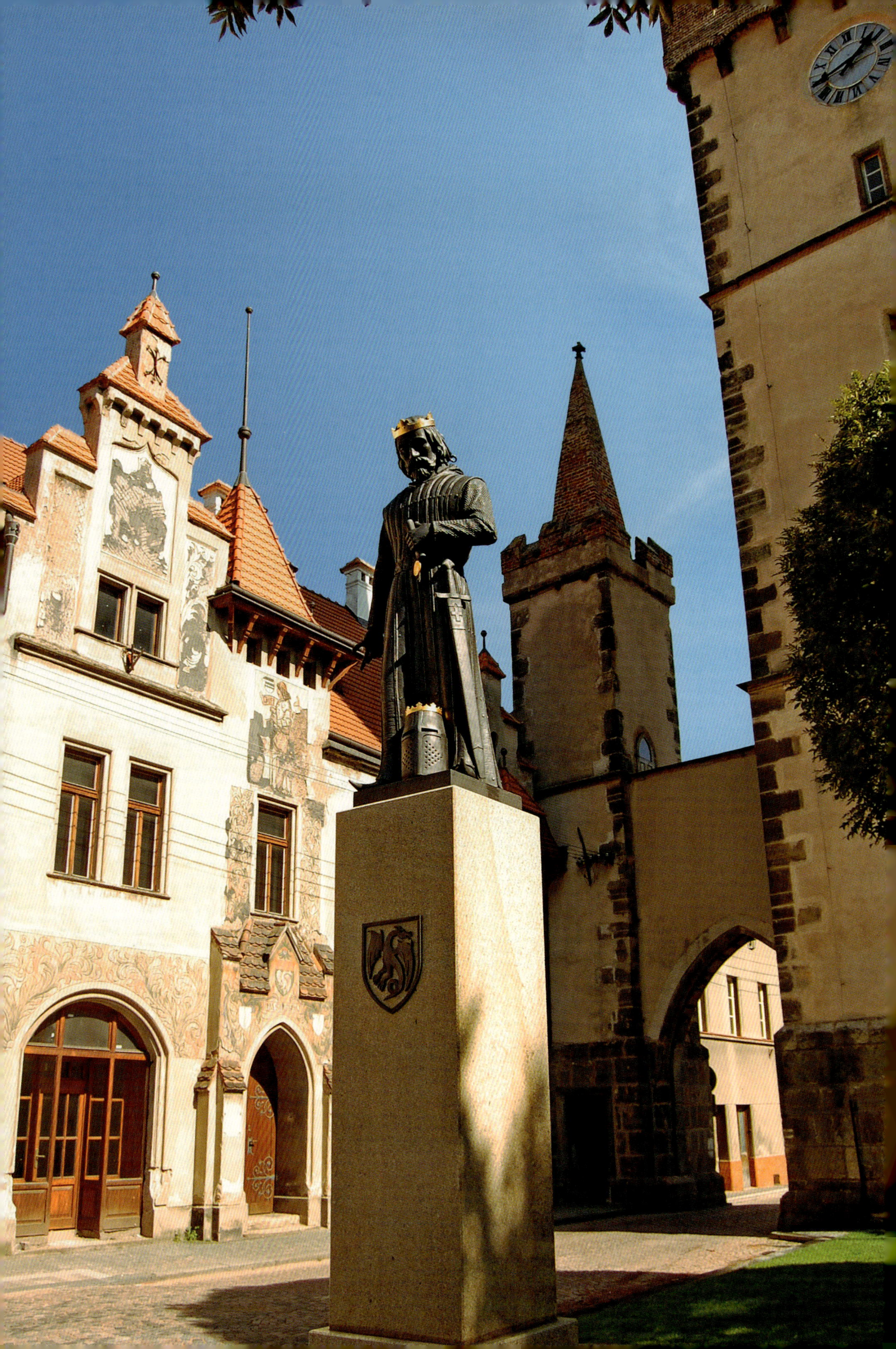

BEWUNDERT · GEÄCHTET · GESCHÄNDET

König Přemysl Ottokar II.

In Wappen und Namen trat das Geschlecht der Rosenberger erstmals aus der breiten Verwandtschaft der Witigonen heraus, als Wok I. – Sohn Witikos III., des Jüngeren „de Plancinberk" – und dessen Frau Kunigunde aus der Familie der Schönering-Blankenberg die Führung seines Familienzweigs mit dem Wappen der roten Rose übernahm.

Woks Weg ist ohne den des Böhmenkönigs nicht zu verstehen, denn er entwickelte sich in einem Umfeld, das einerseits nach dem Tod Kaiser Friedrich II. 1250 durch den Zusammenbruch der staufischen Machtstellung geprägt war und andererseits durch den Ehrgeiz des jungen Böhmenkönigs Přemysl Ottokar II., der als Nachfolger der Babenberger erstmals die österreichischen und böhmischen Länder zu einem Territorium verband. Wok I., um 1210 geboren, wurde zum Obersten Marschall des Königreichs Böhmen bestellt, als die Nachbarschaft im Süden besonders unruhig war. Denn im Donauraum begann noch im Todesjahr des letzten Babenbergerherzogs Friedrich 1146 das „österreichische Interregnum". So berichtet ein Chronist aus dem Kloster Garsten über die Uneinigkeit der babenbergischen Ministerialen, dass die meisten wohl miteinander verwandt wären, aber durch Besitzansprüche verfeindet. Der bayerische Herzog suchte seine Macht wieder bis an die Enns auszuweiten. 1250 marschierten die Bayern in Linz und Enns ein. Österreichische Adelige unter der Führung der Kuenringer ersuchten Böhmenkönig Wenzel I. um Hilfe. Der schickte seinen Sohn Přemysl Ottokar, damals Markgraf von Mähren. Die Kuenringer waren es auch, die schon unter dem Babenbergerherzog Leopold VI. König Wenzel I. bestärkten, sich gegen den Babenberger im Grenzraum zu engagieren. Ottokar waren die Spannungen zwischen den Babenbergern und seiner Familie, den Přemysliden, geläufig. Immerhin hatte sich sein Vater Wenzel I. entscheidend an der Verhängung der Reichsacht gegen den letzten Babenberger Friedrich den Streitbaren beteiligt, nachdem sogar dessen Mutter am Prager Hof um Asyl ersuchte.

Der damals noch nicht 20-jährige Markgraf Ottokar beherrschte Tschechisch und Deutsch – immerhin waren die Přemysliden seit 967 in jeder zweiten Generation mit einer deutschen Prinzessin verheiratet – und er war im Sinne eines *Miles christianus,* eines christlichen Ritterideals, erzogen worden.

Als mit Friedrich dem Streitbaren der letzte Babenberger 1246 auf dem Schlachtfeld gegen die Ungarn fiel, konnte der böhmische König Wenzel I. seinen Ältesten Wladislaw nun endlich mit Friedrichs Nichte Gertrud verheiraten, denn Friedrich hatte das zeitlebens hintertrieben. Aber die dynastische Verbindung, die übrigens auch vom Großteil des österreichischen Adels begrüßt wurde, blieb glücklos. Wladislaw starb schon ein Jahr später. Nun kam die Reihe an seinen jüngeren Bruder Přemysl Ottokar. Der wurde bereits als 14-Jähriger Markgraf von Mähren und hatte die Aufgabe, das Land

Přemysl Ottokar II. und Wok I. von Rosenberg

Woks Weg ist ohne den des Böhmenkönigs nicht zu verstehen: Statue Přemysl Ottokars II. in Vysoké Mýto/Hohenmauth

nach dem Einbruch der Mongolen sanieren. Zuhause in Prag waren die Machtverhältnisse wechselhaft. König Wenzel I. hielt es mit der Partei der Welfen im Reich, während sein Sohn Premysl Ottokar selbst die staufische Seite, quasi die seiner Mutter, einer geborenen Stauferprinzessin wählte. Nach einem Vater-Sohn-Konflikt ließ sich Ottokar in Prag 1248 vom ghibellinisch-staufisch gesinnten Adel zum „jüngeren König" krönen.

Ende November 1251 zog er mit seinen Truppen bereits durch das heutige Oberösterreich und weiter mit wachsendem Gefolge nach Wien. In Korneuburg hatte er bereits die Mehrheit des Adels hinter sich und nannte sich erstmals *Dux Austriae,* Herzog von Österreich. 1252 schrieb der Garstener Chronist, der böhmische Königsohn herrsche bereits in weiten Teilen des Landes Österreich. Erstmals erscheint hier auch der Begriff *Austria Superior* – Oberes Österreich. Ottokar heiratete 1252 in Hainburg, politisch motiviert, die fast 25 Jahre ältere Witwe König Heinrichs VII. Margarethe, die Schwester des letzten Babenbergers, die sich durch die Heirat mit dem jungen Herzog ihrerseits wieder Hoffnung auf ihr babenbergisches Erbe machen durfte. Und ihre Nichte Gertrud, die der deutsche Historiker Jörg Hoensch die „übergangene" Babenbergerin nennt, heiratete ihrerseits den Ungarnkönig Béla. Beide Frauen erhoben nun Erbanspruch auf Österreich.

Der Papst schlichtete zunächst den Konflikt, und Böhmenkönig Ottokar erhielt 1254 den babenbergischen Teil Oberösterreichs zwischen Hausruck und Großer Mühl. „Im oberen Mühlviertel schritt Přemysl Ottokar nicht gegen die Schaunberger ein, die sich nach den Babenbergern die Herrschaft Waxenberg angeeignet hatten, er band allerdings die Gefolgsleute, Ministerialen, dieser Herrschaft an seine Person und förderte damit die Entstehung der eigenständigen Herrschaften Rottenegg, Piberstein und Helfenberg." Die Ehefrau seines Marschalls Wok von Rosenberg war Hedwig von Schaunberg.

Přemysl Ottokar schuf sich einen Ruf als Förderer der Klöster, hielt besonders enge Beziehung zu Garsten und Gleink. In Südböhmen gründete er die Zisterze Goldenkron. Stift Wilhering überließ er den Schaunbergern. Daher war es naheliegend, dass dieses Zisterzienserkloster das Mutterkloster Hohenfurths wurde.

Der Ursprung Oberösterreichs

Fest steht, dass Přemysl Ottokar II. nördlich der Alpen leichter Gefolgschaft fand, dass er dort den Adel schneller für sich gewann als in der Steiermark und dass er auch in Wien eine stabile Machtposition errang. In seiner Regierungszeit begann für das spätere Land ob der Enns eine wichtige Identitätsentwicklung, meint der Historiker Siegfried Haider: „Es vertiefte sich offenbar bei den Bewohnern des oberen Österreich das Bewusstsein, ihr Gebiet nehme innerhalb des Herzogtums Österreich eine Sonderstellung ein." Vor allem löste Přemysl Ottokar II. die Region von der Steiermark und gab ihr daher Eigenständigkeit.

Ottokar hatte nach 1254 in Österreich eine Gerichtsverfassung und reisende Landrichter eingeführt, die Landtaidinge einberufen konnten und Vorsitzende einer adeligen Gerichtsgemeinde wurden. Der Erste von ihnen war Konrad von Sumerau. 1264 trat er als ein *Iudex provincialis Austria Superioris* auf, als oberster Landrichter. Aus dieser Funktion des obersten Landrichters entwickelte sich das Amt des Landeshauptmanns. Mit der Verfassung von 1254 erreichte Ottokar für ein Jahrzehnt eine *Pax austriaca,* die Zusammenarbeit zwischen Herrscher und Adel und somit den Frieden im Land. Přemysl Ottokar wurde wahrscheinlich im Jahr 1233 geboren. Seine Mutter war, wie

Přemysl Ottokar II. fand nördlich der Alpen sowie in Wien leichter Gefolgschaft (oben: das Siegel des Böhmenkönigs)

König Přemysl Ottokar II.

Die älteste Stadt Oberösterreichs: Enns erhielt 1212 das Stadtrecht

erwähnt, eine in Schwäbisch Hall geborene Stauferprinzessin, die den Neugeborenen im Zisterzienserkloster Sedlec taufen ließ, seine Tante war die heilige Agnes. Als Böhmenkönig war er zwar Lehensempfänger des römischen Königs und deutschen Kaisers, aber auf seinem Grund und Boden unabhängig. Er und die böhmischen Länder genossen die Sonderstellung gegenüber dem Reich, wie sie der Kaiser 1212 seinem Großvater Přemysl Ottokar I. in der „Goldenen Bulle" bestätigt hatte. Als junger Böhmenkönig ersetzte er den bis dahin von seinen Vorgängern als Wappentier getragenen Adler durch den doppelschwänzigen Löwen auf rotem Grund. Den Löwen entnahm er dem Familienwappen der Staufer und betonte damit seine mütterlichen Wurzeln. Wie die Babenberger und die Rosenberger verwendete Přemysl Ottokar II. als Siegel ein Reiterbild.

In Ottokars Regierungszeit wandelte sich auch die Landesverwaltung in Böhmen. Besonders an den Landesgrenzen gewann der adelige Grundbesitz an Bedeutung und das umso mehr, wenn er mit einem königlichen Amt verbunden war. So war Wok I. von Rosenberg Hofmarschall, ein Amt, das einst ein Wirtschaftsamt war, aber unter Ottokar vermehrt politische Aufgaben wahrnahm. Dem Böhmenkönig war die Binnenkolonisation mit deutschen Siedlern, die aus dem heutigen Niederösterreich, aus Mittelbayern, der Oberpfalz und aus Sachsen kamen, ein großes Anliegen. Eigene *lokatores* waren sowohl Anwerber wie Versorger für die Siedler am neuen Standort.

Ottokars Spuren in Österreichs Städten
Die Gründungstätigkeit der Ära Ottokars war für Südböhmen von großer Bedeutung, doch auch in Österreich legte er das Ge-

wicht auf die Städte. An der Donau und in der Steiermark erreichten die ersten Städte bereits in der ersten Hälfte des 12. Jahrhunderts ihren Rang als „civitas". Meist war der Landesfürst der Stadtherr, St. Pölten und Eferding allerdings gehörten dem Bischof von Passau. Zunächst entstanden Burgstädte, verbunden mit einer Festung an wichtigen Straßen, für die der dreieckige Platz typisch wurde. Mit Beginn des 13. Jahrhunderts wurden dann rechteckige Plätze geplant, die Burgen lagen genauso wie die in Stein gebauten Klöster oft zu Befestigungszwecken an den Eckpunkten. Die Ausweitung der Städte beherrschte die Epoche. Wien und Enns erhielten 1212 noch vom Babenberger Leopold VI. ihr Stadtrecht, Wels 1220. Freistadt war ebenfalls eine Gründung der Babenberger im 13. Jahrhundert und die erste österreichische Stadt, die Ottokar betrat. Sie konnte sich gut gegen das von ihm 1256 gegründete Pendant Budweis behaupten.

Für Stadtgründungen benötigte man risikobereite Unternehmer, die durch rechtliche Anleihen und Übernahme westeuropäischer Wirtschaftsmodelle neue Grundlagen schufen. So steigerte der Böhmenkönig und vor ihm schon sein Vater die Steuereinnahmen und sicherte die Verteidigungsbereitschaft und Position gegenüber dem Adel ab, der seinerseits bäuerliche Siedler aus der Nachbarschaft des Reichs holte. So kamen auf der Prager Kleinseite sogar Bürger aus Norddeutschland an. Er förderte die Niederlassung der Bettelorden, der Dominikaner oder der Minoriten in den Städten, nicht zuletzt weil deren Steinbauten auch Sicherheit verliehen. Urkundlich verbürgt ist Ottokars Absicht, „das Königreich Böhmen mit Städten zu zieren".

Schon in den 1240er Jahren gab es in Böhmen städtische Selbstverwaltung. In der Ära Ottokars nahm durch die Kolonisierungstätigkeit allerdings auch der Unmut über die Bevorzugung von „Ausländern" zu. Erst nach dem Tod des Böhmenkönigs, als das deutsche Stadtpatriziertum dieselbe Vorrangstellung wie der böhmische Adel verlangte, kam es zu ersten „pränationalistisch gefärbten Bewegungen". So wie sich in der Steiermark der regionale Adel gegen tschechische Verwaltungsbeamte wehrte. Die Stadtministerialen aber waren für den Landesfürsten wichtig, ihre Gewogenheit musste er sich sichern.

In Korneuburg hielt Přemysl Ottokar 1251 seinen ersten Landtag ab. Im Westen konnte er mit der Unterstützung von Linz, Wels und Steyr rechnen. Linz war 1236 schon so weit befestigt, dass es einem Angriff passauischer Truppen standhielt. Hier hielt sich der Böhmenkönig zwischen 1252 und 1262 sechsmal auf, hier hielt auch Wok I. von Rosenberg 1256 einen Gerichtstag ab.

In Wiener Neustadt stellte der Böhmenkönig der jüdischen Gemeinde einen Schutzbrief aus, die Minoritenkirche wurde dort in seiner Regierungszeit gebaut, und auch an der Liebfrauenkirche wurde gearbeitet. Er gründete die Stadt Marchegg, plante ihren Ausbau als Festungsstadt gegen die Ungarn, was aber nicht mehr zustande kommen sollte. 1261 gründete Ottokar Leoben, auch hier hielt Wok ein Taiding ab. Der König folgte bei seinen Städtegründungen einem vorgegebenen Plan, der dem ostdeutschen „Quadratblockschema" nahekam. So wurden wie beispielsweise in Leoben, dem Stapelplatz für den Eisenhandel, alle vier Eckpunkte befestigt. Auch in Budweis entspricht die Position des Dominikanerklosters diesem Grundriss. Graz war eine Festung Ottokars. Und selbst die Wiener Burg wurde unter seiner Herrschaft vollendet. In Krems erfolgten unter seiner Regentschaft die Stadterweiterung und der Bau der sogenannten Herzogsburg. Die Dominikanerkirche und das Kloster, in dem sich Spätromanik und Frühgotik verbinden, zeigen bis heute den Einfluss der Přemyslidischen Ära.

1251: Erster Landtag unter Přemysl Ottokar in Korneuburg

Der historische Kern der Hohenfurther Gründung

König Přemysl Ottokar II. verbrachte durchschnittlich fünf Monate des Jahres im neuen österreichischen Herrschaftsbereich, wo es ihm gelang, Sicherheit und Ordnung zu garantieren. 1254, in dem Jahr, in dem er Österreich befriedete und bei den deutschen Fürsten Eindruck hinterließ, bot sich ihm erstmals die Chance, sich an einer deutschen Königswahl zu beteiligen. Die deutschen Fürsten waren mit König Wilhelm von Holland unzufrieden – er machte dem Papst zu viele Zugeständnisse. Zwei Jahre später, als nach dem Tod Wilhelms von Holland die deutsche Königswahl anstand, war Ottokar den deutschen Kurfürsten schon zu mächtig, zumal er sie an Glanz und Einfluss übertraf.

Im April 1257 schloss König Ottokar in Linz ein Bündnis mit dem Passauer Bischof Otto, an dem sich auch Salzburger beteiligen. Es war gegen Herzog Heinrich von Niederbayern gerichtet. Der Historiker Heinz Dopsch fasst diesen Feldzug so zusammen: „Anfang August 1257 fiel er (Ottokar) von Passau aus mit einem großen Heer, das aus böhmischen, österreichischen, mährischen, salzburgischen und Passauer Kontingenten bestand, in Niederbayern ein und rückte alles verheerend durch das Vilstal bis zur Burg Frauenhofen vor. Dort musste er feststellen, dass Herzog Heinrich XIII. auf seinen Angriff gut vorbereitet war (…) Angesichts dieser für ihn überraschenden Situation erbat sich der König für den 15. August, den Festtag Mariä Himmelfahrt, von den Bayern Waffenruhe. Der Rückzug seiner Truppen an den Inn artete aber zu einer regelrechten Flucht aus, als die Bayern die Verfolgung aufnahmen. Verhängnisvoll wirkte sich aus, dass der Übergang über den Fluss nicht an einem der von Ottokar vorgesehenen Stützpunkte, sondern in der Salzburger Stadt Mühldorf erfolgte. Die Holzbrücke war dem Andrang des böhmischen Heeres nicht gewachsen und stürzte ein (…) Angeblich fanden 400 Ritter den Tod (…) Der König selbst hatte als einer der Ersten den Inn überschritten und zog sich in das sichere Vöcklabruck zurück, die Hauptmasse der böhmisch-österreichischen Truppen unter dem böhmischen Marschall Wok von Rosenberg verschanzte sich in der Stadt Mühldorf. Da keine Chance auf Entsatz bestand, mussten sie nach neun Tagen kapitulieren und erhielten gegen Auslieferung ihrer Waffen freien Abzug."

Die Sage von der Gründung Hohenfurths, in der Wok aus dem Fluss gerettet worden war, hat hier ihren Kern, wenn auch der Stifter den glimpflichen Ausgang des abgebrochenen Kriegszugs gegen die Bayern vermutlich überhöhte. Der nach dieser Niederlage ausgehandelte Friede war für den Böhmenkönig dennoch günstig: Er musste seine Ansprüche auf Ried im Innkreis und Sušice/Schüttenhofen im Böhmerwald sowie die Grafschaften Neuburg und Schärding an die Bayern abtreten, die Beziehungen waren dadurch aber geklärt.

1260 übernahm Ottokar die Herrschaft

Wok I. von Rosenberg, der Gründer von Hohenfurth (links); nächste Doppelseite: Blick auf Vyšší Brod

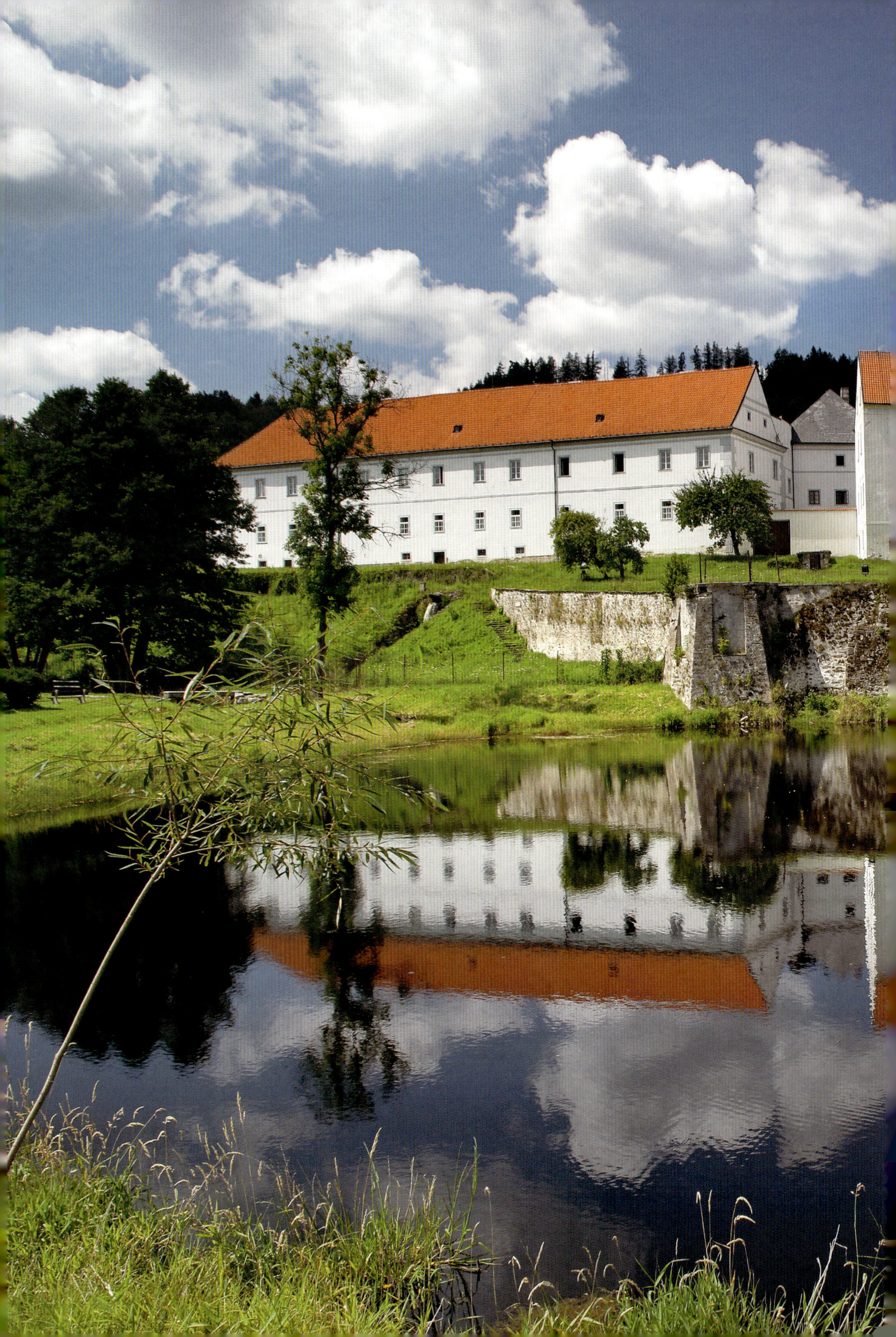

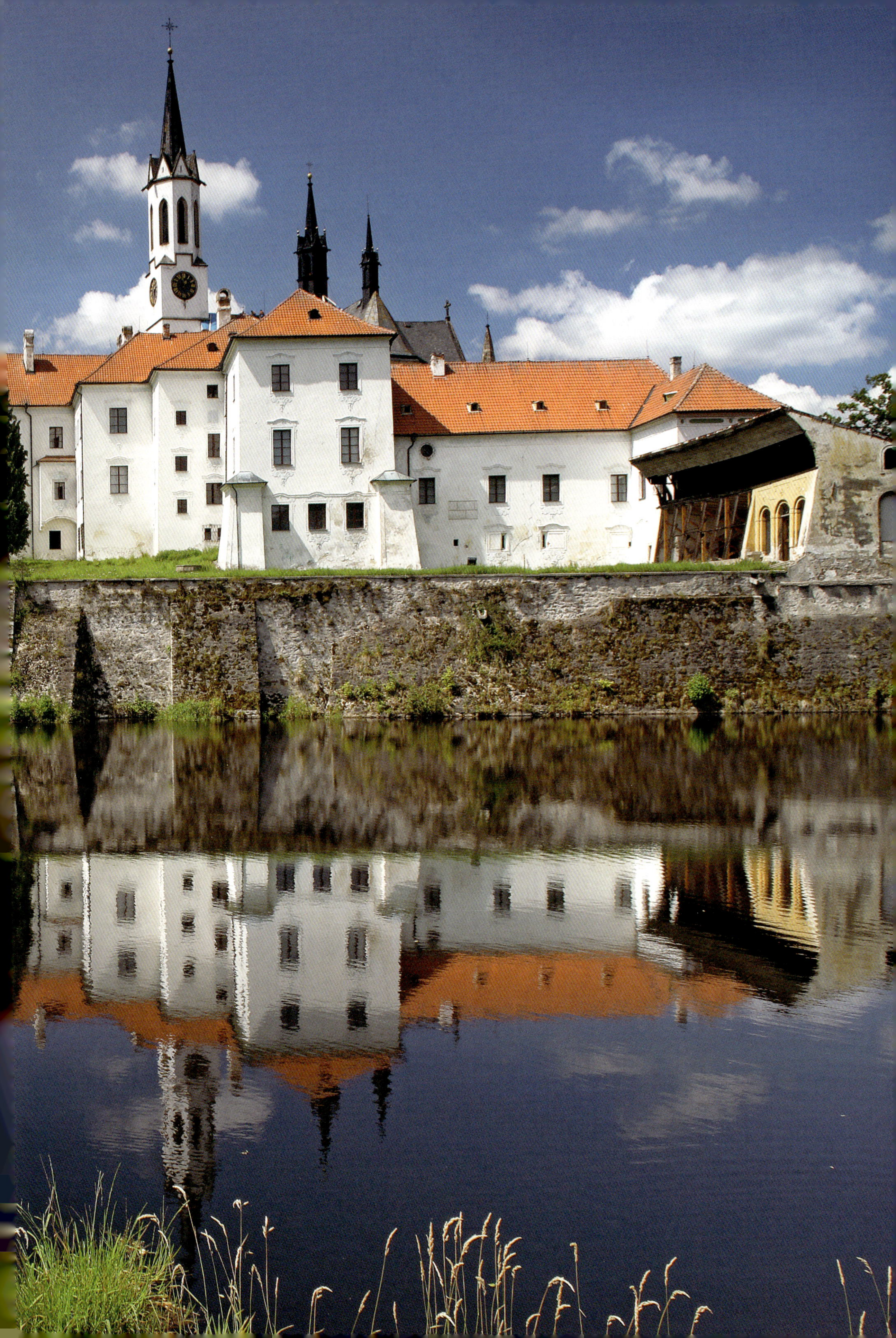

über die Steiermark. Die Ungarn wollten dies nicht tatenlos akzeptieren, und es kam ab Juni zu wochenlangen Kriegshandlungen, die schließlich am 12. Juli 1260 in die Schlacht zu Kressenbrunn mündeten.

Das Kriegsglück stand für Ottokar auf Messers Schneide, vor allem wegen der Übermacht der kumanischen Bogenschützen auf ungarischer Seite. Durch den Einsatz von angeblich 7000 Panzerreitern gelang die Wende. Dabei hatte sich Wok von Rosenberg durch persönliche Tapferkeit neben dem König ausgezeichnet, hatte er doch als Mitglied des böhmischen Hochadels aufgrund seines Landbesitzes „Mitspracherecht in allen relevanten Regierungsangelegenheiten".

Nach dem Sieg in Kressenbrunn schrieb Ottokar an Papst Alexander IV., er hätte damals leicht ganz Ungarn unterwerfen können, hätte aber darauf verzichtet, weil Ungarn einen Schutz des christlichen Europa darstellte. Der Mongolensturm war ihm in Erinnerung. Zum Dank für den Sieg über die Ungarn stiftete Přemysl Ottokar 1263 mit reicher Schenkung das Kloster Goldenkron an der Moldau, dessen Mutterkloster Heiligenkreuz in Niederösterreich werden sollte. Eine königliche Klostergründung vier Jahre nach der Gründung Hohenfurths. Wok von Rosenberg erhielt für seine Verdienste in der Schlacht von Ottokar die Herrschaft Raabs an der Thaya in Niederösterreich und wurde am 25. Dezember 1260 zum *Capitaneus Styriae,* zum obersten Verwalter der Steiermark, ernannt. Wok residierte von nun an bis zu seinem Tod 1262 in Graz. Seine Aufgabe, die er erfolgreich meisterte, war es, beim ansässigen Adel für den Böhmenkönig zu werben und die Sympathien für die einstige babenbergische Herrschaft in Grenzen zu halten.

Wok I. von Rosenberg starb lange vor seinem König im Sommer 1262 an den Folgen einer Kriegsverletzung. Für Přemysl Ottokar war das ein großer Verlust. Woks Nachfolger in der Steiermark sollten nicht mehr so leicht die Gefolgschaft für den Böhmenkönig garantieren können. 1269 übernahm König Ottokar die Herrschaft über das Herzogtum Kärnten und setzte dort seinen Schwiegersohn als Landeshauptmann ein, der ihm wenig später über das Domkapitel von Aquileja auch den Titel eines Generalstatthalters in Friaul sicherte. Damit grenzte Přemysl Ottokars Reich im Süden ans Meer. Die Feldzüge, die er gegen die heidnischen Preußen unternahm, um sich als deutscher König zu empfehlen, ließen manchen Geschichtsschreiber feststellen, der Böhmenkönig habe von der Ostsee bis an die Adria seine Macht ausgedehnt.

Das Bild des papsttreuen Ottokar wurde in schillernden Farben überliefert. Franz Grillparzer hatte daran mit seinem Trauerspiel „König Ottokars Glück und Ende" erheblichen Anteil. Darin wird der Böhmenkönig als ein Regent gezeichnet, der sich versündigte: „Wer war ich, Wurm? Dass ich mich unterwand, den Herrn der Welten frevelnd nachzuspielen, durchs Böse suchend einen Weg zum Guten!" – Přemysl Ottokars Macht als Vermessenheit. So hat es schon ein steirischer Reimchronist und Zeitgenosse des Königs gesehen, der die Haltung des steirischen Adels spiegelte. Grillparzer lehnte sich an den mittelalterlichen Text an, meinte aber in seiner maskierten Zeitkritik eigentlich Napoleon Bonaparte. In Wahrheit faszinierte der böhmische König bei aller Polarisierung seine Zeitgenossen. Er reformierte die Verwaltung und gründete königliche Städte wie Budweis, Písek oder Marchegg und trieb die Ostkolonisation voran. Er schuf als Erster einen geeinten Machtbezirk, dem Österreich und die Steiermark angehörten. Er zog allerdings durch die Ausdehnung seiner Herrschaft auch den Argwohn mächtiger Hochadelsfamilien auf sich, darunter auch des Krumauer Zweigs der Witigonen, deren territoriale Ausbreitung er durch die Gründung des Klosters

Rudolf von Habsburg

Zlata Koruna/Goldenkron und der Stadt Budweis blockierte.

In der Blüte seiner Zeit war er der Inbegriff des christlichen Herrscherideals. Als solches prägte er natürlich auch seine unmittelbare Gefolgschaft, zu der Wok von Rosenberg zählte, der die bis dahin größte Ausdehnung Přemyslidischer Herrschaft in Mitteleuropa miterlebte. Sein Siegel glich nicht nur dem königlichen Reitersiegel, sein Petschaft wurde auch vom selben Goldschmied angefertigt.

Die Hofkultur in Prag glich den westeuropäischen Residenzen, der Veitsdom wurde ausgebaut, die Kulturpolitik Ottokars propagierte das Ritterideal, der König selbst durfte sich Hoffnungen auf die Nachfolge als römischer König und Kaiser machen. Die Dichter, die von Hof zu Hof zogen, darunter der „Tannhäuser", der steirische Dichter Ulrich von Liechtenstein und Reinmar von Zweter aus dem Rheinland lobten ihn und verbreiteten damit eine gewinnende öffentliche Meinung. Der Prager Historiker Jiří Kuthan betont, der Aussagewert der Kunstwerke, die damals geschaffen wurden, also Architektur, Plastik, Münzprägung oder Malerei, seien den Urkunden und Chroniken gleichwertig: „In der Zeit Přemysl Ottokars konstituierte sich in den böhmischen Ländern die höfische Kultur in einer Form, die alles übertraf, was bis dahin vorausgegangen war." Die Ausdehnung seiner Macht auf das babenbergische Erbe bewirkte, dass die „ottokarische Kunst ungemein vieles übernahm vom künstlerischen Schaffen der Babenberger Zeit".

Die entscheidende Schlacht und das Erbe Přemysl Ottokars II.

Nach Woks Tod 1262 stieg der Einfluss Přemysl Ottokars. Doch der straffe Ausbau territorialer königlicher Macht stieß bei den großen Adelsfamilien auf wenig Gegenliebe. Auch die Beziehung zu den Witigonen kühlte aufgrund der königlichen Gründung von Budweis, der Stiftung Goldenkrons an der Moldau unmittelbar neben Krumau, des Baus der königlichen Burgen Hluboká und besonders Zvíkovs/Klingenbergs ab. Die Meinung, wie sich Macht im Land weiterentwickeln sollte, ging hier auseinander. Der königliche Hof betonte, wie es auf den Fliesen der Burg Zvíkov heute noch zu lesen ist: „König, du bist ein Verteidiger des Friedens, das sagen deine Worte." Doch die Witigonen waren offenbar davon schwer zu überzeugen. Sie beteiligen sich 1276 am Aufstand gegen den Böhmenkönig, der bereits geschwächt war, hatten sich doch die Kurfürsten im Reich schon 1273 für Rudolf von Habsburg entschieden. Přemysl Ottokar war gedemütigt, vor allem, weil man seine Kurfürstenstimme ignoriert hatte, weshalb er auch den von Rudolf einberufenen Reichstag boykottierte. Er musste nach Österreich, wo der Adel gegen ihn opponierte. Nur die Familien der Kuenringer, der Puchheim und insbesondere die Wiener Patrizierfamilie Paltram standen noch zu ihm.

1275 wurde die Reichsacht über den Böhmenkönig verhängt. Für Rudolf von Habsburg, der zunächst Schwaben als Herzogtum ausbauen wollte, damit aber scheiterte, wurde das babenbergische Erbe, also Österreich und die Steiermark, für den Ausbau seiner Hausmacht interessant. Er rief die von Böhmen beherrschten Länder auf, sich gegen Přemysl Ottokar zu erheben. In Südböhmen standen alle Familienzweige der Witigonen in Opposition zu König Přemysl Ottokar, seit dieser durch seine Gründungen ihr zusammenwachsendes Herrschaftsgebiet gestört hatte. Und auch in Oberösterreich distanzierten sich die Schaunberger vom Böhmenkönig ähnlich wie die mit ihnen verwandten Witigonen. Wien dagegen hielt Přemysl Ottokar die Treue. Fünf Wochen belauerten sich hier die Truppen des Premysliden und des Habsburgers gegenseitig, dann begann man mit

Přemysl Ottokar II.

Rudolf von Habsburg lässt den Leichnam des Böhmenkönigs nach Wien bringen und im Schottenkloster öffentlich zur Schau stellen. Gemälde von Carl Ludwig Hassmann, 1923.

Friedensverhandlungen. Přemysl Ottokar musste alle nach 1250 eroberten Länder, darunter Österreich, die Steiermark und Kärnten abtreten, Böhmen und Mähren konnte er behalten.

Dieser Friede sollte durch eine Heirat gefestigt werden: Přemysl Ottokars Sohn und Thronfolger Wenzel (II.) wurde mit Rudolf von Habsburgs Tochter verheiratet, als Mitgift erhielt sie die Region nördlich der Donau.

Die Bereitschaft, auf Rudolfs Seite zu wechseln, wurde durch die immer zentralistischere Politik Přemysl Ottokars genährt. Auch die oft landfremden königlichen Verwalter steigerten die Abneigung des Adels, der sich beim Habsburger wieder jene Rechte holte, die ihm Ottokar abgesprochen hatte. „Damit war der für die damalige Zeit wegweisende Versuch Přemysl Ottokars, die ständischen Freiheiten zurückzudrängen und einer zentralistisch-protoabsolutistischen Verwaltung zum Durchbruch zu verhelfen am Widerstand und Egoismus des Adels gescheitert", schreibt Jörg K. Hoensch in seiner Ottokar-Biografie. Schließlich kommt es zwischen Ottokar und Rudolf von Habsburg zu einer Schlacht von europaweiter Bedeutung.

Der 26. August 1278 wurde zum Tag der entscheidenden Schlacht bei Dürnkrut und Jedenspeigen auf dem Marchfeld, denn Rudolf hatte das für ihn unsichere Wien gemieden. Ottokar verfügt über 1000 „verdeckte Rosse", gepanzerte Reiter auf ebenfalls gepanzerten Pferden, Rudolf über die gefürchteten kumanischen Bogenschützen, die die in geschlossener Formation vorrückenden Panzerreiter durch einen Pfeilregen irritieren und zur Änderung ihrer Taktik veranlassen sollten, was dann auch gelang. Über die Schlacht wurde viel geschrieben, auch über den Hinterhalt, den Rudolf von Habsburg angelegt hatte und der strategisch klug, aber nicht vereinbar war mit dem Ehrenkodex des ritterlichen Kampfes. König Ottokar wurde auf dem Schlachtfeld überwältigt und aus Motiven persönlicher Rache ermordet, nachdem man ihn bereits entwaffnet hatte. Es mutet makaber an, dass Rudolf von Habsburg den einbalsamierten Körper seines toten Gegners 30 Wochen lang in Wien bei den Minoriten zur Schau stellte. Das damit angestrebte Ziel, alle Welt

Anton Petter: König Přemysl Ottokars Sohn Wenzel bittet Rudolf von Habsburg um die Leiche seines 1278 in der Schlacht bei Dürnkrut gefallenen Vaters

vom Tod Ottokars zu überzeugen, konnte er trotzdem nicht erreichen, da das von den schweren Wunden entstellte Gesicht des Böhmenkönigs kaum mehr zu erkennen war. Rudolf wollte jedenfalls verhindern, dass sich an Ottokars Verschwinden in der Schlacht eine Wiederkunftssage wie jene um König Artus, Friedrich Barbarossa oder Kaiser Friedrich II. knüpfen konnte.

1279 wurde der Tote auf Bitten seiner Frau und Königinwitwe Kunigunde ins Minoritenkloster Znaim überstellt. 1297 holte ihn schließlich sein Sohn König Wenzel II. nach Prag und bestattete ihn feierlich im Veitsdom. Knapp 100 Jahre später ließ Kaiser Karl IV., dessen Mutter die letzte Premyslidin war, von Peter Parler jene Grabstätte bauen, die wir heute noch im Veitsdom vorfinden.

Historiker meinen, mit der Zerschlagung des *Regnum ottokarianum* sei eine große „ostmitteleuropäische Herrschaftsbildung supranationaler Ausrichtung verhindert" worden. Sicher ist, dass sie zumindest aufgeschoben wurde. „Nicht unterschätzt werden dürfen die von ihm mit großem Weitblick geschaffenen und durchaus modern anmutenden Einrichtungen. Dazu zählen die Einführung der Landeshauptmannschaft in Kärnten und Krain, die Schaffung effizienter Zentralbehörden (...), die Maßnahmen zur Förderung von Wirtschaft und Handel, seine Gesetze zum Schutz der Juden und seine erfolgreiche Münzpolitik. Städte wie Leoben und Bruck an der Mur beweisen bis heute das Interesse des Königs am aufstrebenden Bürgertum. Mit seinem 1254 erlassenen Landfrieden, der *Pax austriaca,* schuf Otakar das erste umfassende Gesetzeswerk für Österreich", so der Salzburger Historiker Heinz Dopsch. Die Habsburger bauten auf vielen Einrichtungen Ottokars auf.

Letztlich war der „goldene" Böhmenkönig daran gescheitert, dass er zu früh im Nebeneinander von Landesfürst und Landesadel den alleinigen Anspruch auf die Führung des Landes stellte, einen Anspruch, den er seit seinem Sieg über die Ungarn 1260 bei Kressenbrunn durchzusetzen suchte. Die Opposition des Adels war deshalb auch kein Phänomen der österreichischen Länder, sondern zeigte sich ebenso in Böhmen und Mähren. Gerade am Beispiel der Witigonen.

DIE GRÜNDUNGEN DES „GOLDENEN" BÖHMENKÖNIGS
Písek · České Budějovice · Zvíkov · Orlík · Zlatá Koruna

In der Regierungszeit Přemysl Ottokars II. erlebte die Baukunst den Übergang von der Romanik zur Gotik. Und der König war ein überaus ambitionierter Bauherr. Seine Zeit als Markgraf von Mähren hatte ihm nach dem Mongoleneinfall von 1241 nicht nur die Dringlichkeit des Wiederaufbaus, sondern auch die Bedeutung von Festungsbauten vor Augen geführt. So hatten die Bürger der von ihm neugegründeten Städte den Auftrag, rasch Verteidigungsanlagen zu bauen. Und deshalb baute er auch die Burgen von Hluboká und Orlík, die später als schwarzenbergische Herrensitze erhalten blieben.

Písek/Pisek

Nachdem Přemysl Ottokar II. Písek als neue Stadtburg ausgebaut hatte, begleitete er von dort die Gründung von Goldenkron und Budweis. In Písek wuschen schon die Kelten Gold aus dem Flusssand der Otava/Wottawa, die das Edelmetall aus dem Gebirge spülte. Noch heute ist Písek deren königliche Vergangenheit anzusehen, wie etwa auch Budweis und Pilsen. Noch im Jahr 1771 erzählte ein Reisebericht über die Goldwäscherei am Ufer des Flusses: „An den Ufern der Otava ist das Erdreich von beiden Seiten bei 30 bis 100 Klafter breit ganz umgewühlt (...) man siehet noch viele kleine Schutzdeiche und Dämme, wo die Goldwäscher das Wasser zum Seiffen gedämmet haben."

Die älteste Steinbrücke
Vermutlich deshalb erhielt die Siedlung schon im 8. Jahrhundert den slawischen Namen Písek, zu deutsch Sand. Vor allem aber, und das mochte für Ottokar 1254 den Anlass gegeben haben, die Goldwäscherkolonie am Ufer der Otava zur königlichen Stadt zu erheben, lag Písek auch am Goldenen Steig und entwickelte sich zu einer Schlüsselstelle zwischen dem Salzlager Prachatitz und Prag. Daher wollte man auch die Stelle des Flussüberganges an der Handelsstraße nicht dem Zufall überlassen und baute eine Steinbrücke, die sich heute noch über den Fluss spannt. Sie wurde im 13. Jahrhundert erbaut und ist die älteste Steinbrücke Mitteleuropas und damit das bedeutendste Denkmal der Stadt. Sie wurde in moderner Trockenbauweise errichtet, indem man das Flussbett verlegte, auf trockenem Boden baute und die Otava dann wieder zurückführte. Ursprünglich sechsbögig musste 1768 nach einem Hochwasser ein siebenter Pfeiler eingefügt werden.

Stadtplatz und Königsburg
Der ursprünglich quadratische Platz und die im rechten Winkel angelegten Gassen entsprechen den anderen zur Zeit Ottokars gegründeten Städten. Die Bürgerhäuser im Zentrum haben hinter Renaissance- und Barockfassaden durchwegs gotische Substanz. So wurde das Rathaus zwar in der Barockzeit gebaut (1737–1766), birgt aber ebenfalls einen gotischen Kern: In seinem Hof liegt der Westflügel der alten Königs-

Keltische Goldwäscher an der Otava gaben dem Ort den Namen: Blick auf Písek

burg aus dem 13. Jahrhundert, die 1532 niederbrannte.

Písek war ein Brennpunkt der Hussitenkriege. Der Funke sprang über, als sich im Sommer 1419 die revolutionären Gruppen hussitischer Gemeinden in Písek konzentrierten und das Dominikanerkloster plünderten. Písek gehörte von nun an zum revolutionären Städtebund von Tabor.

Mikuláš von Pelhřimov, der Reform-Bischof, hatte hier eine Pfarre. Er war es, der 1433 auf dem Basler Konzil auf Seiten der Hussiten eine Aussöhnung mit der katholischen Kirche verhandelte und erreichte. Später, zu Beginn des 17. Jahrhunderts während des böhmischen Ständeaufstands, rückte Písek neuerlich ins Zentrum der Kämpfe. Die Stadt wurde dreimal erobert, erst von den kaiserlichen, dann von protestantischen, später erneut von kaiserlich-katholischen Truppen unter General Buquoy, dem späteren Herrn auf Rosenberg.

Die Kirche Mariä Geburt mit ihren gotischen Malereien vom Ende des 13. Jahrhunderts wurde von der königlichen Bauhütte von Klingenberg/Zvíkov erbaut, die auch die steinerne Brücke und die Königsburg projektierte. 1741 bis 1746 setzte man dem Südschiff noch eine Johannes-Nepomuk-Kapelle an. Berühmt ist die Madonna von Písek, ein gotisches Tafelbild in der Kirche. Písek wurde nicht zuletzt im 19. und 20. Jahrhundert durch Künstler wie den Schriftsteller Karel Klostermann und den Maler Mikuláš Aleš berühmt, der das Hotel Otava mit seiner Malerei schmückte.

1433: Aussöhnung zwischen Hussiten und katholischer Kirche auf dem Basler Konzil

České Budějovice/Budweis

Budweis, so sagt der tschechische Schriftsteller Jan Neruda, sei das Florenz unter den ländlichen böhmischen Städten. Die Gründung der Stadt Budweis durch König Přemysl Ottokar II. war als strategisches Gegengewicht zum Ausbau der Witigonen-Herrschaft gedacht. 1265 wurde Hirzo von Klingenberg, der Burggraf der königlichen Festung, von Ottokar beauftragt, den Dominikanern zum Bau eines Klosters einen Platz anzuweisen. Die Absicht, ein Kloster zu gründen, kam mitunter der Absicht, eine Stadt zu gründen gleich, weshalb das Dominikanerkloster und Budweis zugleich erbaut wurden. Die Stadt war strategisch so geplant, dass sie – an einem wichtigen Nord-Süd-Handelsweg gelegen – die königliche Machtstellung in Südböhmen festigen sollte.

1452 befreite Heinrich von Rosenberg den jungen König Ladislaus Posthumus aus der Hand seines Vormunds Friedrich III. und verlangte dafür die Übergabe von Budweis. Der junge König hätte die Stadt dem Rosenberger nach seiner Krönung auch zugestanden, nicht aber deren Bürgerschaft, die dem Souverän mitteilte, dass, ehe sich die Stadt dem Rosenberger unterwerfen würde, die Bevölkerung lieber ihre Häuser anzünden und mit ihren Habseligkeiten in eine andere königliche Stadt übersiedeln wolle. Das zeigt, wie viel die Budweiser auf ihre Rechte und Handelsprivilegien hielten.

Budweis blieb auch im Dreißigjährigen Krieg kaisertreu. Doch als 1618 hier die kaiserliche Armee mit ihrem Feldherrn Buquoy eingeschlossen wurde, entstand unter den damals etwa 4000 Bürgern so große Not, dass man „für einen Laib Brot den Wert eines Ochsen geben musste." Trotzdem galt Budweis als sicherer Rückzugsort, sodass man 1631, als die Lage in Prag zu unsicher geworden war, die Wenzelskrone und die böhmischen Kroninsignien samt Archiv nach Budweis brachte, wo sie in der Schmiedekapelle der St. Nikolauskirche aufbewahrt wurden. Das wiederholte sich, als 1634 die Schweden in Nordböhmen einbrachen. 1641 aber verheerte ein Brand die Stadt, 200 Häuser wurden ein Raub der Flammen, und erst nach dem Dreißigjährigen Krieg setzte der Wiederaufbau ein.

Písek · České Budějovice · Zvíkov · Orlík · Zlatá Koruna

Die planmäßige Entstehung der Stadt spiegelt sich im regelmäßigen Grundriss wider, der auch die königliche Stadt Pilsen auszeichnet. Diese Städte erhielten kräftigen Rechtsschutz gegenüber adeligen Herrschaften, und Budweis übernahm sogar das Prager Recht. Städte waren attraktiv, hier konnte ein Zuwanderer unfreien Standes, ein Leibeigener, die persönliche Freiheit erlangen. Das drückt das Sprichwort „Stadtluft macht frei" aus. Vor allem aber erlangten die Kaufleute schnell an Bedeutung, Jahr- und Wochenmärkte sicherten das Einkommen, Handwerker steigerten in der Produktion für den städtischen Markt ihre Fertigkeiten.

Budweis erhielt von Kaiser Karl IV. die Stapelrechte, das bedeutet, dass jeder fremde Kaufmann, der durch Südböhmen reiste, seine Ware drei Tage lang in Budweis feilbieten musste. Dazu kamen Bergbaurechte und die Moldauschifffahrt, strenge Maut- und Zollgesetze für Fremde, Vergünstigungen für Stadtbürger. Bereits 1550 fuhr das erste Salzschiff mit 135 Kufen Salz von Budweis nach Prag. Damit wurde die Stadt zu einem wichtigen Umschlagplatz für Salztransporte. Salz war in Böhmen Mangelware, und so zogen im Mittelalter die Salzkarawanen über den Goldenen Steig aus Bayern nach Prachatitz.

Handel und Transport, Bleistift und Bier
Das 19. Jahrhundert brachte der Stadt einerseits technischen Fortschritt, andererseits eine moderne bürgerliche Gesellschaft. Durch den Ausbau des Schiffsverkehrs auf der Moldau, der von Adalbert Lanna betrieben wurde, verbesserte sich der Transport von Waren in nordsüdliche Richtung. Dadurch wuchs auch die Bedeutung der Industrie und des Handels. Der Budweiser Schiffsmeister Lanna, Repräsentant der beginnenden Industrialisierung in Böhmen, trug daher mit Stolz den Beinamen „Admiral der Moldau".

Ein anderer Unternehmer, der Wiener Joseph Hardtmuth, wechselte im Revolutionsjahr 1848 mit seiner Bleistifterzeugung nach Budweis. Für diese Entscheidung war die Nähe des schwarzenbergischen Graphitbergbaus in Černá/Schwarzbach am Oberlauf der Moldau maßgeblich. 1790 hatte Josef Hardtmuth die keramische Bleistiftmine erfunden. Sein Patent, Graphit mit geschlämmtem Ton zu mischen und aus dieser Mischung festgeformte Minen und andere keramische Produkte zu brennen, erwies sich vor allem gegen englische Mitbewerber als erfolgreich. Der Familie Hardtmuth gelang 1850 auch ein Marketing-Gag: Sie nutzte den damaligen Medienhype anlässlich der Schenkung des

Das Florenz unter den böhmischen Städten: Budweis (oben); nächste Doppelseite: Stadtplatz von Budweis

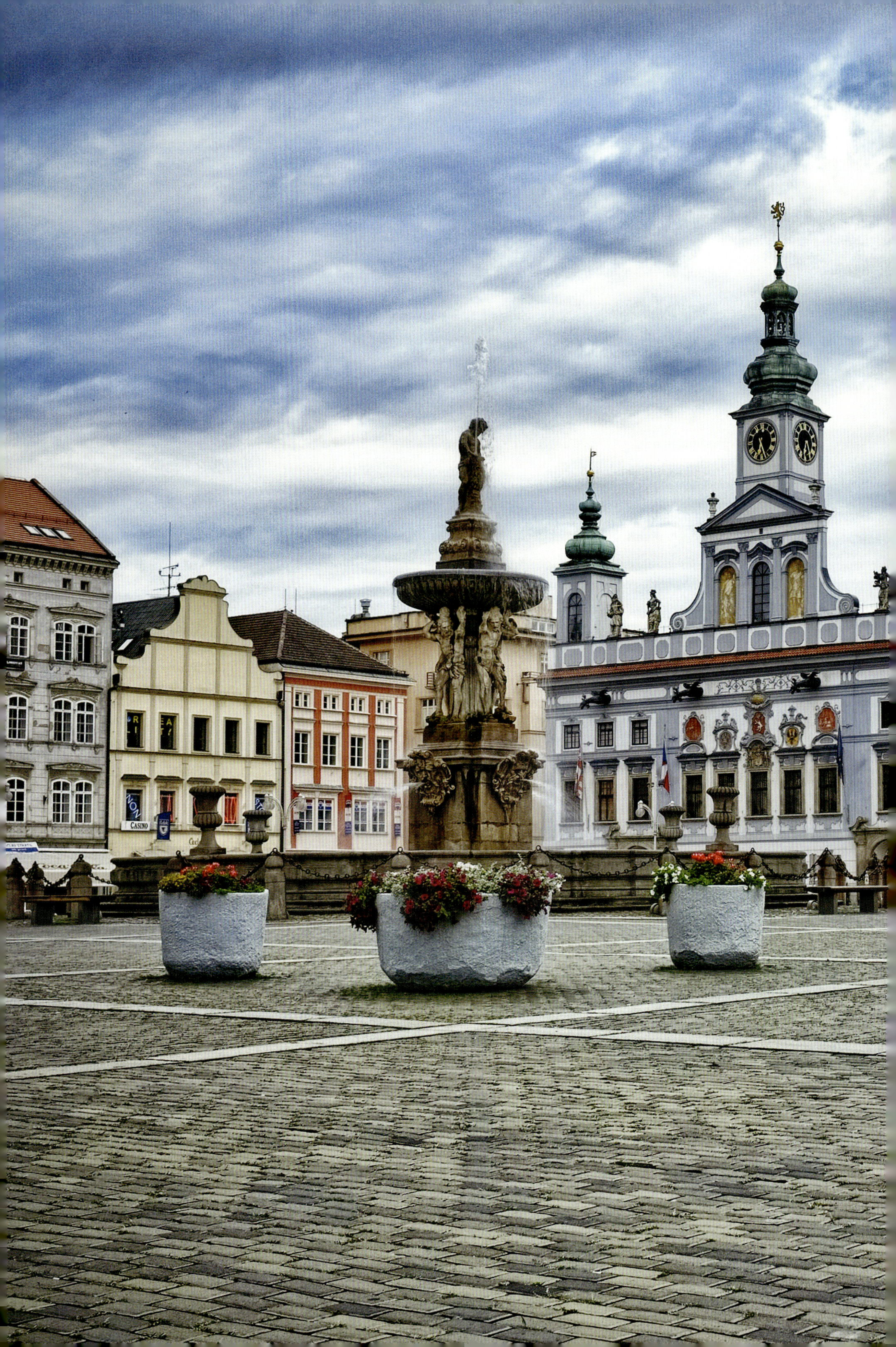
CASINO

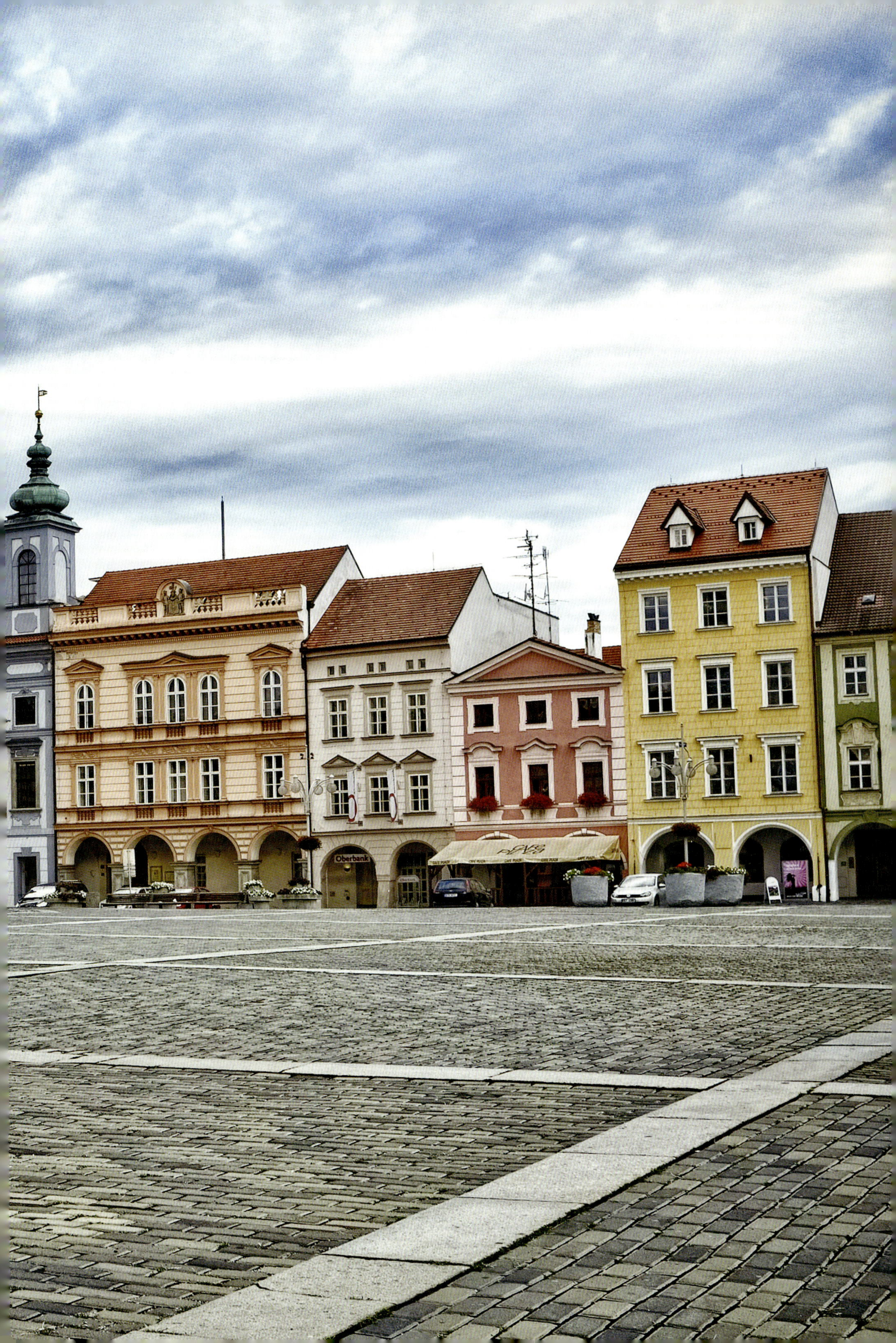
Oberbank

Die Gründungen des „Goldenen" Böhmenkönigs

weltberühmten Diamanten Koh-i-Noor (Berg des Lichts) durch die Britische Ostindien-Kompanie an Königin Victoria zur Markeneinführung ihres Bleistifts, der auf diese Weise weltberühmt wurde.

Das Brauereiwesen dürfte schon bald nach der Stadtgründung als Bürgerprivileg existiert haben. So waren Brauer und Mälzerwarenhändler als erste wohlhabende Bürger imstande, Stiftungen zu errichten. Ende des 15. Jahrhunderts stellte die Stadt bereits einen kaiserlichen Braumeister.

Zu Zeiten industrieller Bierbrauerei schließlich konnte das bürgerliche Brauhaus 1887 „Abnehmer vom Arlberg bis Ungarn" melden und dass „Nizza, London und die Schweiz Bier beziehen". Und nach 1945 blieb im Kalten Krieg das legendäre Schweizerhaus im Wiener Prater Exportkunde von „Budvar".

Die Pferdeeisenbahn Linz–Budweis gehörte neben dem mittelalterlichen Goldenen Steig und dem schwarzenbergischen Schwemmkanal, der seit dem Ende des 18. Jahrhunderts die Wasserscheide zwischen Moldau, Elbe und Donau überwand, und der die Nordhänge des Böhmerwalds forstlich erschloss, zu den wichtigsten Nord-Südverbindungen im böhmisch-österreichischen Raum.

Man baute die Bahn, technisch freilich verspätet, als „Eiserne Straße", um Salz aus dem Salzkammergut nach Böhmen zu transportieren. Franz Anton Ritter von Gerstner, dessen Vater die Idee der Bahn lieferte, baute den Nordteil von Budweis bis zur Grenze. Im Juli 1832 wurde nach großen Schwierigkeiten die Pferdeeisenbahn Linz–Budweis in einer Länge von 129 Kilometern, die damals längste Bahnstrecke des Kontinents, durch Kaiser Franz I. eröffnet.

Stadtplatz

Der Stadtplatz von Budweis zeigt den Anspruch, den die Stadtgründung erhob. Großzügig bemessen, in einer Seitenlänge von 133 Metern, ist er selbst für die heutige Stadt noch repräsentativ. Die Laubengänge ringsum dürften ursprünglich mit Fresken geschmückt gewesen sein. Ein historischer Reisebericht kommt nicht von ungefähr wieder auf die italienische Bauweise zu sprechen: „Diß ist eine sehr lustige, wolerkante und schöne Stadt in Böheim. Man kann in der Stadt mehrerteils unter den Schwibbögen als wie zu Padova gehen."

Die Wasserversorgung der wachsenden Stadt wurde im Jahr 1716 durch einen Brunnen am Stadtplatz ergänzt. Die Steinmetzarbeit für den Brunnenaufbau übernahm der einheimische Meister Zacharias Horn, die künstlerische Gestaltung der Bildhauer Josef Dietrich. Horn hat das geräumige Wasserbecken im Steinbruch von Trhové Sviny/Schweinitz gefertigt, von wo es aufwendig nach Budweis transportiert wurde – dazu musste sogar das Schweinitzer Stadttor verbreitert werden. Josef Dietrich schuf den Löwenbändiger Samson und die vier Atlanten. Geschöpft wurde das Wasser in der Moldau, der Brunnen diente als zentrale Verteilstation, ein technisches Unterfangen, das auch Professionisten wie Glockengießer und Wasserbaumeister beschäftigte.

Neben diesem Blickfang ist das Rathaus das bedeutendste Gebäude am Platz. Es spiegelt den seit dem 14. Jahrhundert wachsenden Einfluss der Bürger und des Stadtrates. Hier fand 1529 der Landtag in Anwesenheit König Ferdinands I. und der böhmischen Stände statt, und der heutige Bau, der einen Großteil des Renaissancemauerwerks verwendete, entstand 1730. Die Stirnwand nimmt drei Hausparzellen ein, die drei Türme betonen den Repräsentationscharakter ebenso wie die Wappen (über dem mittleren Fenster jenes der Stadt Budweis aus dem Jahr 1648 unter Ferdinand III. nach dem Dreißigjährigen Krieg). Der mit Schwert bewaffnete Engel trägt den Schild mit dem böhmischen Löwen, gekreuzte Hämmer

---

Exportschlager Bier

Ein Schwemmkanal als wichtigste Nord-Süd-Verbindung vor dem Bau von Bahnstrecken

und Mondsichel stehen als Zeichen des Bergbaus. Über den benachbarten Fenstern sind die Wappen von Mähren und Schlesien zu sehen.

In den Kartuschen ließ die Stadt römische Helden anbringen, die bürgerliche Tapferkeit und Treue symbolisieren, also Bürgertugenden an der Schaufassade. Immerhin hatten neben dem letzten Rosenberger auch die Budweiser Bürger finanziell dazu beigetragen, dass 1611 während des Nachfolgestreits zwischen Kaiser Rudolf und seinem Bruder Matthias, als „Bruderzwist im Hause Habsburg" in die Literatur eingegangen, ein marodierendes Söldnerheer „ausbezahlt" und nach Hause geschickt werden konnte. Budweis war schon am Anfang des 17. Jahrhunderts die ranghöchste Stadt Südböhmens, mit 360 Häusern in der Innenstadt.

Von der Nordwestecke des Stadtplatzes führt eine Gasse zu den Másne krámy/ Fleischbänken. Bis in die Zeit Karls IV. standen sie auf dem Stadtplatz, 1544 erhielt der Bau sein heutiges Aussehen und beherbergte ursprünglich 14 Verkaufsstände. Die Vorderseite erhielt 1831 einen Empiregiebel, ansonsten blieb der Renaissancestil. Bis 1899 diente der Platz als Fleischbank, seit 1953 als Restaurant.

Dominikanerkloster

Das Dominikanerkloster ist das bedeutendste kunstgeschichtliche Denkmal der Stadt. Im März 1265 wurde das Baugrundstück dem Orden übergeben, mehrere Jahrzehnte baute man an der Kirche. Um 1300 war sie fertiggestellt. Die Dominikaner waren ein städtischer Orden, der sich, wie die Zisterzienser hundert Jahre davor, rasch ausbreitete und als Predigerorden gegen die Ketzerbewegungen vorging.

Der Bau des Kreuzgangs verlief in mehreren Abschnitten. Im Jahr 1548 wurde die Kirche für fast 40 Jahre aufgegeben, und erst in der ersten Hälfte des 17. Jahrhunderts, im Zeichen der Gegenreformation, sorgte der kaiserliche General Graf Balthasar von Marradas für die Wiederbelebung. Er erneuerte 1633 die einstige Kapelle der heiligen Margarethe und ließ dorthin das berühmte Bild der Budweiser Madonna

Das bedeutendste kunstgeschichtliche Denkmal der Stadt: Dominikanerkloster in Budweis

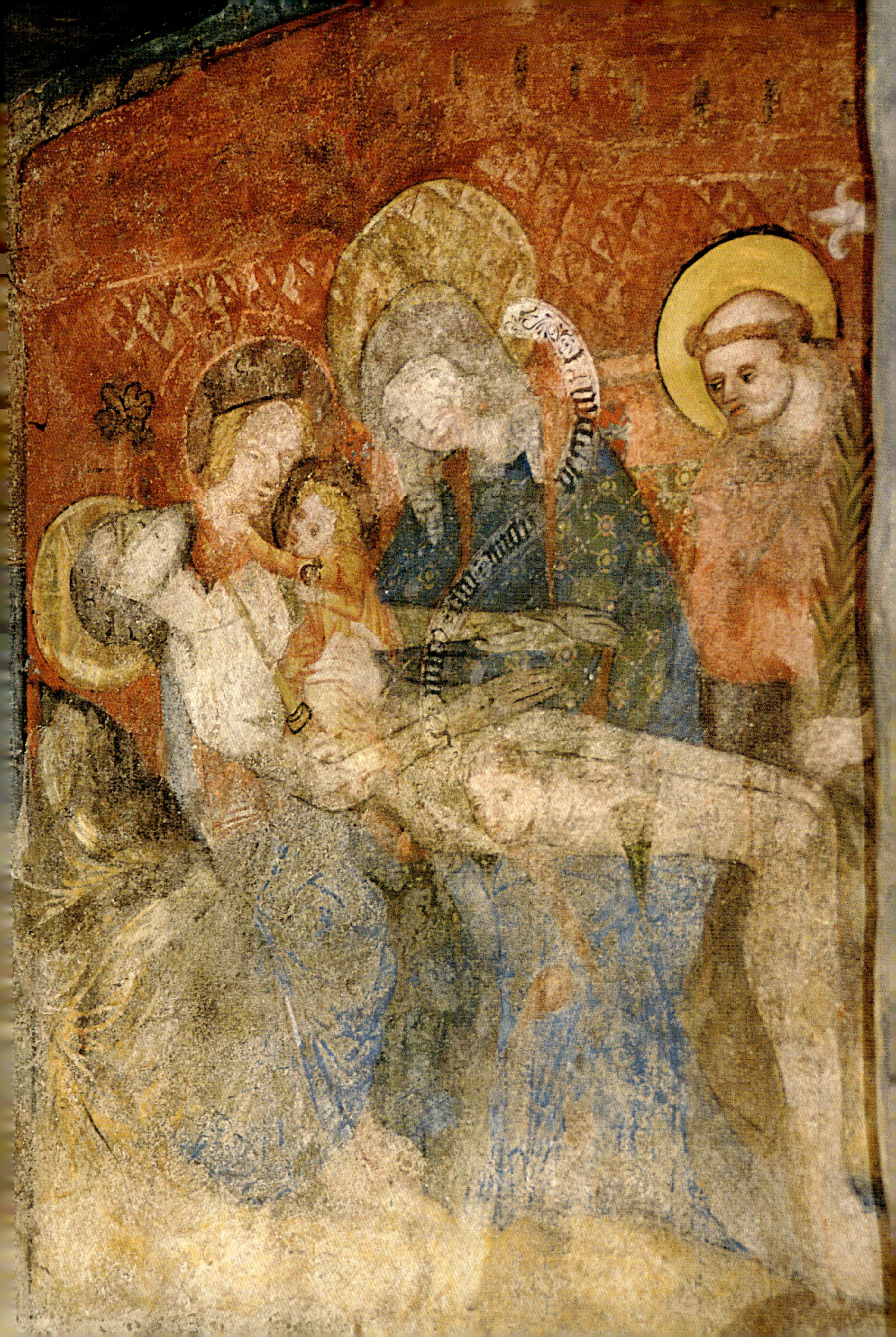

aus der Hauptkirche übertragen. Die Kapelle war eine der ersten erwähnten Bauteile der Kirche. 1267 wurde berichtet, König Přemysl Ottokar habe sie zum Andenken an seine erste Frau Margarethe von Babenberg, eine der Erbinnen der österreichischen Länder, errichten lassen.

Eine Vedute aus dem Jahr 1774 zeigt in übersichtlicher Form, dass 1677 auch an der Nordseite noch eine zweite Kapelle, der heiligen Anna geweiht, zugebaut wurde. Beide Kapellen wurden später abgetragen, sind aber im Grundriss noch erkennbar. Der heutige Vorplatz, der Piaristenplatz, war ursprünglich ein Friedhof.

Vor allem aber erkennt man, dass den Zugang zu Kirche und Kloster von Osten her ein Portal mit einer barocken Heiligengalerie schmückte. Davon ist noch die Kreuzigungsgruppe des Bildhauers Josef Dietrich (1739–1746) erhalten geblieben, die anderen Figuren wurden in den linker Hand liegenden Klostergarten übertragen. Unter Kaiser Josef II. wurde der Orden aufgehoben, das Areal später von den Piaristen und den Redemptoristen verwaltet.

Wer von der Piaristická/Piaristengasse hinter den Fleischbänken auf das Kloster zugeht, sieht das gesamte Ensemble: die Klosterkirche, das gotische Presbyterium mit dem am Dach aufgesetzten zarten Türmchen, dem „Reiter", dahinter den barock umgestalteten Turm aus dem 15. Jahrhundert, an der Nordseite einen kleinen barocken Vorbau. Charakteristisch ist die Lage an der alten Stadtmauer, die dem Steinbau in der ersten Stunde der Stadtgründung einen strategischen Wert gab. Nordseitig liegt der 1531 erbaute Klosterspeicher, ein mächtiges spätgotisches Wirtschaftsgebäude mit eingearbeiteten Steinmetz-Gesichtern an der Fassade. Es diente später als Salzlager. Zwischen dem Magazin und der Kirche sieht man den Schanzturm und die Stadtbefestigung. Dahinter zog, der Befestigung dienlich, das Flussbett der Moldau vorbei, bevor man es Anfang des 20. Jahrhunderts verlegte.

Die Klosterkirche, die man durch den barocken Zubau des Seitenschiffs betritt, ist eine dreischiffige Basilika. Der gotische Chorraum gilt, höher dimensioniert als der Rest, als besonders wertvoll. Der Bau misst in der Höhe 20 Meter und ist in seiner gotischen Substanz erhalten geblieben. Vor allem bietet er eine Reihe außergewöhnlicher Details, etwa die als menschliche Köpfe gearbeiteten Gewölbekonsolen, von denen man zwei an der Süd- beziehungsweise Nordwand des Chors, dem Klostergründer Přemysl Ottokar und seiner zweiten Frau Kunigunde zuschreibt (um 1274).

Die neugotische Einrichtung des Chors, der Hauptaltar, aber auch die Seitenaltäre, wurden 1865 vom Linzer Holzschnitzer Josef Rint gestaltet, der auch die Restaurierung des Kefermarkter Altars durchgeführt hatte. Über dem Tabernakel des Hochaltars befindet sich die Kopie der Budweiser „Madonna im Ährenkleid", eine Darstellung Mariens mit offenem Haar, die mit der Metapher religiöser Texte spielt, in denen die Jungfrauengeburt mit einem Weizenfeld verglichen wird, das ohne Saat Getreide hervorbringt. Das Original des Bildes soll im 15. Jahrhundert aus Italien durch einen Kaufmann nach Budweis gebracht worden sein. Im Querhaus befindet sich an der Seite zum Kreuzgang ein monumentales, zehn Meter hohes Wandbild des heiligen Christophorus aus der Zeit um 1450.

Unmittelbar neben der monumentalen Christophorusdarstellung wurde der alte, danach als Nische zugemauerte Eingang zum Querhaus zweimal innerhalb eines Jahrhunderts mit Wandbildern geschmückt, die beide wie in einer Doppelbelichtung sichtbar sind: Das ältere Bild, um 1380, zeigt die Madonna mit Kind, den knienden Klostergründer und den heiligen Dominik. Das jüngere aus der Zeit vor 1450 zeigt eine Pietà, wobei wie in einer

Eine gotische Doppelbelichtung: Madonna mit dem Kind und Pietà in der Kirche des Dominikanerklosters in Budweis

Überblendung der Leichnam Christi und das Jesuskind einander zugewandt erscheinen. Links und rechts zeigen sich die, auch mehrmals überarbeiteten Heiligenfiguren Barbara und Katharina. Auch an den Seiten des Kreuzgangs wurde an dieser Stelle mehrschichtig gemalt.

Das Bildprogramm der Dominikanerkirche bietet manche Korrespondenzen: So finden wir im Nordschiff Gewölbekonsolen, den Wilden Mann, den Pelikan, der seine Jungen mit seinem Blut füttert (eine Christus-Allegorie des Mittelalters), und die göttliche Dreifaltigkeit plastisch geformt. Im Kreuzgang erinnert eine Freskenskizze an die Szene, als der heilige Augustinus am Meer einem Kind begegnet (Christus), das mit einem Sieb spielt und zu ihm sagt, es sei leichter, mit einem Sieb das Meer auszuschöpfen, als die Dreifaltigkeit Gottes zu begreifen.

Im Hauptschiff sind an den Zwischenpfeilern gotische Wandmalereien angebracht: Christus mit den Marterwerkzeugen, die er selbst trägt, die heilige Agnes (mit Lamm), die Weihnachtsgeschichte, der heilige Ägidius mit einem Bischof. Die Qualität der Bilder ist überraschend, auch wenn die einst übertünchten gotischen Kunstwerke im 20. Jahrhundert durch achtlose technische Nachrüstungen beschädigt wurden. 1759 wurde eine Rokokokanzel mit Reliefs aus dem Leben des heiligen Dominik eingebaut. Der Kreuzgang des Klosters und sein Gewölbe wurden schrittweise errichtet, teilweise in Ziegelbau, teilweise in Steinmetzarbeit. Auch die Proportionen der Fenster und ihr Maßwerk sind je nach Epoche verschieden. Der älteste Teil ist der nordseitige Kreuzgang mit seinen wertvollen Wandgemälden: Neben dem genannten Augustinusbild die Verkündigung Mariens und vor allem eine Schutzmantelmadonna, die geistliche und weltliche Stände behütet. Hier sind, einzigartig, die historischen Personen Kaiser Karl IV. und seines Sohnes Wenzel IV. zu erkennen. Das Fresko dürfte um 1376 entstanden sein.

Eine Besonderheit ist auch das gotische Brunnenhaus, in dem die Wasserquelle des Klosters gefasst war und das an der Südseite des Kreuzgangs in den Paradiesgarten vorspringt.

Die St. Nikolauskirche

Das Gotteshaus war ursprünglich ebenfalls gotisch, das Patrozinium des heiligen Nikolaus könnte an den Sohn Přemysl Ottokars II. erinnern. Die Bischofskirche wurde nach dem Brand von 1641 durch Giovanni Cipriano und Francesco Canevale (die Baumeister der Wiener Servitenkirche) wiederaufgebaut. Die drei Statuen an der Außenfront stellen die Heiligen Wenzel, Nikolaus und Auracian dar, dessen Reliquien im 17. Jahrhundert von Rom nach Budweis gebracht wurden. Als der Bildhauer Johann Worath aus Schlägl in Oberösterreich den entsprechenden Altar errichtet hatte, wurden die Reliquien in die Kirche übersiedelt.

Mit der Gründung des Bistums Budweis 1785 wurde die Kirche zur Kathedrale erhoben, die Bistumsgründung ging mit der Auflassung zahlreicher Ordensniederlassungen einher, dementsprechend schreibt die Bistumsfestschrift von 1885: „Das Bistum Budweis wurde gleichsam auf den Trümmern errichtet, in welche durch das Machtgebot des Monarchen Joseph II. so viele blühende Klöster und Abteien zerfallen waren."

Der Schwarze Turm

Unmittelbar neben der Nikolauskirche steht das Wahrzeichen der Stadt Budweis: der Schwarze Turm. Er wurde im Stil eines italienischen Campanile, eines freistehenden Glockenturms, in einer Gesamthöhe von 71 Metern erbaut. Die Grundsteinlegung erfolgte 1550, 27 Jahre später wurde er fertiggestellt. Erst im 19. Jahrhundert entstand die Bezeichnung Schwarzer Turm, als sich die rohen Steinquader im Lauf der Jahrhunderte verfärbt hatten. Er sollte seine Funktion als Beobachtungsposten zunächst und dann weiterhin als Glockenturm erhalten. Der Linzer Glockengießer Sylvius Kreuz stattete ihn 1723 aus, nur die größte Glocke, die auch hier „Pummerin" genannt wird, kam aus Budweis.

Zvíkov/Burg Klingenberg

Der Fels von Zvíkov bot schon in prähistorischer Zeit Zuflucht und die geeignete Lage für einen Burgwall. Seit die Staustufe von Orlík errichtet wurde, sind allerdings die tiefen Täler geflutet. Die Flusslandschaft am Zusammenfluss von Otava und Vltava (Moldau) hat sich stark verändert. Die Burg Zvíkov liegt nicht mehr auf einem schroffen Felsen zwischen zwei Schluchten, sondern inmitten eines Stausees, der im Sommer Camper und Wassersportler anzieht.

1234 begann König Wenzel I. mit dem Bau einer frühgotischen Burg, sein Sohn Přemysl Ottokar II. setzte den Bau bis 1270 fort. Damals amtierte an dieser Stelle bereits Burggraf Hirzo von Klingenberg, der spätere Baubeauftragte für die Gründung von Budweis. Ein rohbehauener Turm ist das erste Festungswerk aus dieser Zeit.

Festung und Gefängnis
Unter Přemysl Ottokar II. wurde die Anlage erweitert, denn in der Zeit der Gotik begann man, die Wehrburgen umzubauen und der höfisch-ritterlichen Welt anzupassen. Zvíkov behielt allerdings seinen Wehrcharakter. Hierher zog sich Wenzel I. zurück, als sein Sohn Přemysl Ottokar gegen ihn rebellierte, und hier hielt Premysl Otokar selbst steirische Adelsherren in Gewahrsam. Denn in der Steiermark war sein Ansehen nie so gefestigt wie im Stadtbürgertum Wiens oder ob der Enns.
Wie sicher die Festung war, bewies sich in den Hussitenkriegen, als sie 1428 drei Mo-

Wie eine Insel im Stausee: Burg Klingenberg

nate lang erfolglos von hussitischen Truppen belagert wurde. Von hier aus ließ sich jeder Floß- und Handelsverkehr auf den Flüssen Moldau und Otava kontrollieren. Zvíkov ist die besterhaltene der gotischen Königsburgen in Böhmen. Ihr Bergfried, ein mächtiger Buckelquaderbau, wurde ganz im Stil der Stauferarchitektur errichtet, für die die italienische Kastellburg Pate stand. Die Mutter Přemysl Ottokars II. war, wie bereits erwähnt, eine Stauferprinzessin, vor allem aber wollte der Sohn seine westliche Orientierung und seinen Anspruch auf die Spitze des Heiligen Römischen Reichs auch in der Architektur betonen. Dass die Burg und ihre Herren den höfischen Idealen entsprachen, wissen wir von den Minnesängern, die den böhmischen Königen unter den Přemysliden Geschmack und Mäzenatentum bescheinigten.

Und auch deren Anwesenheit auf Klingenberg wird bescheinigt: „Mich treit der Cunec von Pehemlant – auf mich trat der böhmische König", steht auf einer Bodenfliese der Schlosskapelle zu lesen, die noch mit Westempore, also als typische Herrschaftskirche der Romanik gebaut, aber bereits gotisch ausgestattet wurde.

Das dynastische Selbstbewusstsein spiegelt der Turnierhof mit seinen doppelstöckigen Arkaden und Verbindungsgängen, mit gotischem Maßwerk aus niederrheinischer Zisterzienser-Bauschule, eine Architektur, die im Europa jener Epoche ein absolutes Unikat war und zugleich einen Vorgriff auf die Renaissance darstellte.

Hier verbinden sich die Architektur und die spätgotische Wandmalerei in Kapelle und „Hochzeitssaal" mit erklärtem Machtanspruch: der böhmische König auf Zvíkov, dargestellt in der Reihe weltlicher Kurfürsten inmitten selbstbewusster Gesellschaft. Die Tanzszene, ein Fresko aus der Zeit um 1500, ist vergleichbar mit den Wandbildern in Schloss Blatná.

Zvíkov rückte um die Mitte des 19. Jahrhunderts zu einem wichtigen Ort des Gedenkens auf, als Karl II. zu Schwarzenberg begann, die Burg „zur Freude aller Patrioten" zu restaurieren. Es war dies keine unverbindliche Ritterromantik, sondern ein politisches Zeichen: Der junge Kaiser Franz Josef I., der weder Beziehung noch tieferes Verständnis für die böhmischen Länder hatte, lehnte eine Krönung mit der Wenzels-Krone und die damit möglicherweise verbundene Anerkennung des böhmischen Staatsrechts entschieden ab. Doch mit den Restaurierungsarbeiten an der Przemylsidenburg wurde das Andenken an den „goldenen Böhmenkönig" Přemysl Ottokar II. wachgerufen. Ein dem Zentralismus abgeneigter böhmischer Adel pflegte also zu dieser Zeit mit der Hinwendung zu einem mittelalterlichen Schutzbau die Geschichte als Teil seiner Gesinnung.

Orlík nad Vltavou/ Worlik an der Moldau

„Das Wasser – wenn ich aus dem Fenster sehe, kann ich beobachten, wie das Wasser langsam steigt, wie mächtig es die von der Flut gebeugten Baumstämme umklammert, wie es arbeitet ..." Man denkt an diese Schilderung Zuzana Brabcovás, die das Moldautal zu einer besitzergreifenden Seelenlandschaft stilisiert, zu einer „luftdicht verschlossenen Heimat", wie sie der „Normalisierung" nach 1968 in der Tschechoslowakei entsprach. Die Burg Orlík war in der totalitären Zeit zum Wasserschloss geworden. Im Hochmittelalter aber war die Anlage als Wehrbau errichtet worden und saß, wie es ihr Name besagt, wie ein „kleiner Adler" auf einem Fels über dem Flusstal. Ebenso wie Zvíkov später als Verwaltungsplatz genutzt, ist sie seit 1960 von einem Stausee umgeben, auf dem man mit Ausflugsschiffen von einer Burg zur nächsten kreuzen kann.

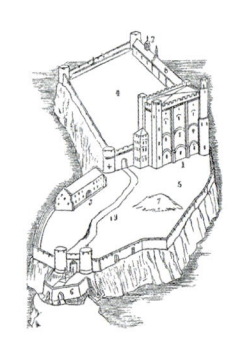

Die Burg als Spiegel des dynastischen Selbstbewusstseins

Das Haus Schwarzenberg

Orlík war königliche Burg, bevor sie zum Stammsitz der Familie Schwarzenberg wurde, in deren Besitz sie heute noch steht. Ihr Familienoberhaupt Karl VII. von Schwarzenberg, nach dem Fall des Eisernen Vorhangs Kanzler unter Präsident Vaclav Havel, später Außenminister der Tschechischen Republik, war stets Verfechter der europäischen Idee und dennoch seinem Heimatland stark verbunden. „Egal, was ich träumte", erzählte er in einem Interview, „alles spielte sich vor dem Hintergrund von Orlík oder dem Nachbargut Cimelice ab. Doch seit ich Orlík besuchen kann, hat sich das aufgehört". Eine längst vollzogene Heimkehr. 1948 hatte Karl Schwarzenberg die Tschechoslowakei mit seinen Eltern verlassen müssen. Die Familiengeschichte in Böhmen war für Jahrzehnte unterbrochen, nachdem die Nationalsozialisten Orlík unter Zwangsverwaltung gestellt hatten.

Das Geschlecht der Schwarzenberg stammt aus Unterfranken. Seit dem 15. Jahrhundert als Herren „zu Schwarzenberg" nachweisbar, tauchen sie in böhmischen Urkunden bereits als Financiers der Feldzüge gegen die Hussiten auf. 1598 eroberte Adolf von Schwarzenberg in den Türkenkriegen die „Schlüsselfestung der Christenheit" Raab/Györ in Ungarn und errang damit einen Prestigeerfolg für Kaiser Rudolf II. Sein Wappen wurde um den Türkenkopf erweitert, auf den ein Raabe einhackt, den man als markantes Symbol auf so manchem Bauwerk wiederfindet: als Torgriff auf Schloss Hluboká/Frauenberg bei Budweis oder als Brunnenschmuck in Třeboň/Wittingau. Doch erst der Enkel des Türkenbesiegers wurde in Böhmen sesshaft. Třeboň, die letzte rosenbergische, wurde die erste schwarzenbergische Residenz.

Die Schwarzenberg formten wie vor ihnen die Witigonen die wirtschaftliche Struktur Südböhmens allein durch die Ausdehnung ihrer Liegenschaften. 1910 erstreckte sich ihr Großgrundbesitz über 178.000 Hektar mit Forst, Brauereien, Graphitbergbau und

Stammsitz der Familie Schwarzenberg: Orlík nad Vltavou

Fischerei. Im Böhmerwald bauten sie einen Schwemmkanal zur Verbesserung der Holzbringung, auf Schloss Krumau den Maskensaal, in Hluboká auf den Mauern der Přemysliden-Burg im 19. Jahrhundert das Schloss in Windsorgotik.

1802 hatte sich die Familie geteilt, in die von einander unabhängige ältere Primogenitur und die jüngere Sekundogenitur. Karl Schwarzenberg stammt aus der zweiten Linie, wurde jedoch 1962 von seinem Onkel adoptiert und vereinte damit wieder beide Linien.

Das Vermögen der älteren Linie auf Hluboká war um das Fünfzehnfache höher als das der Verwandten auf Orlík. Aber Orlík hatte bedeutende Persönlichkeiten der altösterreichischen Geschichte hervorgebracht. In den vierzehn Räumen des Schlosses, die zugänglich sind, treten uns diese farbig entgegen.

Der Feldmarschall

„Der Genius loci", erzählt Karl Schwarzenberg, „ist immer Feldmarschall Karl Philipp von Schwarzenberg, den man vom Standbild am Schwarzenbergplatz in Wien kennt. Er war mir so nahe, und es schien gar nicht, dass er schon 140 Jahre tot ist." Dieser Karl Philipp zu Schwarzenberg (1771–1820) war Diplomat und Militär von Jugend an. Als 16-Jähriger erlebte er noch den letzten Türkenkrieg, kämpfte gegen die französische Revolutionsarmee und wurde dann eine der Zentralfiguren der Napoleonischen Kriege. Er ging als österreichischer Botschafter nach Russland, nachdem ihm der Kaiser 1809 den Orden vom Goldenen Vlies verliehen hatte, um den Rang für den Gesandten beim Zaren zu erhöhen. Der Orden ist nun Teil der Sammlung von Orlík.

Als Österreich den Krieg verlor, wechselte Karl Philipp seinen Posten und wurde als Nachfolger des Fürsten Metternich Botschafter beim französischen Kaiser. Er zog nach Paris, wo er an der Eheschließung zwischen Erzherzogin Marie Louise von Österreich und Napoleon mitwirkte. Die Zeit in Paris spiegelt sich heute im Interieur des böhmischen Stammhauses, dessen Empiresalons mit Möbeln der Gesandtschaftsresidenz ausgestattet wurden. Napoleon überreichte Botschafter von Schwarzenberg eine Büste seiner selbst, die nach dem Entwurf Canovas in Biskuitporzellan hergestellt wurde. Schwarzenberg musste, ob er wollte oder nicht, schließlich das österreichische Hilfskorps an der Seite der französischen Truppen gegen Russland führen. Der Imperator und der Botschafter: Karl Philipp Schwarzenberg ließ sich vom Hofmaler Napoleons, François Gérard, porträtieren – es ist das einzige Gemälde des französischen Meisters in der Tschechischen Republik und es wurde fertiggestellt, als Karl Philipp Schwarzenberg den Korsen bereits überflügelt hatte: Marschall Schwarzenberg trägt auf dem Bild das Großkreuz des Maria Theresienordens, das er 1813 als Sieger der Völkerschlacht von Leipzig verliehen bekam. Dort war er der Oberbefehlshaber der Verbündeten und brachte Napoleon die entscheidende Niederlage bei. Schwarzenberg sammelte Ruhm für Österreich, Preußen und Russland, und nachdem er mit seiner Armee noch bis Paris nachgesetzt war, verlieh ihm Kaiser Franz I. den Herzschild mit Schwert, ein heraldisches Attribut, das von nun an das Wappen des jüngeren Zweigs auszeichnete und an dem man die Wappen der beiden Linien unterscheiden kann.

Karl Philipp avancierte zum Hofkriegsratspräsidenten, sein Nachfahre Karl Schwarzenberg zieht daraus aber eine nüchterne ökonomische Bilanz: „Der Feldmarschall war ja zunächst Botschafter beim Zaren und dann bei Napoleon in Paris, das waren die beiden teuersten Posten in Europa. Und dann war er Oberbefehlshaber der vereinten Heere vor Leipzig, wo wiederum der Unterhalt des Hauptquartiers auf seine pri-

Marginalie: 1962: Vereinigung der Primo- und Sekundogenitur in der Familie Schwarzenberg

Empiresalon des Schlosses Orlík

vaten Kosten ging, denn Kaiser Franz hat dank der verlorenen Kriege zweimal Staatsbankrott gemacht. Und infolgedessen zahlte er auch den Feldmarschall nicht, um die Wahrheit zu sagen. Das Resultat war, dass nach seinem Tod seine Söhne und Erben zahlen mussten. Obwohl der Zar großzügigerweise ein Drittel der Schulden übernommen hatte, verkaufte man für die restlichen zwei Drittel einen großen Teil der Bibliothek und der Möbel – wir haben an diesen Schulden 60 Jahre lang gezahlt. Es war nie genug Geld da, um die Räume hier in jener Pracht herzurichten, wie dies bei anderen Schlössern dieser Zeit der Fall war."

In Orlík taucht auf verschiedenen Bildern immer wieder das oberösterreichische Renaissanceschloss Aistersheim auf. Es war der Familiensitz von Karl Philipps Gattin Maria Anna, einer geborenen von Hohenfeld. Ein Historiker der Familie betont, was in der Hocharistokratie offenbar erwähnenswert schien: „Eine Liebesheirat im Stil romantischer Empfindsamkeit" habe die beiden zusammengeführt.

Adalbert Stifters Leseabende

Die erwähnte Fürstin Maria Anna „hatte das gelesen, was die hervorragendsten Männer und Frauen in Dichtungen, in betrachtenden Werken und zum Teil in Wissenschaften, die ihr zugänglich waren, geschrieben haben, und sie hatte alles Schöne genossen, was die Künste hervorbringen", schrieb Adalbert Stifter. Er war oft eingeladen, seine Werke in Gesellschaft der Fürstin vorzulesen. An solchen Abenden stand Amalia, der Frau des Schriftstellers, die schwarzenbergische Loge im Wiener Burgtheater zur Verfügung. Im „Nachsommer" setzte Stifter der greisen „Feldmarschallin" ein literarisches Denkmal. In Orlík aber ließ Maria Anna von Schwarzenberg den Landschaftsgarten auf einer Fläche von 180 Hektar anlegen. Die Fürstin ist im Mausoleum von Orlík bestattet wie auch Karl Philipp von Schwarzenberg.

Nationalbewusstsein, Romantik und Politik

Im kleinen Empiresalon des Schlosses begegnen wir in den Bildern des Wiener

Malers Franz Schrotzberger den Söhnen des Siegers von Leipzig: Es sind Soldatenporträts. Da ist Friedrich, der „letzte Landsknecht", wie er sich selbst bezeichnete, der Europa rastlos durchquerte und, wo immer möglich, gegen die revolutionären Bewegungen kämpfte: in Spanien gegen die Liberalen, in Algier an der Seite der Franzosen. Als Matrose verkleidet tauchte er im Paris der Julirevolution unter, um dann 1834 mit Honoré de Balzac das Schlachtfeld von Wagram zu besuchen oder selbst „einige Betrachtungen über Landsturm und Guerillakrieg" zu verfassen.

Der „Landsknecht" konnte die Bedeutungslosigkeit Böhmens seit dem Wiener Kongress nicht verwinden und weigerte sich strikt, das „Königreich Böhmen" durch ein „Kronland" zu ersetzen. Friedrich und sein Bruder Karl II. waren als Studenten Sympathisanten der Burschenschaften. Von den Ideen der Romantik und Johann Gottfried Herders erfasst, arbeiteten sie mit Konsequenz auf eine böhmische Eigenständigkeit hin.

Karl II., dessen Frau heute im Empirekleid von einem Bild an der Wand herunter schaut, engagierte den tschechischen Historiker František Palacký für Vorlesungen, die die Reformbewegung im böhmischen Landtag stärkten.

Einer wie der andere, so sieht es Außenminister Schwarzenberg heute, waren sie „durch Politik erblich belastet. Sie haben die Innenpolitik Österreichs heftig kritisiert und sie waren etwas, was wenige Leute verstehen, wofür die Engländer aber einen treffenden Ausdruck prägten: His Majesty's loyal opposition. Das heißt, dem Kaiser und König ist man in Treue gegenübergestanden, die Politik der Regierung aber hielt man für falsch."

Es war ein romantisches Volksbild, dem man anhing, ständisch natürlich, mit Sympathie für „Hirten und Holzknechte", patriarchalisch und vom Glauben beseelt, die

dringliche Reform der Monarchie im 19. Jahrhundert ließe sich im Gegensatz zum Neoabsolutismus aus den Regionen und deren Traditionen bewerkstelligen. Darin unterschieden sich übrigens die Schwarzenberg auf Orlík von ihrem Verwandten, dem Ministerpräsidenten Felix von Schwarzenberg aus der Primogenitur, dessen „diktatorischen Zynismus" sie missbilligten, denn er unterdrückte jede nationale Emanzipation. Ihr Denken ermöglichte auch die Nähe zu jenen Künstlern, die die nationale Erweckung der böhmischen Länder mittrugen. Und das hieß in Mittelböhmen, anders als in den Randbezirken, Nähe zur tschechischen Bevölkerung, zu den „Austroslawen", die sich gegenüber Deutschen und Magyaren in der Donaumonarchie zurückgesetzt sahen. Dennoch hielten sie – wie František Palacký – die Habsburgermonarchie immer noch für fähig, sich in einen „Bund gleichberechtigter Völker" verwandeln zu können.

Karl III. (1824–1904), ein Wirtschaftsexperte, ließ sich ebenfalls für den kleinen Empiresalon porträtieren, und zwar von jenem Maler, der das Nationaltheater in Prag ausstattete: František Ženíšek. Welche Gratwanderung so etwas war, zeigt die Tatsache, dass gerade die Eröffnung dieses Kulturbaus im Jahr 1868 in eine gemeinsame Kundgebung des böhmischen Adels und ehemals revolutionärer tschechischer Politiker mündete. Dafür wollte der Wiener Kaiserhof Karl III. von Schwarzenberg maßregeln, was letztlich nur das Misstrauen der tschechischen Patrioten gegenüber dem österreichischen Zentralstaat stärkte.

Der Teska-Saal

In dieser Zeit entsprach die Präsentation von Böhmens traditioneller Handwerkskunst ganz dem politischen Denken ihrer Mäzene. Der Teska-Saal auf Orlík ist ein prachtvolles Dokument dafür: die Kassettendecke, die Tür- und Wandverkleidungen

Sie stellten über Generationen Politiker: die Schwarzenberg

gestaltete Jan Teska, ein Cousin des Malers Mikoláš Aleš, dessen Fassadenmalereien in den Innenstädten von Písek, Pilsen und Prag bis heute gegenwärtig sind. Jan Teska erhielt für die Gestaltung des Saales mit Nuss-, Linden- und Birnenholz, an der er von 1885 bis 1889 arbeitete, die Silbermedaille auf der Jubiläumsausstellung in Prag 1891. Es ist kein Zufall, dass dieser Meister sich motivisch von der Renaissance-Kassettendecke der nahen Burg Zvíkov inspirieren ließ.

Zlatá Koruna/Goldenkron

König Přemysl Ottokar II. gründete Goldenkron 1263 als Dank für seinen Sieg über die Ungarn bei Kressenbrunn im Jahr 1260. Der Ort des Klosterbaus war strategisch gut gewählt, liegt er doch in unmittelbarer Nähe Krumaus. Heute beinahe versteckt bildete die Klosteranlage damals ein deutliches Gegengewicht zur Residenz des Krumauer Zweigs der Witigonen. Damit behinderte der Přemyslide deren Absicht, in Südböhmen ein geschlossenes Herrschaftsgebiet aufzubauen. Goldenkron stand als Gründung des Königs nun neben der Rosenbergerstiftung Hohenfurth, dem Zisterzienserkloster, das wenige Jahre zuvor am Oberlauf der Moldau besiedelt worden war.

Přemysl Ottokar II. widmete Goldenkron der Dornenkrone Christi. Es erhielt damit eine vergleichsweise europäische Dimension und wurde symbolisch aufgeladen. Und in der Stiftungsurkunde wurde folgende Reliquienverehrung angesprochen: Goldenkron trage diese Auszeichnung dank eines Dorns aus der Krone Christi, den der französische König Ludwig IX. dem Böhmenkönig geschenkt habe. Ludwig IX. war für Přemysl Ottokar das Vorbild des christlichen Ritters.

Zisterzienser aus Heiligenkreuz
Die klassische Architektur der Zisterzienser wird in Goldenkron besonders anschaulich: am Wasser, an der Moldau, gelegen

Gründung als Dank für den Sieg über die Ungarn bei Kressenbrunn: Goldenkron

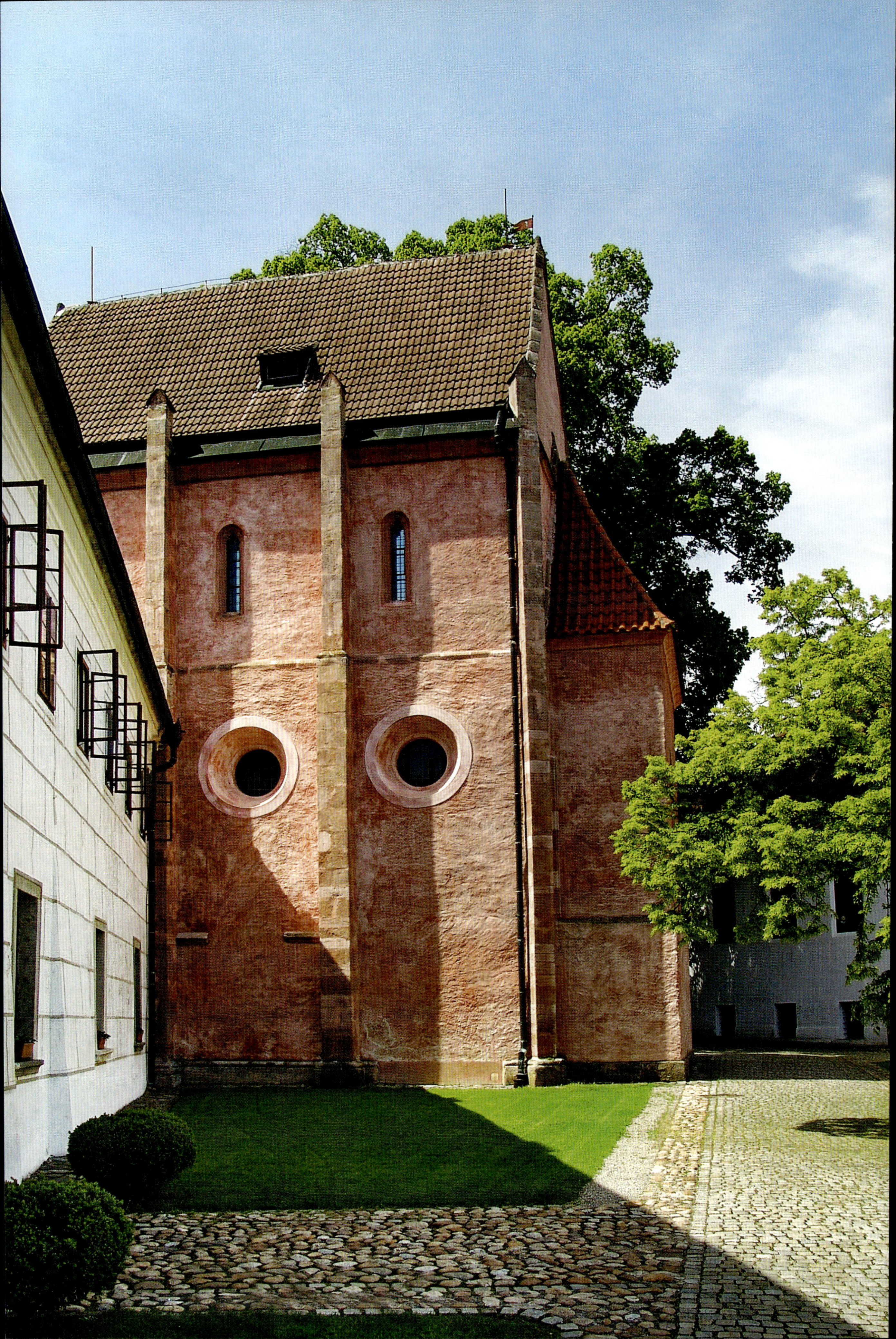

und ohne Glockenturm geplant. Die ersten Mönche kamen aus Heiligenkreuz in Niederösterreich nach Goldenkron, das damals zum Herrschaftsbereich König Přemysl Ottokars II. gehörte. Die Zisterzienser waren einer der angesehensten Orden des Mittelalters, waren sie doch innovativ sowohl in der Landwirtschaft als auch im Bauwesen. So soll das Kloster Goldenkron 97 Plätze für Dorfsiedlungen urbar gemacht haben. Augenscheinlich wird in dieser Klosteranlage die Einbeziehung des Wassers in das Bauprojekt, denn die Zisterzienser verstanden sich darauf, nahe Flussläufe in vielfacher Form zum Betrieb ihrer Anwesen zu nutzen. An die Stelle der Landwirtschaft trat im Lauf der Zeit der Unterricht. Das Glück Goldenkrons stieg und fiel mit dem seines Gründers Přemysl Ottokar II.

Die Klosterkirche und die Gotik Michael Parlers
Die Klosterkirche Goldenkrons gehört zu den bedeutendsten Zeugnissen südböhmischer Gotik. Sie wurde in der zweiten Hälfte des 14. Jahrhunderts fertiggestellt und weist bauliche Entsprechungen zum Prager Veitsdom auf, unter anderem sichtbar in der Zeichnung des Maßwerks. Das mehr als 70 Meter lange Gotteshaus zählt zu den größten Kirchenbauten Böhmens. Es ist eine Arbeit des Steinmetzes Michael Parler, eines Bruders des berühmten Peter Parler in Prag. Beide kommen aus einer Werkmeisterfamilie in Schwäbisch Gmünd.

Ursprünglich war die Stiftskirche von Goldenkron vierschiffig angelegt, aus den nach außen ragenden Rippen des Gebäudes und aus dem Verschluss an der Nordseite lässt sich noch das geplante vierte Schiff erkennen. Goldenkron sollte wie die französischen Kathedralen von außen durch Strebepfeiler gestützt werden, der Unterbau und die Tragsteine am Sims des Hauptschiffes waren vorbereitet. Es blieb bei dem Versuch, aber er zeigt, dass der Baumeister seiner Zeit voraus war und mit Goldenkron einen architektonisch zukunftsweisenden Bau schuf.

Neben der Stiftskirche im ältesten Teil des Klosters ist die frühe Gotik in der einstöckigen Schutzengelkapelle erhalten geblieben. Auch der Kapitelsaal stammt noch aus dem 13. Jahrhundert, erhielt aber später eine Rokokoausstattung. Links vom Eingang befindet sich im Kirchenschiff die Grabplatte des Hirzo von Klingenberg, des Gründungsbeauftragten der königlichen Stadt Budweis.

Die Krumauer Madonna
Das Kloster Goldenkron dürfte auch der ursprüngliche Standort der „Krumauer-Madonna", einer berühmten gotischen Kalksteinfigur gewesen sein. Heute steht sie im Kunsthistorischen Museum in Wien und gehört, neben der Madonna von Wittingau zu den bedeutendsten Beispielen der „schönen Madonnen", die besonders im süddeutschen und Salzburger Raum verbreitet waren.

Der schöne oder weiche Stil trat am deutlichsten in den 90er Jahren des 14. Jahrhunderts zutage. Er wird an der Krumauer Madonna durch die schwingende, S-förmige Haltung sichtbar, den geneigten Kopf, die Körperlichkeit des Faltenwurfs und den Realismus in der Figur des Jesuskinds, dem sich die Finger seiner Mutter plastisch in den Körper drücken. Eine ähnliche Marienskulptur stammt aus der Salzkammergutpfarre Hallstadt und gelangte zu Beginn des 20. Jahrhunderts in den Besitz der Prager Nationalgalerie, wie umgekehrt die Krumauer Madonna auch erst zu Beginn des 20. Jahrhunderts im Flur eines bescheidenen Hauses am Krumauer Flößberg entdeckt wurde. Solange war diese gotische Kunst von der barocken Nachfolge verdrängt und teilweise später vergessen worden. Der Linzer Krumau-Forscher Franz Wischin hat darauf aufmerksam gemacht, dass die Krumauer Madonna nach Aufhe-

Bedeutendes Zeugnis südböhmischer Gotik: Goldenkron, Schutzengelkapelle (links); nächste Doppelseite: Lesesaal der Bibliothek

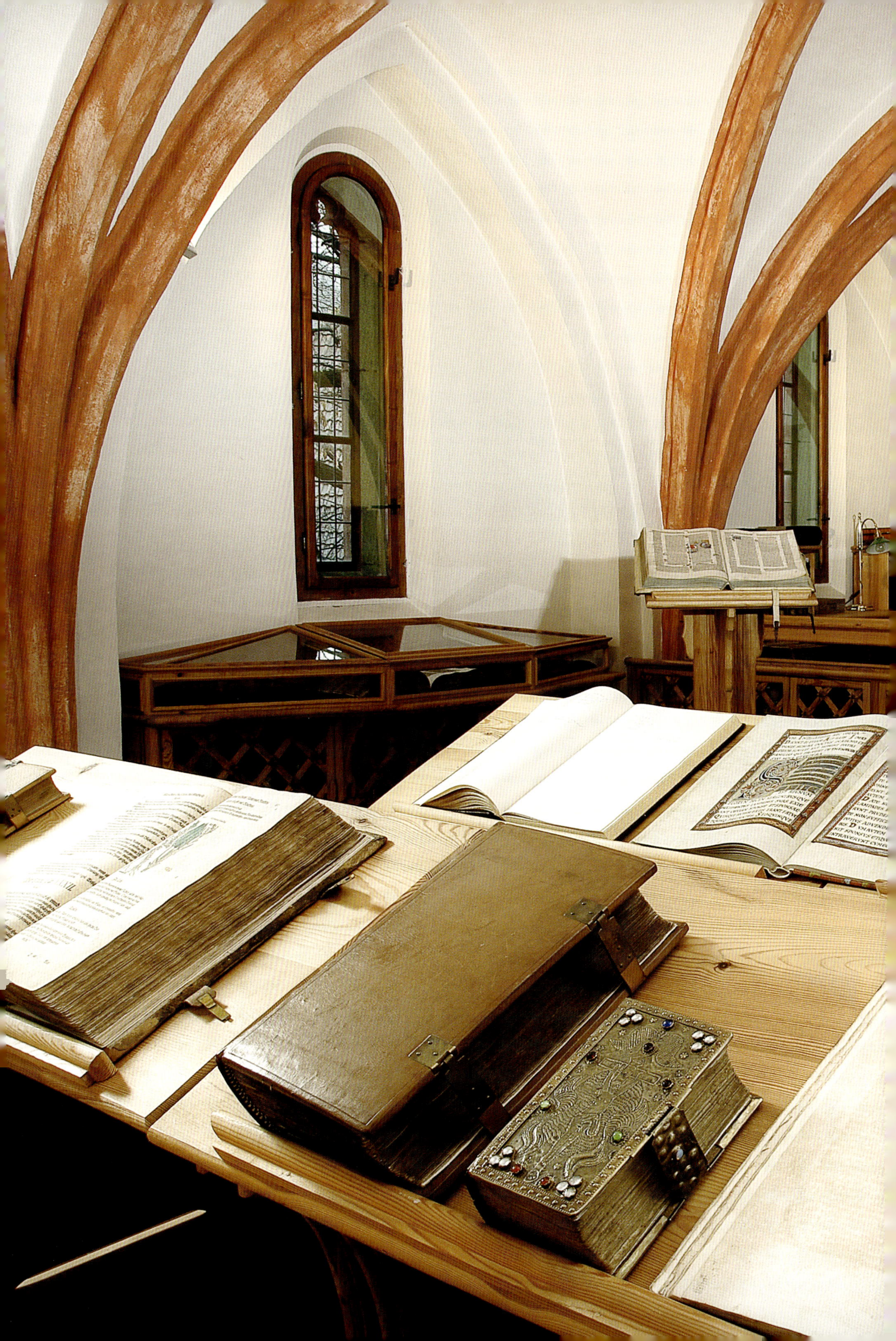

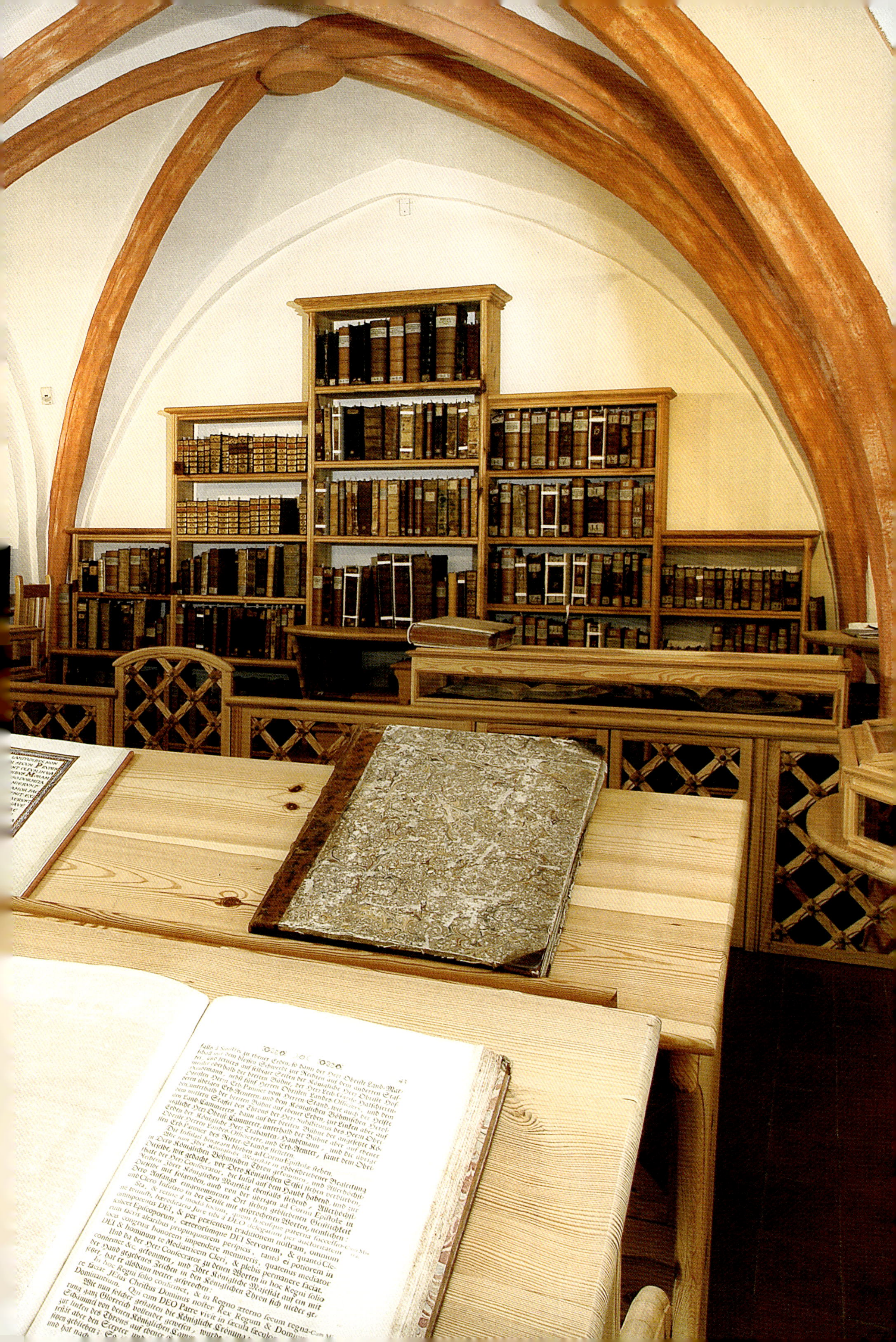

Die Gründungen des „Goldenen" Böhmenkönigs

Krumauer Madonna um 1390/1400, Kalksandstein, polychromiert (112 cm x 45 cm)

bung des Klosters Goldenkron Ende des 18. Jahrhunderts nach Krumau gelangt sein dürfte. Ursprünglich waren die gotischen Plastiken integrativer Bestandteil der Architektur, des Raums, für den sie geschaffen wurden.

Nachdem der Gründer Přemysl Ottokar II. in der Schlacht auf dem Marchfeld 1278 seinem Gegner Rudolf von Habsburg unterlegen war, begannen feindliche Angriffe gegen das Kloster. Es wurde von den Truppen Rudolfs zerstört. Während der Hussitenkriege im 15. Jahrhundert erlitt das einst reiche Stift, in dem bis zu 300 Mönche lebten, den nächsten schweren Schlag: Ulrich II. von Rosenberg ergriff die Gunst der Stunde, überließ dem König seine Soldaten und erhielt als Pfand die Klostergüter von Goldenkron, die seinem Vorfahren bereits bei seiner Machtentfaltung im Weg lagen.

1420 plünderte schließlich der Hussitenführer Jan Žižka das Kloster. Der Legende nach ließ er zahlreiche Mönche erhängen, was die Überlieferung vor Ort mit den kapuzenförmigen Blättern der alten Linden in Zusammenhang bringt, die den Eingangsweg säumen und an die Mönchstracht der Ermordeten erinnern sollen. Einige der Zisterzienser konnten sich damals nach Krems an der Donau retten. In der Folgezeit stand die Abtei als Ruine, erst im 17. Jahrhundert wurde sie in barockem Stil wiederaufgebaut. Unter ihrem 44. Abt Gottfried Bylanský aus Prachatitz blühte das Kloster noch einmal auf.

Grabmal Přemysl Ottokars II.

Das Presbyterium und der Hochaltar nehmen ein Drittel der Kirche ein. Beidseitig illustrieren Fresken die Gründung Goldenkrons. Das Deckengemälde zeigt eine Himmelfahrtsdarstellung. Beeindruckend ist das Grabmal des Böhmenkönigs und Gründers. Es wurde 1773 vom Barockkünstler Jakob Eberle unter Mithilfe von Thomas Feiler gefertigt. Das steinerne Grabmal stellt einen mit einem Schlachtengemälde verzierten Sarg mit geöffnetem Deckel dar, ein Zeichen dafür, dass der Tote nicht hier begraben liegt. Ein Engel versucht, die Grabinschrift Přemysl Ottokar II. zu vollenden, während der Götterbote Merkur, der auch Patron der Diebe ist, mit einer erbeuteten Krone davoneilt. Eine Anspielung auf den kurzen Ruhm des Böhmenkönigs, der nach dem Sieg über die Ungarn in den österreichischen Ländern die Nachfolge der Babenberger antreten konnte. Doch 1273 unterlag er bei der deutschen Königswahl seinem Widersacher Rudolf von Habsburg, nachdem er zuvor die Steiermark, Kärnten und Krain dazugewinnen konnte

Die zweite Sarg-Skulptur im Presbyterium gilt Bawor von Baworow, einem weiteren

Písek · České Budějovice · Zvíkov · Orlík · Zlatá Koruna

Lange Jahre als Industriehalle genutzt: Kloster Goldenkron

Gönner Goldenkrons. Bawor gründete außerdem den Johanniterorden in Strakonice. Sein Grabmal ist umgeben von christlichen Allegorien, und zum Zeichen, dass hier Messdienst und Armenfürsorge geleistet wurden, tragen die beiden Figuren Almosenbüchse und Lämpchen.

Der Künstler Jakob Eberle (1720–1770), der die beiden Grabmale schuf, war einer der bedeutendsten böhmischen Barockbildhauer. Er stammte aus dem Egerland und lebte jahrelang in München und Rom, weshalb man ihn „Il Romano" nannte. In der Barockzeit war Südböhmen weniger von Prag als vielmehr durch die südwestliche Nachbarschaft beeinflusst. Karl Philippot schuf das Hochaltarbild „Mariae Himmelfahrt", das von spätbarocken Figuren der Ordensheiligen Benedikt und Bernhard, der Kirchenväter Augustinus und Ambrosius und der Päpste Silvester und Gregorius, umrahmt wird. Sie sind alle Werke Jakob Eberles.

Im Oktober 1785 wurde Fürst Johann von Schwarzenberg amtlich verständigt, dass Goldenkron durch kaiserlichen Erlass aufgelassen würde. Kaiser Josef II. verfügte, Bibliothek, Kanzleien und Sakristei zu versiegeln und schickte den Großteil der Mönche in die Pfarreien der neugegründeten Diözese Budweis.

An der Wende zum 19. Jahrhundert wurden in den Klostergebäuden die ersten Fabriken der Region einquartiert: zuerst eine Leinwandbleiche und Tuchfabrik, später eine Eisengießerei. 1909 wurde diese Industrie in Goldenkron aufgelassen. Der Konvent diente bis zur Wende als Bücherdepot für jene religiöse Literatur, die 1948 von den Kommunisten beschlagnahmt worden war.

FALCKHENSTAIN.

Ranäridl.

Aichberg.

ZAWISCH VON FALKENSTEIN
Machthunger und dramatisches Ende

So nahe Wok I. von Rosenberg als sein Marschall König Přemysl Ottokar II. stand – er begleitete ihn in die Schlacht gegen die Ungarn bei Kressenbrunn und bereitete das Feld in *Austria Superior* sowie in der neu dazugewonnenen Steiermark –, so sehr kühlte das Verhältnis zwischen der Familie der Witigonen und Přemysl Ottokar II. nach Woks Tod 1262 ab.

Ottokar hatte 1263 mit der Gründung des Zisterzienserstiftes Goldenkron vor allem die Interessen der Krumauer Witigonen durchkreuzt. Durch die Gründung von Budweis zwei Jahre später verlieh er seinen Absichten aber noch stärkeren Nachdruck. Zwar hielt er auch in dieser Zeit ein Mitglied der verzweigten Familie, Ulrich von Hradec – aus dem Zweig derer von Neuhaus –, als Vizekanzler und Finanzminister an seiner Seite, aber der Ausbau königlicher Burgen und Städte wurde bald als das erkannt, was es war: der Versuch, den Ausbau geschlossener adeliger Territorialherrschaften zu verhindern. Ab diesem Zeitpunkt stimmten die Interessen von Adel und König nicht mehr überein. Bald gehörten die Witigonen zu jenen Familien, die mit der Königswahl des Habsburgers Rudolf die Seiten wechselten und gegen Ottokar opponierten. Dabei spielte Zawisch, der aus der Linie der Krumauer Witigonen stammte, eine wichtige Rolle: Seine Mutter Perchta war eine geborene Falkenstein, sein Vater war Budiwoj von Krumau, und sein Onkel Kalhoch von Falkenstein, der Stifter des Prämonstratenserklosters Schlägl. Falkenstein im Mühlviertel steht heute noch als Burgruine auf einem Felsplateau über dem Rannatal. Das gotische Haupttor und die Einlasspforte sind erhalten, die Hochburg verfallen. Durch die Heirat Perchtas, der letzten Falkenstein, mit Budiwoj von Krumau kam die Burg an die Witigonen.

Als Přemysl Ottokar II. 1278 starb, war dessen Sohn und Erbe Wenzel II. erst sieben Jahre alt. Das Machtvakuum, das sich auftat, ließ befürchten, dass auch Přemyslidisches Stammland aufgeteilt werden könnte. Die Witigonen nutzten die Situation: Sie zerstörten die königliche Stiftung Goldenkron und belagerten die Stadt Budweis. Währenddessen besetzte Markgraf Otto von Brandenburg, ein Neffe König Přemysl Ottokars II., im Einvernehmen mit Ottokars Witwe Kunigunde zunächst Prag. König Rudolf von Habsburg suchte nun den Vergleich und gestand Otto zu, als Vormund Wenzels fünf Jahre lang Böhmen zu regieren. Die Zukunft sollte durch zwei Kinderhochzeiten zwischen Přemysliden und Habsburgern gefestigt werden: durch die Hochzeit von Přemysl Ottokars Sohn Wenzel und dessen Schwester mit Guta und Rudolf dem Jüngeren, den Kindern Rudolfs von Habsburg. Beruhigung kehrte dadurch aber nicht ein, denn Otto plünderte das Land, und der Adel suchte die Vormundschaftsregierung zu untergraben. Eine Hungersnot verschärfte zusätzlich die Situation. Doch Otto von Brandenburg hielt als Vormund den jungen Wenzel in Geiselhaft. Und da heiratete die Königswitwe Kunigunde in Troppau heim-

Sitz der Familie, aus der Zawisch stammte: Falkenstein an der Ranna in Oberösterreich (Stich von Matthias Vischer)

lich Zawisch von Falkenstein, das Oberhaupt der Krumauer Witigonen.

Im zunehmend anarchischen Umfeld beauftragten Vertreter des Adels den Prager Bischof, die Regierungsgeschäfte zu übernehmen mit dem Ziel, Otto von Brandenburg abzusetzen. Dieser verlangte 20.000 Mark Silber Lösegeld für die Freilassung seines Mündels Wenzel und gab diesen erst 1283 frei. Der böhmische Adel hatte sich zwar zur Rückgabe der königlichen Güter verpflichtet, aber Wenzel II., ab 1285 schon als König von Böhmen angesprochen, hatte nicht die Autorität, die Missstände zu beenden. Denn Böhmen wurde de facto von Zawisch regiert, der seine Verwandten in Hofämter schleuste und dadurch auch König Rudolf von Habsburg verärgerte. Inzwischen war Rudolfs Tochter Guta mit Wenzel II. verheiratet, und Rudolf bezog Stellung gegen den Machtgewinn Zawischs von Falkenstein.

Ein hartes Schicksal: König Wenzel II., Detail aus der Manessischen Handschrift

1285 starb Zawischs Frau Kunigunde, die Mutter des jungen Böhmenkönigs und Witwe Přemysl Ottokars II. Da nahm Zawisch die Schwester des Ungarnkönigs zur Frau. Durch diese Verbindung dürfte das Zawischkreuz, eines der kostbarsten Reliquiare des Mittelalters, in den Besitz der Witigonen gelangt sein. Es wird heute wieder im Stift Hohenfurth aufbewahrt. Doch damit war Zawisch von Falkenstein noch nicht zufrieden, denn er plante, die Nachfolge des Böhmenkönigs Přemysl Ottokar II. anzutreten und sich wieder in den österreichischen Ländern festzusetzen.

Die habsburgische Partei wiederum, gestärkt durch Guta, die seit 1287 als Königin an der Seite Wenzels in Prag residierte, verlangte von Zawisch nun energisch die Herausgabe der königlichen Güter. Er verweigerte und wurde gefangengesetzt. Seine Verwandten aus den Reihen der Witigonen rüsteten zum Aufstand. Als sie ein Ultimatum König Rudolfs zur Kapitulation ihrer Burgen verstreichen hatten lassen, wurde Zawisch von Falkenstein am 24. August 1290 vor der Festung Hluboká enthauptet. Der Kopf wurde im Kapitelsaal des Zisterzienserklosters Hohenfurth eingemauert.

König Wenzel II. übergab einen Teil des Grundbesitzes der Witigonen an die Zisterziensergründung in Zbraslav/Königsaal an der Moldau, nahe Prag, einen großen Teil aber an den Markgrafen von Meißen, um das Nachfolgerecht im Norden zu erhalten. Dieser Kurs Richtung Norden wurde von seinem Schwiegervater Rudolf von Habsburg nach Kräften unterstützt, weil sich dieser davon erwartete, dass sich Habsburger und Přemysliden nicht mehr ins Gehege kommen würden, wie dies anlässlich der babenbergischen Nachfolge der Fall war.

Rudolf von Habsburg übergab Wenzel II. noch das Fürstentum Breslau und Schlesien. Er war im Norden umso großzügiger, als er dadurch den Verlobungsvertrag zwischen seiner Tochter und dem böhmischen Thronfolger abgelten wollte. Der, obwohl nie eingelöst, hätte besagt, dass die österreichischen Gebiete nördlich der Donau dem Königreich Böhmen angeschlossen würden. Mehr noch: Rudolf von Habsburg gab 1289 Wenzel II. und dessen Nachfolgern wieder das Amt des Reichserzschenken und die seinem Vater Přemysl Ottokar entzogene Stimme als Kurfürst bei der Wahl des deutschen Königs.

König Wenzel II. starb 1305, erst 35 Jahre alt. In der Förderung der Klöster folgte er seinem Vater Přemysl Ottokar II. Gegenüber habsburgischer Politik, aber auch gegenüber dem böhmischen Adel stellte er eigene Ansprüche zurück.

So unterließ er auch die Gründung einer Universität in Prag aus Sorge, der Adel könnte ihm dadurch wachsende Präsenz von Ausländern ankreiden. Sein Sohn Wenzel III., der nur ein Jahr nach dem Tod des Vaters 1306 selbst in Olmütz nach einem Mordanschlag starb, war der letzte männliche Přemyslide.

Stift Schlägl

Die Gründung des Stiftes Schlägl ist nicht nur beispielhaft für die Entwicklung der Region an Mühl und Moldau im Hochmittelalter, sondern kann zugleich auch den Wettbewerb und das Machtstreben der weltlichen und geistlichen Herrschaften veranschaulichen. Denn ab dem 11. Jahrhundert führte ein stetiges Bevölkerungswachstum zu einer planvollen Erschließung und Rodung bislang ungenutzter Waldflächen, insbesondere auch der Gebiete nördlich der Donau zwischen Ilz und Haselgraben. So wurde die Besiedlung des Böhmerwalds einerseits von jenen Familien vorangetrieben, die mit dem Augustiner Chorherrenstift St. Florian verbunden waren und nördlich der Donau Burgen und Pfarrorte gründeten, andererseits engagierten sich Passau und seine Ministerialen im Wettlauf um die Erschließung der Region.

Vor allem die Passauer Bischöfe erkannten die Gelegenheit, sich als Reichsfürsten hier ein geschlossenes eigenes Territorium aufzubauen, ihren weltlichen Herrschaftsbereich, das Hochstift Passau, zu erweitern und sich damit vom Herzogtum Bayern zu lösen. 1161 konnten sie den Klosterbesitz der Abtei Niedernburg übernehmen und damit Rechtsanspruch auf das gesamte heutige obere Mühlviertel anmelden.

Die Zeichen der Zeit standen günstig für Passau, denn zu Beginn des 13. Jahrhunderts starben in der Region einige Adelsfamilien aus, etwa die Griesbacher oder die Schönering-Blankenburg. Die Passauer Bischöfe festigten ihren Anspruch auf das Land westlich der Großen Mühl durch die gezielte Errichtung von Märkten wie Rohrbach, Putzleinsdorf oder Neufelden. Doch waren sie mit dieser Absicht nicht allein. Auch die Witigonen hatten Interesse am Landesausbau und am Erwerb von Grund-

Eng mit der Geschichte der Witigonen verbunden: Stift Schlägl im Mühlviertel (unten); nächste Doppelseite: Der Böhmerwald rund um Aigen-Schlägl

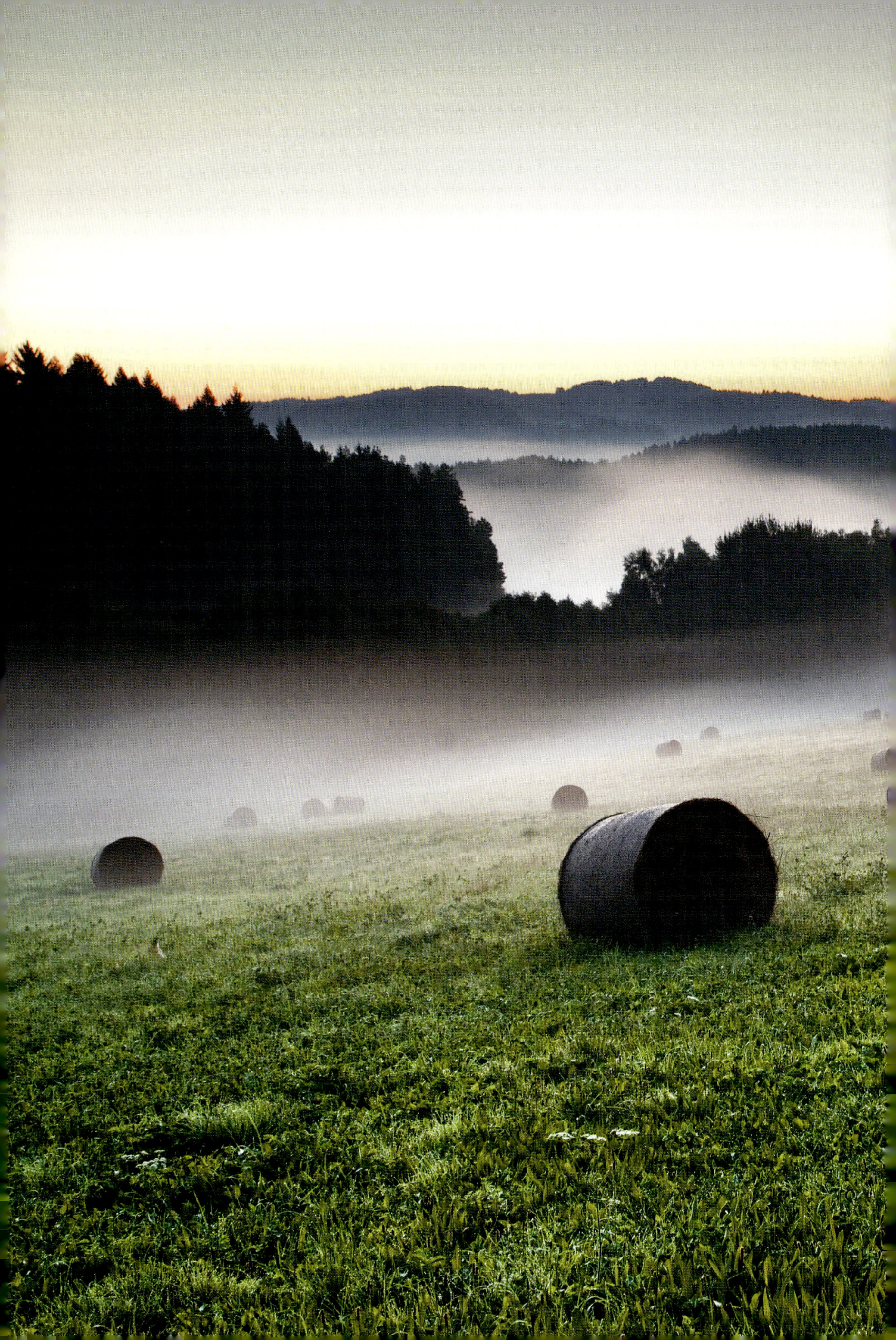

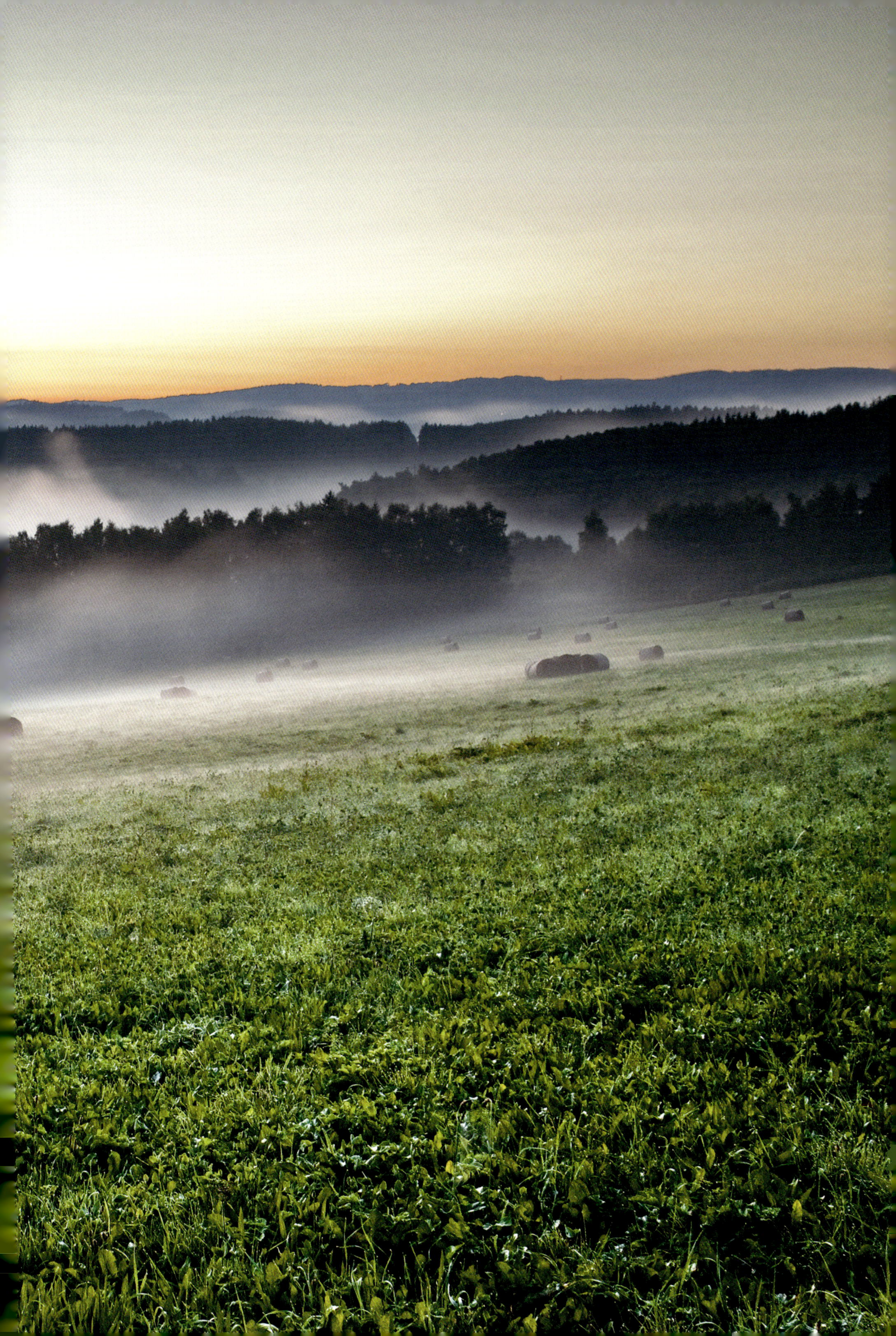

Der Bibliothek in Admont nachempfunden: Stiftsbibliothek Schlägl mit wertvollen Codices

herrschaften in diesem Gebiet, und es war kein Zufall, dass die böhmische Adelsfamilie ihrerseits unweit von Rohrbach den Markt Haslach gründete. Rivalen wurden die Witigonen für den Passauer Bischof aber erst, als sie um 1220 die Herrschaft Falkenstein mitten in der Grafschaft des Passauer Bischofs in ihren Besitz nahmen und damit sein gerade eben erst neu aufgebautes Fürstentum gefährdeten.

Diese Bedrängnis verstärkte sich noch, als Wok von Rosenberg, nachdem der Böhmenkönig Přemysl Ottokar II. die Herrschaft über das Herzogtum Österreich 1251 übernommen hatte, zum Landrichter ob der Enns ernannt wurde. Die Konkurrenz zwischen dem Bistum Passau und den Witigonen entspannte sich 1257, als Passau durch den Herzog von Bayern bedroht wurde und mit Böhmen ein Bündnis schloss, dem auch Wok von Rosenberg angehörte. Unterschwellig blieben Passau und die Rosenberger aber im 13. Jahrhundert im oberen Mühlviertel Konkurrenten. Und damit in Zusammenhang stand nun die Gründung des Stiftes Schlägl. Kalhoch von Falkenstein (†1238) stand als Ritter in Diensten Passaus – sein Grabstein findet sich an der rechten Seite des Choraufgangs in der Stiftskirche von Schlägl. Er war als Unternehmer vor Ort verantwortlich für jene erste Klostergründung von 1204, mit der er ein Zisterzienserkloster mitten in den Böhmerwald setzte. Der Name „Slage" geht, wie später auch „Schlägl", auf Rodung, „Einschlag", also auf das Fällen der Bäume zurück. Dieses erste kleine Kloster existierte aber nur wenige Jahre, die Mönche zogen sich wieder nach Franken ins Mutterkloster zurück, nachdem der Abt und ein Mitbruder Hunger und Kälte nicht überlebt hatten. Mit Urkunde vom 20. Juni 1218 verzichteten Abt und Konvent von Langheim auf ihre Besitzansprüche in Schlägl.

Dass im zweiten Anlauf dann die Prämonstratenser aus dem böhmischen Milevsko/Mühlhausen den Ort in Besitz nahmen und ein bleibendes Kloster errichteten, führen Historiker auf den Einfluss der Rosenberger zurück, denn der Passauer Bischof hätte niemals einer Wiederbesiedlung durch Prämonstratenser aus Böhmen zugestimmt. Die Witigonen nutzten vermutlich die Abwesenheit und den späteren Tod des Passauer Bischofs am 5. Kreuzzug, um ihrerseits den Platz um 1250 neu zu besiedeln. Dazu begleiteten und spiegelten Urkundenfälschungen die angespannte Situation: Das Bistum Passau legte ein Schriftstück vor, demzufolge der Sohn Kalhochs die Gründung erneuert haben soll und damit ihr Recht auf den Besitz aufrecht geblieben wäre. Die Rosenberger beziehungsweise die Abtei Mühlhausen datierten daraufhin ebenfalls gefälschte Urkunden noch früher als ihre Passauer Gegner, argumentierten damit, es handle sich um eine vollständige Neugründung, und behielten letztlich die Oberhand. Zu diesem Thema soll hier der Mediävist Horst Fuhrmann zu Wort kommen, der befindet, dass „in keinem Zeitalter der europäischen Geschichte Fälschungen eine größere Rolle gespielt haben dürften als im Mittelalter". Auch von den Urkunden Karls des Großen war mehr als ein Drittel gefälscht. Das mochte daran liegen, dass das objektive Recht als eine Summe subjektiver Berechtigungen verstanden wurde, und im Zweifelsfall sah man ein Gottesurteil als Garant der Gerechtigkeit an und nicht ein vom Menschen geschaffenes Gesetz. Oft legten Fälscherwerkstätten, kaum war ein Papst gewählt, auch schon dessen Siegel auf Lager.

Letzten Endes widmeten sich fast ausschließlich die Witigonen/Rosenberger dem jungen Kloster Schlägl und unterstützten es durch Stiftungen. So erhielt das Kloster 1258 die Pfarre Světlik/Kirchschlag und 1305 die Pfarre Frymburk/Friedberg durch Heinrich von Rosenberg. Aus dieser Zeit stammt die sogenannte romanische Krypta: Sie war tatsächlich der erste Kapitelsaal und die Vorläuferin der Kirche beziehungsweise deren spätere Sakristei. Sie dürfte böhmische Steinmetzarbeit sein, in romanischem Stil begonnen, mit gotischen Spitzbogen abgeschlossen, quadratisch angelegt und durch einen achteckigen Pfeiler gestützt, der ein romanisches Knospenkapitell mit einem nach Nordwesten ausgerichteten bärtigen Gesicht zeigt. Die 1261 bezeugte „Kirchweih" dürfte sich auf diesen ältesten Teil des Klosters bezogen haben. Mit der Eroberung der Burg Falkenstein durch Herzog Albrecht I. von Habsburg 1289, im Zuge der Entmachtung des Zawisch von Falkenstein und der Übernahme der Landesherrschaft durch die Habsburger nach der Ära Přemysl Ottokars II. verloren auch die Rosenberger an Einfluss im Mühlviertel. Allerdings blieb die Herrschaft Haslach noch einige Jahrhunderte in ihrem Besitz.

Als „zweiten Gründer" ihres Klosters feierten die Mönche Propst Ulrich I., in dessen Zeit die Stiftung Heinrichs von Rosenberg fiel, der aber auch zu Passau ein gedeihliches Verhältnis herstellte und vom Hochstift Passau ebenfalls Grundbesitz erhielt. Damals begann das Kloster, planmäßig Siedlungen anzulegen, Ulrichsberg verweist noch heute auf den initiativen Propst. Die bedeutendste Schenkung ging aber im Jahr 1264 an das Kloster: Budiwoj von

Das Mittelalter als Zeitalter der Fälschungen

Krumau und seine Frau Perchta übereigneten das Gebiet von Schindlau bis zum Klafferbach in einer Größe von mehr als 25 Quadratkilometern dem Kloster. Es war das Erbgut von Perchta von Krumau und ehemaliger Falkensteinischer Besitz, jedenfalls wurde es das Kerngebiet der künftigen Grundherrschaft des Stiftes Schlägl. Während der Hussitenkriege, als nach der Verbrennung des Jan Hus auf dem Scheiterhaufen 1415 hussitische Truppen im Land ob der Enns eindrangen, blieb Stift Schlägl, offenbar rechtzeitig befestigt, erhalten, während Goldenkron an der Moldau, aber auch Haslach, Rohrbach und Ulrichsberg niedergebrannt wurden. Teile des Klosterschatzes von Goldenkron waren nach Schlägl evakuiert worden.

Doch auch die vom Stift und seinen Vorstehern erworbenen Sammlungen waren und sind einmalige Schätze, auf die das Kloster bis heute seinen Ruf begründen kann. Die Bibliothek, die in ihrer Einrichtung der Admonter Stiftsbibliothek nachempfunden ist, beherbergt 49 Codices, die besonders wegen ihrer Miniaturen aus der italienischen und französischen Renaissance kostbar sind. Sie wurden im 15. Jahrhundert von Propst Andreas Rieder (1444–1481), der den gotischen Bau von Stiftskirche und Kloster verantwortete, aus dem Bestand der Privatbibliothek des böhmischen Humanisten Johannes von Rabenstein kaufte, der als Propst von Vyšehrad aus Prag fliehen musste. Rieder bezahlte den Kaufpreis von 600 Gulden für den Bücherschatz in Raten. Dieser Bestand an mittelalterlichen Handschriften, teils auf Pergament, ist heute der wertvollste Teil der Schlägler Handschriftensammlung. Doch sie sind nicht die einzigen Kunstwerke aus Böhmen. Das älteste Tafelbild des Klosters, die Ährenkleid-Madonna, um 1420 entstanden, wurde nach dem Vorbild aus Budweis gestaltet und ist eine der ältesten Figuren dieser Art. Und auch die älteste Madonnenstatue, die sich im Kloster befindet (eine romanische Marienfigur aus Schlägl befindet sich im Linzer Schlossmuseum), um 1480 entstanden, ist eine Nachbildung des Gnadenbildes von Kájov/Maria Gojau. 1451 wurde in Krumau eine Gebetsverbrüderung mit Johannes Capistranus vereinbart, ein Jahr später erfolgte eine solche mit dem Konvent des Klosters Goldenkron, 1466 mit dem Kloster Hohenfurth, 1476 mit dem Stift Wittingau und 1498 mit dem Stift Klosterneuburg. Bereits 1465 nahm Kaiser Friedrich III. das Stift Schlägl sowie die Pfarrkirche Rohrbach unter seinen besonderen Schutz.

1544 bestätigte das Mutterkloster Milevsko/ Mühlhausen die Wahl des Schlägler Propstes, dann ging Mühlhausen in den unruhigen Zeiten der Reformation unter, die Rechtsnachfolge für Mühlhausen übernahm Stift Strahov in Prag. Ab 1555 predigte Propst Andreas Schueschiz die Lehre Martin Luthers, er wurde der „beweibte Propst" genannt, weil er vom Trientiner Konzil die Erlaubnis der Priesterehe durch den Papst erwartete. Er wurde 1567 abgesetzt und kam später als Pfarrer nach Raabs. In den Wirren der Bauernunruhen stand das Kloster leer und es drohte der totale Niedergang. Doch 1609 setzte der Abt von Strahov Crispin Fuck als Propst in Schlägl ein, dem ein Neubeginn gelang. Er renovierte das Kloster nach Prager Vorbild im Renaissancestil, der steinerne Torbogen mit der Inschrift „C (rispin) 1618" erinnert daran. Als Initialzündung wertet der Stiftshistoriker P. Isfried Pichler aber vor allem, dass es Fuck im Jahr 1614 gelang, den späteren Abt Martin Greysing nach Schlägl zu holen und sechs Novizen auf einmal einzukleiden. Er holte auch seinen unmittelbaren Nachfolger aus dem westböhmischen Stift Tepl. Diese Epoche fasst P. Isfried als eine „Symbiose Schlägl–Böhmen" zusammen, die sich „für Schlägl lebensrettend gestaltet" habe. Abt Greysing, gebürtiger Vorarlberger und

Die Krumauer Witigonen begründen Stift Schlägls Besitz

im Jesuitengymnasium in Krumau ausgebildet, prägte das heute noch gültige Barockbild des Klosters bis 1665. Gerade als Absolvent ihrer Schule pflegte er die Verbindung zu den Jesuiten in Krumau und einen österreichischen Barock-Katholizismus, der allerdings nicht die architektonische Entfaltung erhielt wie in anderen Klöstern südlich der Donau. Greysings Wahl war noch vom Bauernkrieg überschattet, der das Stift mehrmals in Mitleidenschaft gezogen hatte. In seiner Zeit wurde Schlägl aber zur Abtei erhoben und als „Musterkloster" bewertet. Der Aufschwung, den die Umsicht des Abtes mit sich führte, hielt sogar noch unter seinem Nachfolger an und ist an der von diesem errichteten Pfarrkirche von Rohrbach aus 1697 durch Carlo Antonio Carlone erkennen. Das Stift selbst wurde im Lauf seiner Geschichte nicht nur während der Hussiten- und Bauernkriege wiederholt zerstört, sondern insgesamt sieben Mal von Bränden heimgesucht. Die Anlage birgt daher die Resultate zahlreicher architektonischer Stilrichtungen, die auf Wiederaufbau und Erweiterung beruhen.

Die Handschrift der Rosenberger ist allerdings bis heute sichtbar geblieben: So stammt das Stiftsportal von Hanns Getzinger aus der berühmten Haslacher Steinmetzmeisterfamilie, die von der Familie Rosenberg zu dieser Zeit bevorzugt beschäftigt wurden.

Im Stiftshof links über der Barockstiege liegt der Eingang in die Kirche mit dem Stiftswappen im Giebel, der Rosenberger Rose und Abt Greysings „Mann mit der Sonne", das auch am Gittertor der Friedenskapelle St. Wolfgang am Stein, einer Schlägler Gründung, zu sehen ist.

St. Wolfgang am Stein: Gittertor der Friedenskapelle (1652) mit Wappen von Martin Greysing, Abt des Stifts Schlägl

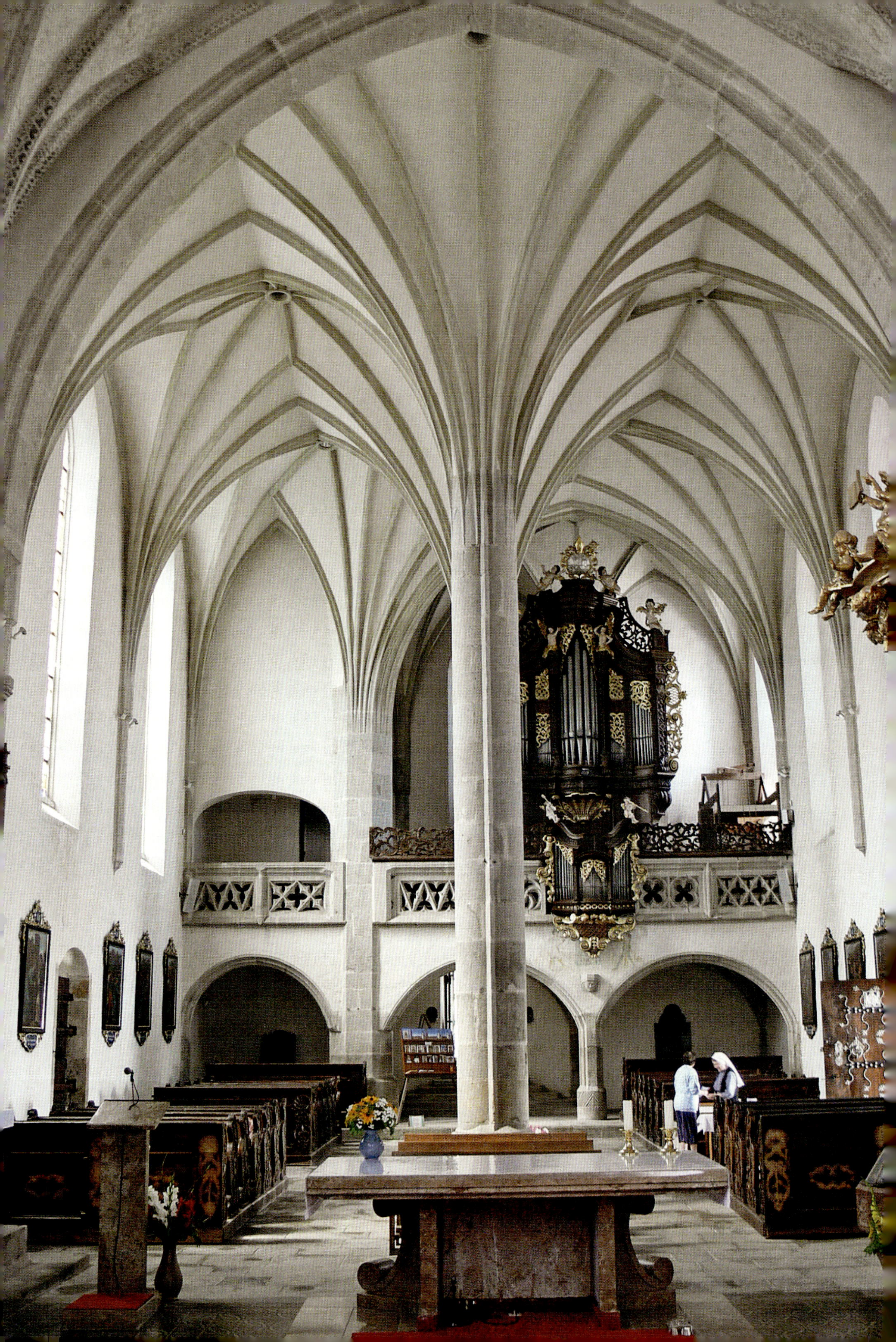

DIE GOTIK
Kulturraum ohne Grenzen

Die romanische Kunst, die im ältesten Kirchenbau der Region, der Wehrkirche Boletice in der Nähe von Krumau, auf einem ehemaligen Truppenübungsplatz überdauert hat, wurde mit dem Ausbau der königlichen Burgen durch die Gotik abgelöst. Diese ursprünglich französische Kunst- und Stilrichtung kam über Burgund und Deutschland vor allem über Vermittlung des Prager Königshofs auch nach Österreich. Hochspezialisierte Steinmetze waren am Werk, die nach komplexen Schablonen Maßwerk, Gewölberippen und Säulenkapitelle zu schlagen imstande waren. Eine Hütte arbeitete über Jahre, wenn nicht Jahrzehnte an einer Baustelle. Die Steinmetze waren gesucht und wanderten durch ganz Europa. Der Einfluss der Familie Parler beispielsweise ist nachweisbar in Basel, Augsburg, Nürnberg, Passau, Prag, Krumau und Wien. Und so hatte der Passauer Dom vor seiner Barockisierung dieselbe Gewölbeform wie die Veitskirche in Krumau oder die Martinskirche in Landshut.

In Písek arbeitete dieselbe Bauhütte wie auf Burg Zvíkov/Klingenberg, wo der fünfeckige Innenhof mit Arkaden im Stil eines klösterlichen Kreuzgangs umgeben ist. Die Gotik Südböhmens ist vorwiegend eine zisterziensische Gotik und sie wurde zunächst vor allem von den klösterlichen Bauhütten ins Land getragen. Hier ist der Bau der Stiftskirche von Vyšší Brod/Hohenfurth zu nennen, der mehrere Generationen beschäftigte, und auch in Zlatá Koruna/Goldenkron wurde die Schutzengelkapelle frühgotisch, in der Mitte des 14. Jahrhunderts die Konventkirche schließlich schon in reifer Gotik gebaut. Die Kirche in Goldenkron hätte ursprünglich sogar außen durch ein System von Strebepfeilern wie die französischen Kathedralen gestützt werden sollen, die Unterbauten und die Tragsteine am Gesims sind vorhanden, es blieb aber beim vorausweisenden architektonischen Versuch.

Hohenfurth mit Sakristei und Kapitelsaal, Goldenkron, in Jindřichův Hradec/Neuhaus die Burgkapelle und die Kirche Johannes des Täufers sowie das in ebenfalls langer Bauzeit errichtete Dominikanerkloster in Budweis (1265–1300) sind die älteren und wichtigen Zeugen der Gotik im südböhmischen Raum.

Im 14. Jahrhundert nutzte Peter I. von Rosenberg (†1347) als höchster böhmischer Kammerherr die schwierige Zeit König Johanns von Luxemburg in Prag, um sein Herrschaftsgebiet bis in die Region von Pilsen auszudehnen. In der zweiten Hälfte des 14. Jahrhunderts garantierten hohe Hofämter viele Aufenthalte in Prag und damit für die Rosenberger auch die Möglichkeit, den Bau des Veitsdoms durch Kaiser Karl IV. zu erleben, in dem die „französische klassische Gotik künstlerisch zu Ende gedacht" war, wie der Kunsthistoriker Matous Denkstein in seinem Werk „Südböhmische Gotik" anmerkt. 1359 war Michael Parler, der ältere Bruder Peter Parlers, des Vollenders des Prager Veitsdoms, im Kloster Goldenkron beschäftigt. Zu dieser Zeit steht die künst-

Die Dombauschulen zwischen Basel und Wien

Maria-Himmelfahrtskirche in Kájov/Gojau: Typisch gotisches Langhaus

Die Gotik

lerische Arbeit in Wien durch Verwandtschaftsbeziehungen – Rudolf IV. ist der Schwiegersohn Kaiser Karls IV. – stark unter Prager Einfluss.

Der neue zweischiffige Kirchenraum, wie er im 14. Jahrhundert in den Kirchen von Bavorov (bei Helfenburk), Miličín und Goldenkron und im 15. Jahrhundert in Kajov/Gojau, Kaplice/Kaplitz, Malonty/Meinetschlag, Velešín/Weleschin und Rychnov/Reichenau auftaucht, wurde in Třeboň/Wittingau und in der Minoritenkirche von Neuhaus vorbereitet und korrespondiert mit der Familienkapelle der mit den Rosenbergern verschwägerten Wallseer in Enns. Ende 1380 wurde nach 20-jähriger Bauzeit die Klosterkirche von Třeboň fertig und damit die älteste zweischiffige Kirche Südböhmens. Das Kloster besiedelten Augustiner Chorherren.

Noch vor der Hussitenzeit zu Beginn des 15. Jahrhunderts wechselte in der Dekanatskirche von St. Veit in Krumau das Rippengewölbe ins Netzrippengewölbe, das schon mit den spätgotischen Kirchengewölben im oberösterreichischen Raum korrespondiert. Und während Ende des 15. Jahrhunderts Benedikt Ried den Bau des Wladiskawsaals auf der Prager Burg begann, suchte der Führer der katholischen Partei Peter IV. von Rosenberg seit 1493 auf seiner Herrschaft im Süden des Landes die Gegenreformation durch eine Vielzahl von Kirchenneubauten zu unterstützen. Auch im bayerischen und österreichischen Raum herrschte Baukonjunktur, die Bauleute arbeiteten hier wie dort, Gojau wurde noch vor der Gründung der einflussreichen rosenbergischen Bauhütte (1497) gebaut.

Roman Lavicka vom Denkmalamt in Budweis sieht folgende verwandte Gruppen von Kirchen diesseits und jenseits der Grenze: „Vom Meister der dreischiffigen Kirche von Dolní Dvořiště/Unterhaid (1488–1507) könnten auch Prachatitz, Rosenberg und die Kirche im Steinbruch (1509–1514) bei Neufelden im Mühlviertel stammen. Unterhaid war schon für Zeitgenossen wie Aenea Silvio Piccolomini, den späteren Papst Pius II., ein Musterbeispiel spätgotischer Architektur, wie er in seinen Reiseberichten schreibt."

Der Steinmetzmeister Hanns Getzinger aus Haslach hat als Chef der rosenbergischen Bauhütte unter anderem das Schlingrippengewölbe in Chvalšiny/Kalsching (1507–1514), Rosenberg (1525), Zátoň/Ottau und Tomáš/St. Thomas bei Wittinghausen geschaffen; ebenso kommen das Gewölbe der Spulirkapelle in Neuhaus und das der Stadtpfarrkirche Freistadt aus einer Hand. Die Handschrift Hanns Getzingers und seines bayerischen Nachfolgers Ulrich Pesnitzer findet sich in Oberösterreich – wie beispielsweise in Haslach genauso wie auf der Burg in Krumau. Auch St. Jakob in Prachatitz gehört zu jenen Kirchen, deren Renovierung ab 1490 bayerischen Einfluss erkennen lässt. In Prachatitz hätte ebenso eine Empore für die Singbruderschaft errichtet werden sollen, wie sie Getzinger in der Krumauer Veitskirche gebaut hat, die wieder eng verwandt mit der Empore in der Burgkapelle von Burghausen ist. Derartige Emporen spielten beim utraquistischen Gottesdienst in der reformierten Kirche nach 1500 eine wesentliche Rolle.

Zwischen den Bauhütten Prags und Südböhmens bestanden Verbindungen, und so finden sich dieselben Steinmetzzeichen am Dechanteigebäude in Krumau und am Ludwigstrakt am Hradschin. Etwa 1.300 Steinmetzzeichen von 400 Steinmetzen konnten, so Roman Lavicka, identifiziert werden. Nur wenige ließen sich bisher Persönlichkeiten wie Michael Rubik oder Hanns Getzinger zuordnen. Aber die Anzahl und die Fluktuation der Handwerker in einer Bauhütte sowie ihre personellen Verbindungen lassen sich aus den Steinmetzzeichen ablesen, die zunächst einfach der Qualitätskontrolle und der Verrech-

Peter IV. von Rosenberg unterstützt die Gegenreformation durch eine Vielzahl an Kichenbauten

nung dienten und erst viel später als Signatur verstanden wurden.
Namentlich kennen wir auch Wendel Roßkopf, der sowohl als Mitarbeiter Benedikt Rieds als auch in der rosenbergischen Bauhütte bezeugt ist. Sein bedeutendstes Werk ist die Rathaushalle in Tabor (1515). Aufgrund des dekorativen Pflanzenschmucks vermutet man, dass Roßkopf auch den Burgsaal auf Schloss Bechyně gestaltete, der sich über einer als Baumstamm gearbeiteten Mittelsäule wölbt und unverkennbar mit dem wladislawischen Oratorium im Prager Veitsdom verwandt ist.

Im Gebiet von Bechyně und Tabor begegnen einander die Einflüsse aus Nord und Süd: Hier tritt auch das Zellen- oder Diamantgewölbe in den Kirchen von Bechyně, Blatna, Sobieslav und Tabor auf, das aus Sachsen importiert wurde.

Kájov/Gojau

Kajov war ursprünglich ein Königsgut, ab 1263 gehörte es zum Kloster Goldenkron. Aus einem Platz alter Volksfrömmigkeit – im Wald nahe der Kirche wurde eine im Granit sichtbare Vertiefung als Fußabdruck des heiligen Wolfgang verehrt – entstand bald die bedeutendste offizielle Wallfahrtsstätte des rosenbergischen Dominiums. Nicht ohne Zutun des Pfarrers Michael Pils, der die Waldpilgerschaft verbot, 1461 einen Marienaltar weihte und alles daran setzte, die Pilgerschaft auf die Kirche zu lenken. Was ihm auch gelang. Michael Pils, der sich selbst am Apostelaltar darstellen ließ, ist nicht nur der Gründer der Wallfahrt, er begann auch 1471 mit dem Bau einer zweischiffigen spätgotischen Kirche. Im Dachstuhl dieser Kirche ist heute immer noch

Kapelle Mariae Entschlafung: Altarrelief (1490) mit Darstellung der Jungfrau Maria im Kreise der Apostel

St. Anna in Steinbruch: Gebet an die heilige Anna mit den Wappen der Stifter der Kirche

ein mittelalterliches Transportgerüst, ein sogenannter „Rumpal", zu sehen.

In der Zeit der Gegenreformation gewann die Marienwallfahrt besondere Popularität. Auch der kaiserliche Statthalter Martinitz unternahm, nachdem er 1618 den Prager Fenstersturz heil überstanden hatte, mit seiner Gattin eine Wallfahrt nach Maria Gojau.

Die „Entschlafungskapelle" dürfte die erste und älteste Gnadenkirche Südböhmens sein. Bedeutend ist die spätgotische Reliefschnitzerei „Tod Mariens". Diese Arbeit wurde später in einen barocken Altar eingefügt, der auch den Heiligen Wolfgang und Leonhard geweiht ist.

Die Kirche in Gojau ist eine zweischiffige Hallenkirche. Der westliche Eingang trägt im Tympanon oberhalb der Tür ein Schutzmantelmadonnenfresko, der Beschlag des Türschlosses zeigt eine Maria Verkündigungsszene. Im Inneren der Kirche findet sich an der Nordwand des Presbyteriums das Fresko „Maria mit Glorienschein" aus der zweiten Hälfte des 15. Jahrhunderts. Die spätgotische Chorbrüstung und der Taufstein zählen ebenfalls zur ursprünglichen Kircheneinrichtung.

St. Anna in Steinbruch bei Neufelden

Die gotische Kirche St. Anna in Steinbruch, die ab 1509 errichtet wurde, war nicht der erste Sakralbau an dieser Stelle im heutigen Gemeindegebiet von Neufelden. Die Kirche, die auf einem Hügel in offener Landschaft liegt, weist Gregor von Starhemberg und seine Gattin Hedwig von Rosenberg als Stifter aus. Letztere wurde 1515 in der Familiengruft der Starhemberg in Hellmonsödt bestattet.

St. Anna gilt als ausgezeichnetes Beispiel der Gotik, hinter dem Altar findet sich der Votivstein aus Anlass der Grundsteinlegung

Haslach an der Mühl, Pfarrkirche St. Nikolaus: Kirchenschiff von Hanns Getzinger (15. Jahrhundert) mit Empore und Orgel von Bruno Riedl (1973)

von 1509 mit einer Anna-Selbdritt-Gruppe und dem Stifterpaar, zusammen mit ihrer einzigen Tochter Katharina. Deren Geburt dürfte den Anlass zur Stiftung der Kirche gegeben haben. Gregor von Starhemberg wird in voller Rüstung dargestellt, dazu das Allianz-Wappen der Starhemberg-Rosenberg mit der Inschrift:

„Hier liegt begraben der Wohlgeborene Herr Gregor von Starhemberg, der gestorben ist am Samstag vor Mathä-Tag ... Auch Frau Hedwig geboren von Rosenberg, sein Gemahl, die gestorben am Samstag vor Michaeli und liegt zu Hellmonsödt bei der Pfarrkirchen begraben."

In der nordseitigen Kapelle ist heute die Grabplatte aufgestellt, die früher vor dem Hochaltar den Eingang in die Gruft abdeckte. Sie zeigt als Mahnmal der Vergänglichkeit: einen verwesenden männlichen Leichnam, umgeben von Schlangen.

An der Außenwand der Kirche, die zur Pfarre St. Peter am Wimberg gehört, ist südseitig ein kleines Relief und daneben das Wappen der Starhemberg und Rosenberg in die Wand eingelassen.

Haslach

Der Markt Haslach wird durch den mächtigen Kirchturm geprägt, der als Wehrturm errichtet wurde, denn der Markt war regionales Handelszentrum und Grenzort, der im Lauf seiner Geschichte auch zum Schauplatz selbstbewusster Bürgerlichkeit wurde. Westlich von Haslach lag jene Gegend, die als „Land der Abtei" in alten Dokumenten aufscheint, weil sie urkundlich verbrieft seit 1010 den Benediktinern von Passau und später, als deren Nachfolgern, den Passauer Bischöfen gehörte. Östlich der Großen Mühl machten die Rosenberger ihren Einfluss geltend, in Haslach nachhaltiger als anderswo im Mühlviertel. Die Witigonen und späteren Rosenberger hatten schon

Die Gotik

1483: Haslach wird den Rosenbergern zurückgegeben

Die Formideen Peter Parlers setzen sich in den Bauhütten des Donauraums durch

Mitte des 12. Jahrhunderts den Besitz der Herren von Perg und Traisen und 1190 auch jenen der Schönering-Blankenburg übernommen. Östlich wie westlich der Mühl wurde zügig gerodet. Dabei wurden zunächst Einzelhöfe angelegt, meist entlang von Handelswegen. Die ersten Siedler durften 12 Jahre steuerfrei wirtschaften, dann entstanden Dörfer, danach Märkte.

1256 wurde Haslach erstmals urkundlich erwähnt, der Ort stand abwechselnd in Besitz der Rosenberger und des Bistums Passau. Der Ort war ein Knotenpunkt des Salzhandels: Von den ältesten Ladestätten an der Donau, von Obernzell, Niederranna oder Landshaag ging der Handel über Haslach, wo sich zwei Salzwege trafen. Haslach lag als Rastplatz genau eine Tagesreise von Donau oder Moldau entfernt. Als Peter I. von Rosenberg 1341 erwähnte, er hätte Haslach von Bischof Albrecht von Passau gekauft, wurde Haslach erstmals als Markt bezeichnet. Es handelte sich dabei um einen Rückkauf, denn der Flecken war früher schon einmal im Besitz der Rosenberger. 1418 kam Haslach dann als Teil des Heiratsgutes der Katharina von Rosenberg, der Schwester Ulrichs II., an das Haus Wallsee, als sie Reinprecht IV. von Wallsee heiratete. Reinprecht unterstützte seinerseits seinen Schwager Ulrich im Kampf gegen die Hussiten mit Waffen und Geld. Ulrich verpfändete ihm dafür 1420 die Stammburg Rosenberg an der Moldau und verkaufte ihm letztlich den Markt Haslach mit Zustimmung seines Lehensherrn, des Bischofs von Passau. 1483 kam Haslach wieder an die Rosenberger zurück und wurde mit einer Stadtmauer und vier Türmen befestigt, wobei der freistehende Kirchturm gleichzeitig als Zufluchtsort und Burgfried diente. Die Pfarrkirche ist die bedeutendste spätgotische Kirche im Oberen Mühlviertel. Der älteste Teil, das Presbyterium, wurde um 1350 mit Kreuzrippengewölbe erbaut. Das jüngere, einschiffige Langhaus zeigt, wie die um 1480 mit Schlingrippen dynamisch ausgestalteten Gewölbe durch Einfügung von geraden Rippenstücken 20 Jahre später, um 1500, dem Zeitstil entsprechend verändert und „beruhigt" wurden. Ähnliches ist an der Kirche von Rosenberg an der Moldau zu beobachten, die wie Haslach ebenfalls von der Bauhütte unter Hanns Getzinger errichtet wurde.

Die rosenbergische Bauhütte

Hanns Getzinger (†1512) war der prominenteste einer durch mehrere Generationen aktiven Steinmetzfamilie aus Haslach. Nachdem 1483 der Markt erneut in den Besitz der Rosenberger kam, wurde 1497 unter Peter IV. von Rosenberg eine eigene Bauhütte gegründet. Sie sollte nachholen, was durch die Hussitenkriege und die daraus folgende Verunsicherung und Abwanderung der Handwerker im Herrschaftsgebiet an anspruchsvoller Bautätigkeit versäumt worden war. Deshalb wurde Hanns Getzinger „zu einem obristen Maister des Stainwerchs in unserer Herrschaft" berufen. Er soll nach dem Vorbild der Passauer Dombauhütte in der rosenbergischen Herrschaft eine eigene Bauhütte gründen. Getzinger wird also oberster Hüttenmeister des Hauses Rosenberg. Ihm folgte in dieser leitenden Funktion Ulrich Pesnitzer aus Burghausen. Die Hütte bestand in Krumau bis 1564. Sieben Steinmetzen aus der Familie Getzinger sind bekannt, einer von ihnen gestaltete 1632 das Stiftsportal in Schlägl, die anderen waren bis ins 18. Jahrhundert im Salzburger Raum, in Rohrbach und in Breslau tätig. An der Außenseite des Turms der Pfarrkirche Haslach ist noch ein Fragment einer Marmor-Grabplatte zu sehen, die der Steinmetz Kajetan Getzinger für sich selbst angefertigt hatte.

Im 14. Jahrhundert hatten Peter Parlers Gewölbeformen und Raumideen in den gesamten Donauraum von Regensburg bis Wien Wirkung gezeigt. Während der Hus-

Verbrieftes Bürgerrecht in Oberösterreich: Der Schaffner von St. Gilgen wurde mit diesem Vertrag berufen, das „ehafte Stiftstaiding" St. Florian mit Wirkung vom 7. Jänner 1437 zu richten

sitenkriege kam aber die Bautätigkeit am Prager Veitsdom, dem Werk Parlers, zum Erliegen. Im Wiener Stephansdom allerdings findet sich Peter Parlers Einfluss wieder, hier arbeitete unter anderem sein Sohn. Dasselbe gilt für Burghausen. Minutiös haben Kunsthistoriker die Spuren und Einflüsse nachgezeichnet. Nach dem Religionsfrieden von Kuttenberg 1484 und der Wiedererwerbung Haslachs durch Peter IV. von Rosenberg konnte also auch der Austausch an Fachleuten und Künstlern für die Spätgotik grenzüberschreitend wirksam werden.

Kurz vor der Jahrhundertwende um 1500 wurde also sowohl in Prag als auch in Krumau eine Steinmetzbruderschaft gegründet. Jene in Prag unter König Wladislaw II. unterstand Benedikt Ried, jene in Krumau Hanns Getzinger. Er zeichnete als Meister einer „neuen und sehr eigenständigen Architektur in Südböhmen und Oberösterreich" verantwortlich. Als erstes Werk im Stil des Hanns Getzinger und der rosenbergischen Bauhütte gilt der Chor der Stadtpfarrkirche in Freistadt. Ihm folgen die Spulirkapelle in Neuhaus, die Empore der Pfarrkirche Bad Zell, im Stil abgewandelt die Kirche in Königswiesen oder Leopoldschlag und schließlich als dritte Phase das Langhaus der Kirche Haslach und der Chor in Rosenberg an der Moldau. Eine stilistische Verwandtschaft der Gewölbebauform ist sogar zwischen Haslach, Rosenberg und den Bauwerken Benedikt Rieds, der Reiterstiege (um 1500) und der Böhmischen Kanzlei auf der Prager Burg feststellbar.

Selbstbewusstes Bürgertum

Die erste Haslacher Marktordnung, das sogenannte „Ehafttaiding", wurde 1594 von Peter Wok von Rosenberg bestätigt: Es meinte das von der Obrigkeit den Bürgern vorgegebene, aber auch von den Bürgern aus freiem Willen angenommene Recht. Ehe stand für „Vertrag", Taiding war die Versammlung der Bürger zu freier Abstimmung. Der Text dieses bestätigten Rechts stammte aus früheren Fassungen, die in den Hussitenkriegen zerstört worden waren. Die Marktordnungen des Spätmittelalters waren durchdacht: in Haslach bestand zum Beispiel aus hygienischen Gründen ein Verbot der Entenhaltung am Marktbach. Der Wirt durfte nur denjenigen beherbergen, der „sich zu erkennen gibt". Alles Kaufen und Verkaufen in den Gassen war untersagt,

Die Gotik

einziger Umschlagplatz war der Markt. Der Fürkauf, der Ankauf und Handel von bäuerlicher Überproduktion durch die Herrschaft, war ebenso untersagt, der Bauer selbst sollte den Endpreis bekommen.

Nicht nur in wirtschaftlichen Angelegenheiten manifestierte sich bürgerliches Selbstbewusstsein, auch in Glaubenssachen. Dabei dürften die letzten Rosenberger deutlich liberaler gedacht haben als der Propst des Stiftes St. Florian, zu dessen Pfarren Haslach bis 1642 gehörte. 1574 verwendete sich Wilhelm von Rosenberg als mächtiger böhmischer Aristokrat für den Pfarrer Wolfgang Lindner und führte ihn schließlich ohne Zustimmung des Stiftes im Pfarrhof ein. Stift St. Florian sah in Lindner einen Mann der „außerhalb der katholischen Kirchen mit Sekten behaftet" sei. Aber die Bürger dachten offensichtlich wie Wilhelm von Rosenberg. Jene Pfarrer, die ihnen St. Florian zuwies, stießen in Haslach auf Widerstand. Manchen wurde der Einlass in den Markt verwehrt mit dem Argument, sie würden Seuchen einschleppen. Der Propst wieder appellierte an Wilhelm von Rosenberg als den „berühmten Liebhaber und Befürworter katholischer Priester" – was so falsch nicht war, hatte Wilhelm doch die Jesuiten nach Krumau geholt. Die Bürger aber arbeiteten auf ein Vorschlagsrecht für ihren Pfarrer hin. Das Tauziehen um die Besetzung der Pfarrstelle spiegelte die Zustände des Konfessionsstreites.

Als die Herrschaft Haslach 1599 von Peter Wok von Rosenberg an das Bistum Passau verkauft wurde, war klar, dass der Markt nun „einen anderen, strengeren Herrn" erhielt. Passau schickte als Verwalter Paul Dietmair, der die katholische Lehre streng durchsetzen und den Zugang der Bürger zu Fischwasser und Wald regeln sollte. Denn hier hatte Peter Wok, der letzte Rosenberger, als „milder Fürst" etliche Rechte eingeräumt. Peter Wok wäre auf Intervention der Haslacher Bürgerschaft sogar bereit gewesen, Haslach zurückzukaufen, und beantragte dies 1604, aber ohne Erfolg. Haslachs Bürger und Passaus Verwalter Dietmair rieben sich aneinander. Aus seinen Briefen liest man, dass er die größten Schwierigkeiten „betreffs der Religion" hatte. So ließ ihm der Bischof von Passau zwei Räte zur Unterstützung schicken, beide „der heiligen Schrift und der Rechte Doktoren". Schließlich wurden gegen Dietmair selbst Vorwürfe laut, er habe sich unrechtmäßig bereichert und habe die Gemeindeämter seiner Verwandtschaft ausgeliefert, was in der Folge für ihn in einer Arreststrafe mündete.

Die Kommission, die Dietmair als Verwalter 1605 absetzte, ließ aber auch im Markt Haslach nach protestantischen Büchern suchen und diese „in zwei Eimer Faß verpackt nach Passau schicken". Der energische Kampf der Haslacher Bürger hatte zumindest in Sachen Marktrechte Erfolg: 1615 erhielten sie wieder jene Zugeständnisse wie unter der von ihnen geschätzten rosenbergischen Herrschaft.

Textiles Zentrum Haslach

Seit dem 13. Jahrhundert kultivierten die Mühlviertler Bauern Flachs, die Basis der Leinenweberei. Zu Beginn des 16. Jahrhunderts arbeiteten Weber und Leinenhändler bereits im Vollerwerb, der in Zünften organisiert war. Stoffe, die zunächst auf Wochenmärkten in Haslach verkauft wurden, exportierte man bald über das Dreiländereck hinaus. 1950 gab es noch 23 Webereien in Haslach. 1819 wurde von einer Mailänder Handelsfamilie die Firma Vonwiler gegründet, der imposante Bau bestimmt neben dem mittelalterlichen Festungsturm heute noch das Bild des Marktes und beherbergt das „Textile Zentrum Haslach": eine abwechslungsreiche und spannende Präsentation textiler Kultur bis in die Gegenwart, saisonal ergänzt durch Kurse, Ausstellungen, „Webermarkt" und einen attraktiven Verbund mit der Kunstuniversität Linz.

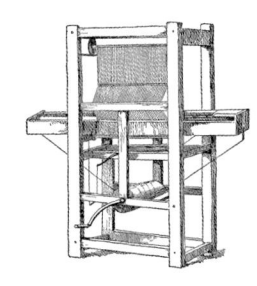

Haslach zwischen Passauer und Rosenberger Herrschaft

Haslach an der Mühl: Pfarrkirche St. Nikolaus, Ansicht von Süden

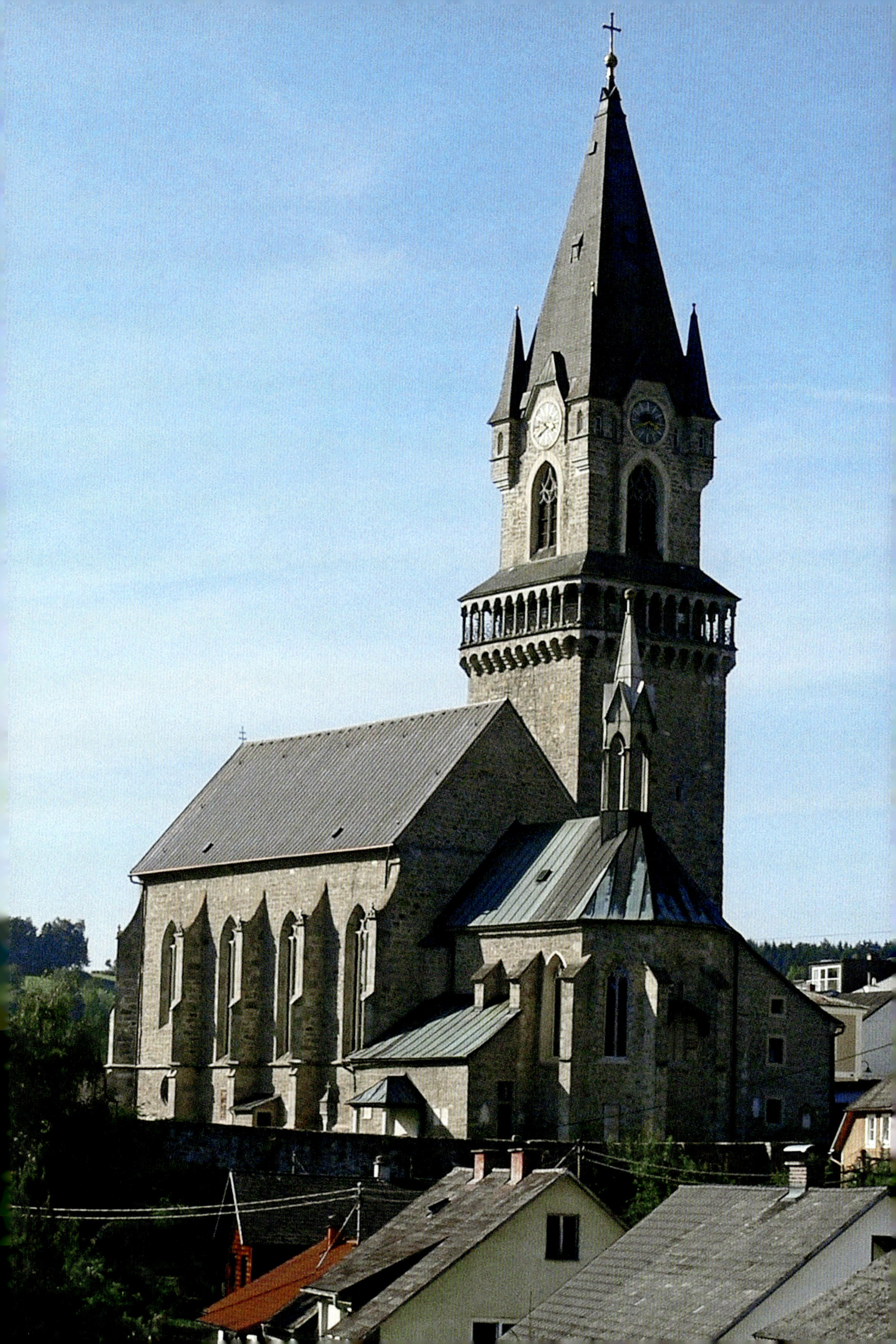

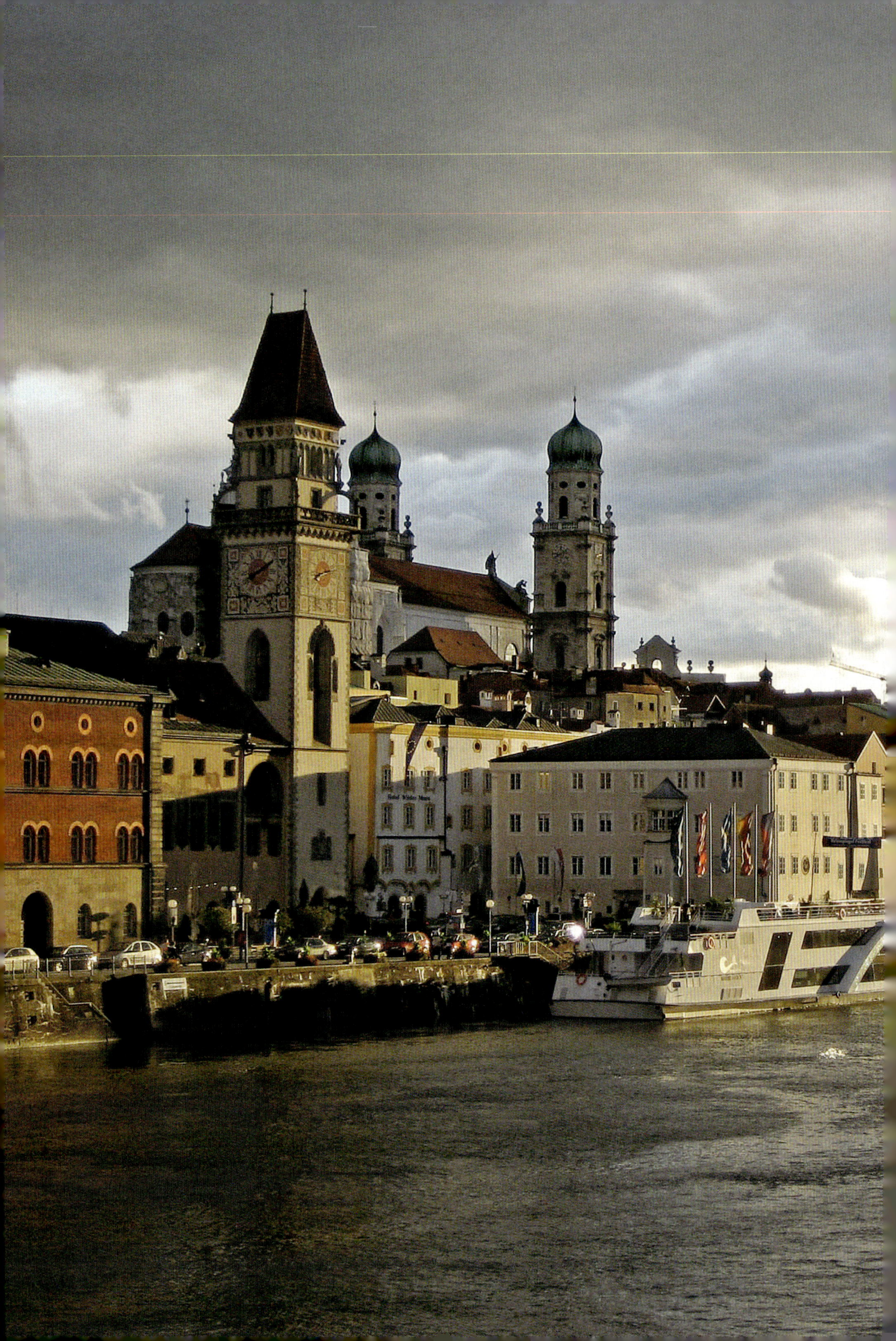

TRANSITWEGE UND HANDELSORTE
Salz · Luxuswaren · Böhmisches Tuch

Das Hochstift Passau war ein kleines geistliches Fürstentum. Das Bistum lag zwischen Bayern, Böhmen und Österreich und war daher in unterschiedlichen Bündnissen für alle drei Nachbarn bedeutend.

Die Severinskirche in der Innstadt ist im Kern mittelalterlich und identisch mit der schon bei Eugippius in der „Vita Sancti Severini" genannten *Basilica extra muros*. Eugippius beschrieb in dieser ersten Biografie des heiligen Severin dessen Leistungen als Diplomat und Krisenmanager im Donauraum beim Rückzug der römischen Zivilbevölkerung aus den Provinzen nördlich der Alpen. Dabei sollte nicht übersehen werden, dass die schlichte Architektur der Severinskirche die erste Kirche in Bayern ist, für die seit der Spätantike die christliche Tradition nachgewiesen werden kann. Ein Gegenstück bildet die Gründung der Domkirche St. Stephan, auch wenn sie schon im 8. Jahrhundert eine Bischofskirche war. Der romanische Dom war den Bischofskirchen in Regensburg und Salzburg ebenbürtig und Vorbild für die österreichische Architektur des Hochmittelalters. Der Dom war durch Brandschäden im 12. Jahrhundert so stark beschädigt, dass schon Bischof Otto von Lonsdorf (1254–1265) über den schlechten Bauzustand klagte. Der Geistliche stammte aus einer Ministerialenfamilie aus der Umgebung von Linz und sicherte Passau die Unabhängigkeit gegenüber den mächtigen Nachbarn, dem Bayernherzog Heinrich III., dem seit 1255 Niederbayern gehörte, und König Přemysl Ottokar II., der 1251 das Erbe der Babenberger in Österreich angetreten hatte. Zuerst stand Bischof Otto auf Seiten Přemysl Ottokars, er hatte sich 1257 mit Wok von Rosenberg und den Schaunbergern auf ein Schutzbündnis mit dem Böhmenkönig gegen den Bayernherzog geeinigt. Als Přemysl Ottokar dann Passau als Aufmarschbasis gegen Bayern nutzte und dieses Unternehmen auch für den Rosenberger ein böses Ende nahm (siehe die Gründungssage Stift Hohenfurths), suchte der Bischof 1262 wieder den Ausgleich mit dem Bayernherzog.

Im Profanbau sind die Veste Oberhaus und Niederhaus neben dem Rathaus die beherrschenden Bauten. Die Veste Oberhaus, hundert Meter über der Stadt auf dem Fels gelegen, war die fürsterzbischöfliche Zwingburg, eine sogenannte Abschnittsburg, die zur Sicherheit in mehrere Wehrabschnitte gegliedert wurde. Der Abt des nahen Klosters Vornbach am Inn beschrieb zu Beginn des 16. Jahrhunderts Passau als „emporium", als Handelszentrum im Ost-West-Verkehr. Dabei war der Flusstransport günstiger und wichtiger als der Landweg. Die Erschließung des Böhmerwalds geschah vor allem durch das dichte Netz verschiedener Säumerpfade . Diese waren auch für den Salzhandel aus Hallein von Bedeutung, der in Passau auf den Goldenen Steig wechselte und über Waldkirchen und Prachatitz oder Bergreichenstein nordwärts führte. Die Bauern, ursprünglich nur die aus Böhmen, erledigten die Säumerarbeit.

Passau und der Goldene Steig

Seit 1217 Fürstbistum: Passau

Passau pflegte auch die Verbindung nach Tirol und damit den Handel mit „Venedigergut", das heißt mit Edelsteinen, Damast, Gewürzen, Südfrüchten, Terpentin, Weihrauch und Baumwolle. Allein im Jahr 1401 gingen auf diesem Weg 330 Tonnen teuerste Ware nach Böhmen. Bis 1439 bot Passau den einzigen festen Donauübergang zwischen Deggendorf und Wien. Ab 1497 begann Linz als Handelsstadt Passau zu konkurrieren. Damals wurde in Linz die erste Donaubrücke errichtet, doch als Diözese wurde Linz erst 1784 von Passau unabhängig. Nach 1278 gewannen die Habsburger an Einfluss auf Passau, den sie auch behielten. Dem Bistum Passau gehörten im Streubesitz die Städte Eferding, Amstetten, St. Pölten und Mautern an. Der Einflussbereich, den Passau aus der alten Ostmission geltend machen konnte, zeigte sich auch darin, dass die Bischofskirche Wiens dem Passauer Kirchenpatron St. Stephan geweiht wurde.

In der Hussitenzeit wurde Passau zum Exilort von aus Böhmen vertriebenen Klerikern. Dass sie blieben, beweist 1441 die Ernennung Sigismund Pirchans, des Abts von Hohenfurth, zum Weihbischof in Passau. 1407 wurde der Grundstein für einen spätgotischen Dom gelegt, dessen Fertigstellung aber bis ins 16. Jahrhundert dauern sollte und von rosenbergischen Baufachleuten begleitet wurde. Künstlerisch bedeutend war in der spätgotischen Plastik des Mittelalters besonders die „Kriechbaum-Werkstatt", der auch zeitweise der vor 1490 entstandene Kefermarkter Altar zugeschrieben wurde.

In der Malerei der Zeit machten sich Vater und Sohn Frueauf einen Namen. Sie stammten aus Obernberg am Inn, waren an der Wende zum 15. Jahrhundert Bürger Passaus und Wegbereiter der Donauschule. Stift Klosterneuburg besitzt ihre Hauptwerke. Die Malerzunft Passaus lieh sich ihre Satzungen übrigens von der Malerzunft der Prager Altstadt. Fürsterzbischof Wolfgang Salm (1541–1555), an dessen Hof der junge Wilhelm von Rosenberg zur Schule ging, förderte die Meister des Donaustils: Wolf Huber war ebenso wie Albrecht Altdorfer ein Wegbereiter der Landschaftsmalerei der Renaissance.

Ende des 16. Jahrhunderts zog der bayerische Herzog den Salzhandel an sich und schaltete Passau aus, 1706 wurde von Seiten der Habsburger der Passauer Salzhandel mit Böhmen verboten und ein Liefermonopol für das Salzkammergut geschaffen. Damit verlor Passau seine Position als Handelsplatz (jedenfalls für Salz, Wein wurde weiter geliefert), behielt aber die Funktion als Residenzstadt. Der Bischof war Fürst und Landesherr sowie geistliches Oberhaupt der größten Diözese des Heiligen Römischen Reichs. Der Neubau des Passauer Doms unter Fürstbischof Wenzeslaus Graf Thun wurde 1668 dem italienischen Architekten Carlo Lurago übertragen, der schon in Thuns Heimat Böhmen als Großunternehmer gearbeitet hatte und der in Passau gemeinsam mit dem Stukkaturspezialisten Giovanni Battista Carlone tätig war. Neben dem Salzburger Dom entstand so der „anspruchsvollste Kirchenbau des 17. Jahrhunderts nördlich der Alpen", wie das Historische Lexikon Bayerns bestätigt.

Prachatice/Prachatitz

Prachatitz wurde 1088 erstmals erwähnt, als der böhmische König die Stadt samt den Einnahmen aus dem Goldenen Steig dem Prager Kloster Vyšehrad schenkte. Neben Vodnany/Wodnian und Písek wurde Prachatitz im 14. Jahrhundert zu einem wichtigen Handelsort. Der Goldene Steig ist seit dem frühen 11. Jahrhundert als Handelsweg zwischen Bayern und Böhmen urkundlich bekannt. Hier wurde Salz nach Böhmen gebracht und im Gegenzug Ge-

1441: Ernennung Sigismund Pirchans, des Abts von Hohenfurth, zum Weihbischof in Passau

Salz · Luxuswaren · Böhmisches Tuch

treide und Malz in den Süden. In Prachatitz, der Speicherstadt für Salz, übernahmen böhmische Handelsleute die Ware, bis hierher brachten sie süddeutsche Fuhrleute. König Wenzel IV. verbriefte der Stadt 1381 den gesamten Salzimport von Bayern nach Böhmen. Knapp 180.000 Kilogramm wurden in der Blütezeit des Goldenen Steigs pro Woche von Saumpferden allein in Prachatitz angeliefert, denn im Mittelalter war Salz das bevorzugte Konservierungsmittel vor allem für Fleisch. Die Hauptsaison des Transports war der Winter, mehrere Fuhrleute und Treiber schlossen sich zu Säumerzügen zusammen, die täglich bis zu 30 Kilometer zurücklegten. Als „Saum" wurde die Last bezeichnet, die ein Pferd tragen konnte. Am Höhepunkt des Saumhandels im 16. Jahrhundert fand sich auf dem Goldenen Steig alles, „von hochmögenden böhmischen Kaufherren mit ihren Dienern, guldenschweren, freigiebigen Ochsenhändlern, Tiroler Wein- und Tuchhändlern, von armseligen Glasträgern, abgedankten Landsknechten, Landstörzern und Wiedertäufern", schilderte Paul Praxl, der Chronist des Handelswegs.

Doch die Hussitenkriege unterbrachen den blühenden Handel. Die Stadt wurde 1420 von hussitischen Truppen eingenommen und Dutzende Bürger der vormals königstreuen Stadt in der Sakristei der Jakobskirche verbrannt. Später schmiedete der hussitische Feldherr Jan Žižka einen Städtebund, dem neben Tabor auch Prachatitz angehörte.

Die Jakobskirche, 1513 vollendet, ist ein dreischiffiger gotischer Hallenbau mit kunstvollem Netzgewölbe. An ihren Pfeilern im nördlichen Mittelschiff erkennt man Reste einer Empore, wie sie für die Literatenvereine und Singschulen in reformierten Gottesdiensten eingebaut wurden. An der Außenmauer zeigt das Fresko der „Kreuzigung Christi" die älteste bekannte Ansicht der Stadt.

Außerhalb von Prachatitz liegt die Kirche St. Peter und Paul, ihre spätgotischen Wandbilder an der Westseite zeigen das Jüngste Gericht im Großformat.

Prachatitz wird wegen seiner mittelalterlichen Kulisse als das „Nürnberg des Böhmerwalds" bezeichnet. Das Untere Tor ist eindrucksvoll als kleine Festung ausgeführt, ein Renaissancebau mit Zinnen und Ecktürmchen. Die Außenseite des unteren Stadttors zeigt den rosenbergischen Reiter, begleitet von einem Engel und unterlegt

Lieferungen von 180.000 Kilogramm Salz pro Woche: Stadtplatz von Prachatitz

111

mit dem Spruch: „Lorbeer wird stets uns spenden der Nachruf. Es wächst der Ruhm der Rosenberger nach ihrem Tod. Dieser Glanz wird die Zeiten überdauern." Ein anderer Spruch im Torschmuck lautet: „Wir loben die alte Zeit, doch fügen wir uns unseren heutigen Zuständen." Unterhalb des Stadttores liegt am Befestigungsring der Stadt die 1557 ausgebaute Literatschule, deren Fassadenschmuck Herkules verherrlicht.

Ab 1501 gehörte Prachatitz endgültig den Rosenbergern. Anstelle der Burg, die Ulrich II. von Rosenberg 1448 errichtet hatte, wurde 1571 das Renaissancerathaus am Ringplatz gebaut, dessen Frontseite in Bildmedaillons acht Tugenden zeigt: *Patientia*/Geduld, *Caritas*/Mildtätigkeit, *Iustitia*/Gerechtigkeit, *Fides*/Glaube, *Spes*/Hoffnung, *Fortitudo*/Tapferkeit, *Temperantia*/Maßhalten. Ebenerdig zeigt die Fassade Szenen aus dem Totentanz von Hans Holbein. Der vielleicht originellste tschechische Spruch zweifelt die Objektivität der Rechtsprechung an: „Das Recht gleicht dem Gewebe der Spinnen: der Käfer durchbrichts, die Fliege bleibt drinnen." Im zweiten Stock wird das Urteil Salomos, Susanna vor Gericht und im Bad, das Rosenberger Wappen und eine Gerichtssitzung dargestellt.

In der Mitte des Ringplatzes ließ Wilhelm von Rosenberg 1582 einen steinernen Brunnen errichten. In seiner Ära belebte sich, nach der hussitischen Zeit, der Handel wieder. 1560 verkehrten in Prachatitz 1.200 Säumerpferde pro Woche, in Spitzenzeiten waren 500 Säumer wöchentlich unterwegs. Dementsprechend baute auch Passau seine Transportkapazitäten, den Schiffsbau und die Lagershäuser aus.

Die Fassade des 1902 im Neorenaissancestil erbauten Neuen Rathauses feiert in Bildern die historischen Größen der Stadt: Astronomen, Rektoren, Wilhelm von Rosenberg, Johannes Nepomuk Neumann, später Bischof in den USA, Meister Buchsbaum, den Baumeister des Wiener Stephansdoms. Fehlt nur noch die „Landstörzerin Courage", die Hans Jakob Christoffel von Grimmelshausen in seinen Schilderungen aus dem Dreißigjährigen Krieg ebenfalls aus Prachatitz kommen lässt.

1601 verkaufte Peter Wok von Rosenberg die Stadt an den Kaiser, 1620 verbündete sie sich mit dem protestantischen „Winterkönig" Friedrich von der Pfalz. Diese politische Entscheidung brachte es mit sich, dass Prachatitz von kaiserlichen Truppen verwüstet und später seiner Privilegien beraubt wurde. Von ehemals 300 Bürgerhäusern blieben nach dem Dreißigjährigen Krieg nur 162 erhalten, 40 davon nur mehr als Ruinen.

Mit der Verlagerung des Salzhandels nach Budweis verlor Prachatitz in der habsburgischen Zeit endgültig seinen Rang. Böhmen wurde von nun an aus dem Salzkammergut beliefert.

Freistadt

Freistadt soll ursprünglich aus drei alten Siedlungen bestanden haben, die bereits vor der Stadtgründung existierten. Eine dieser Siedlungen lag im Anschluss an die ursprüngliche Burg, den späteren Salzhof. Diese slawische Siedlung, „Prägarten", lebte später als Flurbezeichnung weiter. Daneben existierten auf dem Boden der heutigen Schmiedgasse im Norden und im Süden zwei bayerische Siedlungen. Zum ersten Mal wurde Freistadt Anfang des 13. Jahrhunderts namentlich in einem Dokument des Hochstiftes Passau erwähnt. Passau hatte Einfluss auf die Frühgeschichte der Stadt, wie überhaupt das Verhältnis zwischen Babenbergern und den Bischöfen von Passau weite Teile des Mühlviertels prägte. Passau war auch für Eferding oder St. Pölten prägend. Der älteste datierbare Teil der Stadt liegt am Böhmertor.

Ab 1501: Prachatitz wird Teil des rosenbergischen Besitzes

Mehrfach Reisestation für den Böhmenkönig Přemysl Ottokar II.: Freistadt (links); nächste Doppelseite: Anlässlich der Ausstellung „1.000 Jahre Goldener Steig" im bayerischen Freyung wurde die mühsame und teilweise gefährliche Reise der Säumer durch den Nordwald nachgestellt

Jüngere Forschungen gehen davon aus, dass Freistadt von den Babenbergerherzögen während der ersten Hälfte des 13. Jahrhunderts gegründet wurde. Der Grundriss der Stadt, der mit anderen landesfürstlichen Städten übereinstimmt, legt diese Vermutung nahe. Der alte Stadtplan ist aber auch nahezu identisch mit dem Straßennetz der gotischen Stadt Krumau. Das Wappen Freistadts wiederum ist der rot-weiß-rote Bindenschild der Babenberger, die Freistadt als „feste Handelsstadt" den böhmischen Städten gegenüberstellten. Ursprünglich verfügten die Babenberger im oberösterreichischen Gebiet nördlich der Donau nur über die Riedmark, doch weiteten sie ihren Einfluss im 12. Jahrhundert aus – allerdings über den Erwerb von Klostervogteien: Jene über Garsten und später jene über St. Florian spielten dabei eine wichtige Rolle.

Für König Přemysl Ottokar II. war Freistadt mehrmals eine Reisestation: 1251, 1265, auch 1266, als Freistadt schon eine eigene Pfarre war, und zum letzten Mal 1276. 1288 wurde die Katharinenkirche erstmals genannt. Damit begann sich die Pfarre Freistadt von der älteren St. Jakobskirche in Neumarkt zu lösen, ein Prozess, der allerdings bis ins 15. Jahrhundert andauern sollte. Der Stellenwert, den König Přemysl Ottokar II. der aufstrebenden Stadt zurechnete, ist auch daran zu ermessen, dass er mit Budweis „gleichsam eine böhmische Gegengründung" vornahm.

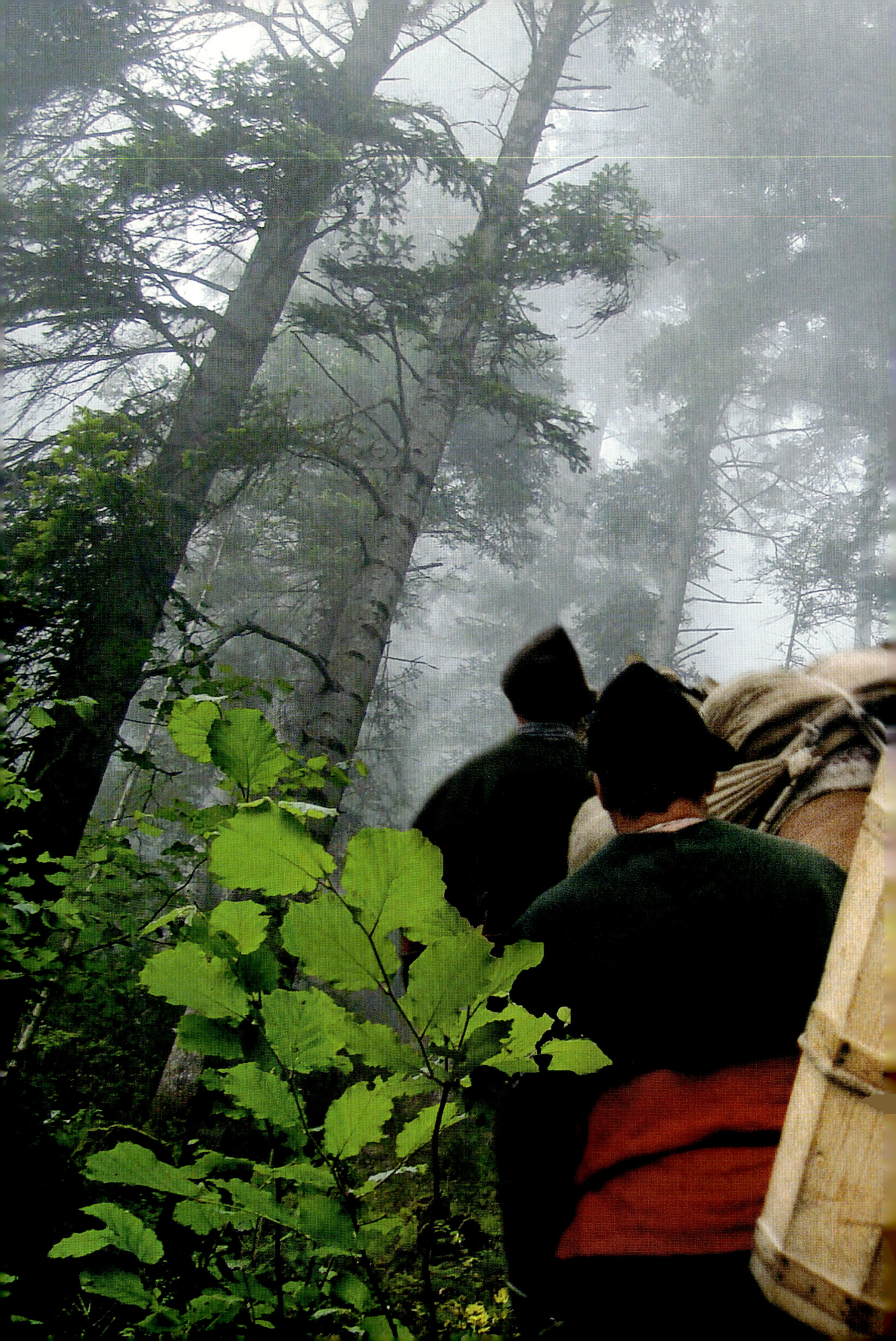

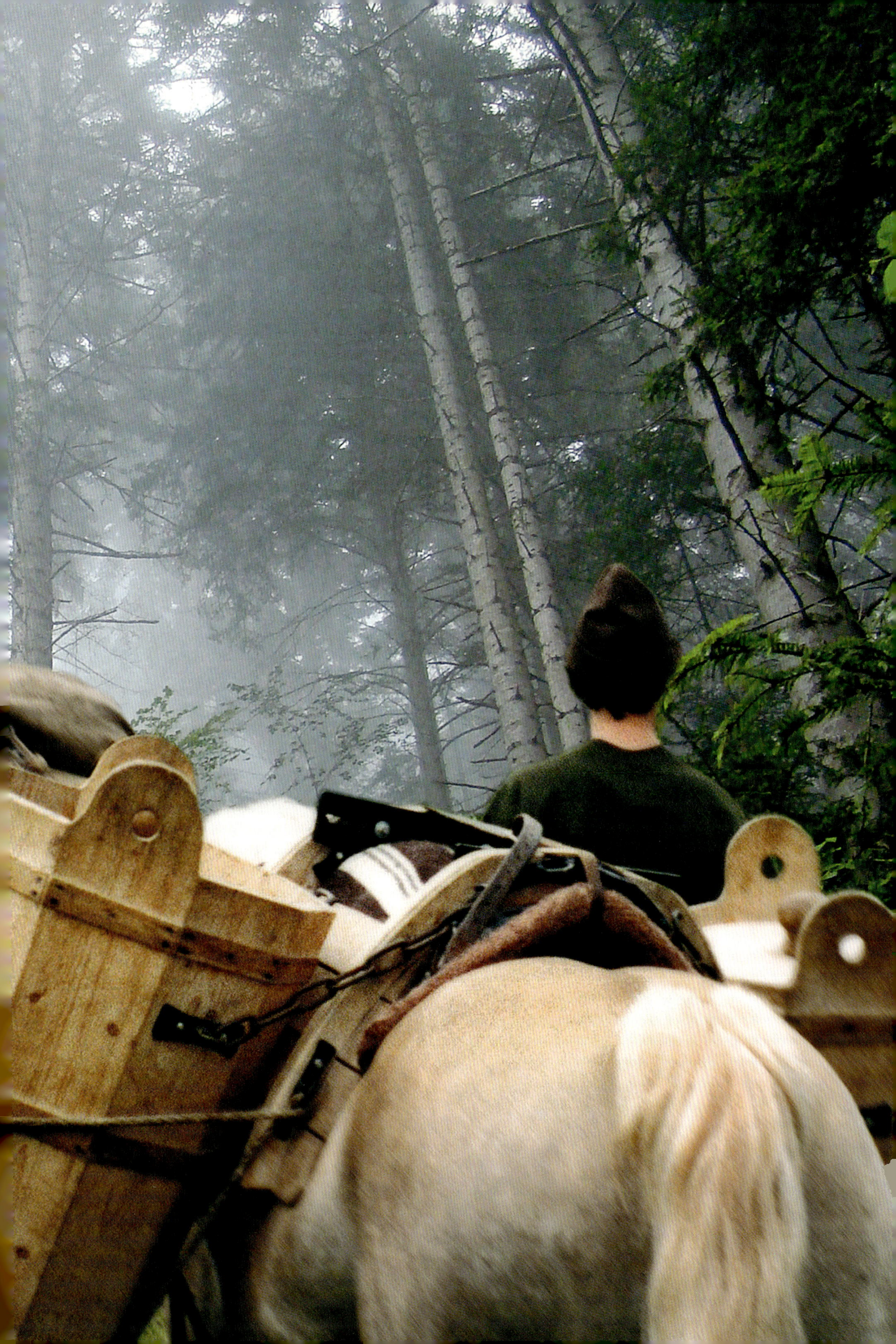

Transitwege und Handelsorte

Bis zu tausend Jahre alte Handelswege: Der Goldene Steig in Bayern, Österreich und Böhmen

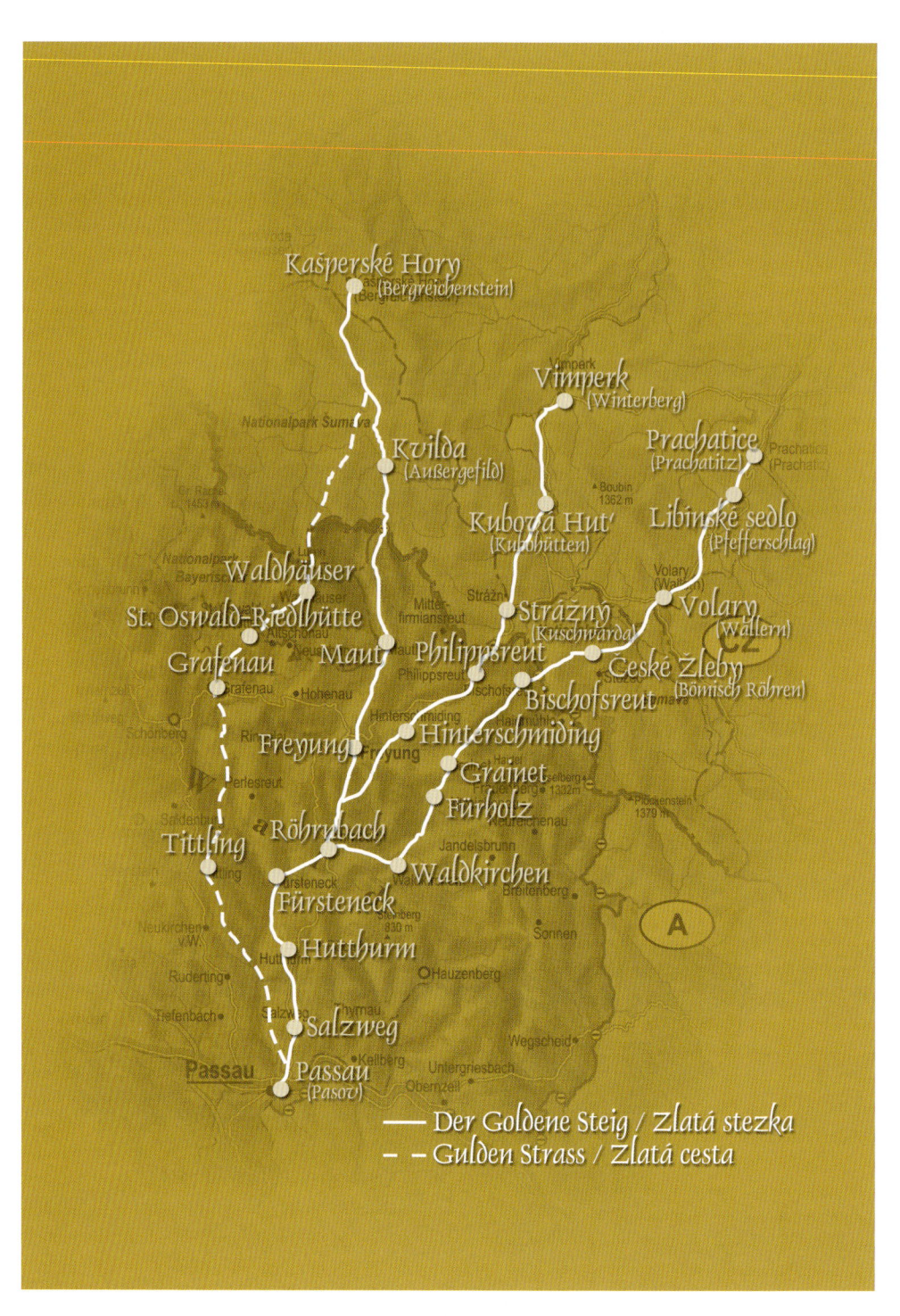

1277 verlieh König Rudolf von Habsburg den Bürgern von Freistadt das Stapelrecht (Salzhandel). Andere Privilegien brachten einen raschen Aufstieg: Der Paulimarkt hatte seit 1465 als Messe internationale Bedeutung, und der Eisenhandel lief über Freistadt bis Russland, der Zwirnhandel bis in den Balkan. Freistadt profitierte als eine von sieben landesfürstlichen Städten vom Handelsprivileg. Hier wurde „Nürnberger Tand" genauso gehandelt wie venezianische Ware.

Salz · Luxuswaren · Böhmisches Tuch

Im Mittelalter konkurrierten im Mühlviertel zwei Handelsrouten: Einerseits die böhmische Handelsstraße, die an der Freistadt lag, andererseits die Strecke durch den Haselgraben, die zwar steiler, aber kürzer und durch Vorspanndienste rasch zu bewältigen war. Diese Straße durch den Haselgraben, vorbei an Burg Wildberg, einem Ansitz der Ministerialen des Bistums Passau, galt als Schnellstraße im Vergleich zur Route über Freistadt. Über Mauthausen und Freistadt lief der Salzexport aus dem Salzkammergut jahrein jahraus, was Frachtbriefe aus dem Jahr 1683, die im Salzhof der Bezirksstadt gefunden wurden, belegen.

Die zweite Hälfte des 16. Jahrhunderts galt als die Blütezeit der Stadt. Genau in dieser Zeit wurden die alten Formen des Großhandels, die von Stapelrecht, Straßenzwang und vorgeschriebenen Handelsrouten bestimmt waren, allmählich abgelöst und durch modernere Formen ersetzt. Diese Entwicklung fand im Schatten der großen süddeutschen Handelshäuser in Augsburg statt, während der erfolgreichsten Jahre des Handels in Antwerpen und Lissabon. Und sie geschah zeitgleich mit dem Aufstieg der Linzer Märkte. Das hauptsächliche Bindeglied zwischen den böhmischen Städten und Linz war das böhmische Tuch, das nach Österreich und auf der Donau weiter nach Südosteuropa gebracht wurde. So wurde Linz ab der Mitte des 15. Jahrhunderts für den Fernhandel und für die böhmische Tucherzeugung ein wichtiger Mittler und blieb es bis zum Dreißigjährigen Krieg. Mitte des 16. Jahrhunderts sind die Linzer Märkte „zu internationalen Großmärkten von europäischer Bedeutung herangewachsen". Damals wurde das Monopol, das bis dahin Nürnberg im Handel mit Prag innehatte, durch Leipzig und Linz langsam abgelöst. Gleichzeitig mit Linz gewannen aber auch die Märkte in Krems an Bedeutung. Interessant dabei ist, dass die meisten Direktverbindungen mit Venedig von Salzburger Kaufleuten gehalten wurden, die in Linz Handel trieben. Diese Nord-Süd-Route übertraf mit der Zeit alle anderen Handelsrouten. Etwa ein Drittel aller in Prag gehandelten Waren kamen 1597 aus Linz.

Der Kustos des Freistädter Schlossmuseums, Fritz Fellner, fasst zusammen, wie die Rosenberger von der Lage ihrer Besitzungen an der florierenden Nord-Süd-Route profitierten: „Aus Südböhmen kamen im Mittelalter Getreide, Milch, Käse, Fleisch, Schmalz, Fisch, Honig und Met, aber auch Tuch, Textilien, Leder und Federn. Honig aus der Gegend von Zvikov kauften vor allem die Herren von Wallsee und Heinrich, der Herzog von Bayern. Weizen wurde bis nach Tirol, nach Schwaz, exportiert, wo die Rosenberger Silberminen hatten. …. Die im späten 15. Jahrhundert errichteten Fischteiche rund um Litschau und Weitra gingen in den Besitz der Rosenberger über … Erzherzog Ferdinand von Tirol, der lange Statthalter in Böhmen war, hat wiederholt gefordert, dass der Rosenbergische Teichbaumeister einen Teich in den Tiroler Alpentälern in der Nähe von Innsbruck ausmessen solle … Peter IV. von Rosenberg (†1523) spendete im Jahr 1521 für die Hochzeit von Erzherzog Ferdinand acht Fuhrwerke Hechte und Aale. Die lebenden Karpfen aus Třeboň überlebten ohne größeren Schaden die zweiwöchige Reise nach Innsbruck zur Residenz von Ferdinand von Tirol."

Die waldreiche Gegend des Rosenberger Dominiums begünstigte aber auch die Glaserzeugung. Besonders in der Gegend von Nové Hrady/Gratzen arbeitete eine Glashütte, die vor allem Aufträge aus Tirol bekam. Etwa 25 Glashütten waren in der Region im 15. Jahrhundert bekannt, so Kustos Fellner: „Die Käufer aus Südböhmen besuchten die Jahrmärkte in Linz, von wo sie dann Salz, österreichische und italienische Weine, Luxus-Textilien, Gewürze, südländische Früchte, Qualitätseisenwaren,

1597: Etwa ein Drittel aller in Prag gehandelten Waren kamen aus Linz

117

Unterhaltungsartikel, Seife, Papier und Bücher kauften. Wilhelm von Rosenberg hat auf seinen Reisen nach Italien Orangen, Teigwaren, Oliven und italienischen Käse kennengelernt. In regelmäßigen Abständen hat er seine Beamten nach Linz zur Beschaffung dieser Waren geschickt. Die Herrschaft Rosenberg hat Waren vorwiegend von Linz und Freistadt importiert, wie es die Handelsprivilegien bestimmten."

Die Gegenreformation und der Bauernkrieg 1626 beendeten die wirtschaftliche Prosperität in Freistadt. 1770 wird allerdings die Braukommune gegründet – eine Reaktion auf die zunehmende Qualität böhmischen Biers, also durch Konkurrenz ins Leben gerufen. Heute noch besteht dieser Traditionsbetrieb, 2012 wurde er von Arik Brauer, dem Maler des Phantastischen Realismus, künstlerisch neu ausgestattet.

Die einstige Stadtbefestigung ist im Bereich des Böhmertors noch spätromanisch, der letzte Turm, der Pulverturm am alten Rathaus, entstand Mitte des 16. Jahrhunderts. Der Neubau des Chors der Katharinen-(„Kaufmanns")-Kirche, errichtet zwischen 1483 und 1501, gehört zu den herausragenden Beispielen österreichischer Gotik und bildet „den nicht mehr überbotenen Höhepunkt in der Geschichte der baukünstlerischen Entfaltung der Stadt". Der Kunsthistoriker Benno Ulm weist darauf hin, dass es zwischen dem Chor und dem berühmteren Kefermarkter Altar, der 1490 von Christoph von Zelking gestiftet wurde, interessante Beziehungen gibt. Die Schnitzmuster in den Gewändern des heiligen Petrus (konkret in seiner Stola) gleichen jenen in Freistadt, wo sie in Stein gearbeitet erscheinen. Das Ornament der Kerbschnitztechnik verbindet den Kefermarkter Altar mit der Katharinenkirche, wo es in die Architektur übernommen wurde. Auch nach Südböhmen etwa nach Dolní Dvořiště/Unterhaid reicht der Einfluß dieser Bauhütte. Baumeister der Katharinenkirche war Mathes Klayndl, der 1483 auch den Chor erbaute. Sein Steinmetzzeichen ist am spätgotischen Taufstein angebracht, und für die damalige Zeit baute er modern, in Quaderbau, wie bei großen Dombauten üblich, nicht mehr in Bruchstein. Auch das Böhmertor und das Linzertor wurden in dieser Art errichtet.

Von der ursprünglichen Inneneinrichtung der Kirche mit 17 Altären blieb nur der Nothelferaltar erhalten, der heute als Hochaltar dient. Sein Mittelteil zeigt das Jüngste Gericht mit Christus als Weltenrichter, Maria und Johannes dem Täufer. Als selten gilt die Verbindung von Nothelfern und Jüngstem Gericht. Das kurz nach 1516 entstandene Werk verbindet beide Motive durch Wolkenbänder und verzichtet auf drohende Gesten und Szenen, wie sie auf Weltgerichtsdarstellungen geläufig waren. In der Barockzeit wurde die Kirche vom Passauer Hofbaumeister Carlo Antonio Carlone umgearbeitet, im 19. Jahrhundert wieder regotisiert.

In der Nordostecke der Stadt liegt das einstige Landesfürstliche Schloss, das 1363 durch Rudolf IV., den Stifter, errichtet wurde. Es wurde später als Kaserne verwendet, sein Bergfried beherrscht das Stadtbild.

Linz

Als das Oberösterreichische Landesmuseum in den Festungsmauern unterhalb des neu errichteten Südflügels des Linzer Schlosses in einer länderübergreifenden Ausstellung die „Kulturhauptstadt des Kaisers" präsentierte, öffnete sich genau jenes Zeitfenster des 16. Jahrhunderts, das bei allen Konflikten auch die Chancen zeigte, die sich boten. Die Stadt hatte früh ihren festen Platz im Nord-Süd- und im West-Ost-Gefüge.

Die Babenberger, denen vorher bereits der Kürnbergerwald gehörte, hatten Linz 1205

Die Prosperität von Freistadt endet mit dem Beginn der Gegenreformation

vom Geschlecht der Haunsperger gekauft. 1236 verfügte die Stadt als „civitas" bereits über Stadtmauern und erwirtschaftete den größten Teil ihrer Einnahmen durch Mautgeld. Als Přemysl Ottokar II. 1251 die österreichischen Länder übernahm, bekam er vom Bischof von Passau auch die Vogtei über oberösterreichische Klöster sowie über die Städte Linz und Enns. Der Linzer Pfarrer Otto von Lonstorf avancierte damals zum Bischof von Passau. Später, Anfang des 15. Jahrhunderts, wurde der aus Mähren gebürtige Pfarrer Wenzel Thien, der ebenfalls in passauische Dienste wechselte, zum Vermittler böhmischer Gotik, wie sie sich in den Wandmalereien der einstigen Stiftskirche von Pulgarn, heute einem Teil von Steyregg, findet.

Linz hatte am 26. Mai 1521 die Hochzeit von Erzherzog Ferdinand, dem späteren Kaiser Ferdinand I., mit Anna von Böhmen und Ungarn als eine Fürstenhochzeit von europäischer Bedeutung erlebt. Ab 1527 lebte hier im Schloss Ferdinands Schwester Maria von Ungarn, die Witwe des bei Mohacs gefallenen Böhmenkönigs Ludwig Jagiello. Sie war später Statthalterin der Niederlande und holte dort Tizian an ihren Hof. 1529 wurde in Linz Erzherzog Ferdinand geboren, ein Kunstfreund und Vertrauter Wilhelms von Rosenberg, dessen Toleranz in Religionsfragen man auf seine Linzer Jugend zurückführte, in der er den Protestantismus kennenlernte. 1542 brannte die Stadt wie so oft in früheren Jahrhunderten. Sie wurde in der Folge als Renaissancestadt wiederaufgebaut.

1552 kehrte Kaiser Maximilian II. mit seiner Braut von seiner Spanienreise zurück, auf der ihn der junge Wilhelm von Rosenberg mit einer großen Delegation begleitet hatte, und bot den Linzer Stadtbewohnern als Attraktion einen mitgebrachten Elefanten, an den am Hauptplatz 21 heute noch ein Relief erinnert.

Der tschechische Historiker Jaroslav Pánek

Ein fixer Platz im Nord-Süd- und im West-Ost-Gefüge Mitteleuropas: Linz

119

Gemäßigter-Lutheraner: Johannes Kepler, der seine wichtigsten Lebensjahre in Linz verbrachte (Kopie eines verlorengegangenen Originals von 1610 im Benediktinerkloster in Krems)

zeigt auf, welche besondere Bedeutung das Reisen für den südböhmischen Adel hatte. Er fand anhand von Dokumenten heraus, dass bei „angespannter Fahrt" der Reisende aus der Mitte des 16. Jahrhunderts von Budweis bis Genua etwa einen Monat benötigte. Es gab Eilpostkutschen und im Jahr 1600 bereits 17 regelmäßige Postverbindungen von Prag aus in verschiedene europäische Städte. Über Linz lief eine der wichtigsten, bis zu 300 Kilometer ließen sich mit der Kutsche in einer Woche bewältigen. Durch den Handel waren die Voraussetzungen für individuelles Reisen geschaffen worden. Kriegszüge, Handel und Pilgerfahrten und nicht zuletzt das Studium an verschiedenen, oft konfessionell ausgerichteten Universitäten, trieben die Mobilität an. So bereiste der große Prediger der Toleranz, Johann Amos Comenius, als Student noch vor dem Dreißigjährigen Krieg Europa und lobte das Reisen als Bildungsinstrument. Dass das Reisen auch monetäre Probleme mit sich brachte, beweist die Unterstützung, etwa Geldwechseldienste, die große Handelshäuser prominenten Reisenden wie den Rosenbergern anboten.

Linz war vor allem als Handelsplatz mit dem Ostermarkt und dem Bartholomäus-Markt im August von internationaler Bedeutung. Die Rosenberger kauften vor allem Waren aus dem venezianischen Handel, Gewürze, Luxusstoffe und südländisches Obst. Dieser Einkauf lief hauptsächlich über Prager Großhändler, die auch den kaiserlichen Hof belieferten und Ende des 16. Jahrhunderts ständig Lagerhäuser in Linz besaßen. Die evangelischen Stände bauten in dieser Zeit ihre große Residenz des Landhauses an der Südwestecke der Stadtmauern anstelle des einstigen Minoritenklosters, dessen Kirche in den Landhausbau einbezogen wurde. Der Turm des Landhauses wurde 1568 fertig, gerade in dem Jahr, in dem die Stände von Kaiser Maximilian II. ihre freie Religionsausübung zugesagt erhielten. Der Steinerne Saal war Sitzungssaal der Landgerichte und evangelischer Kirchenraum zugleich. Das Nordportal an der Fassade zur Altstadt – ein Werk des Italieners Caspar Toretto – gilt als „eines der schönsten Renaissanceportale nördlich der Alpen".

Ab 1582 residierte zeitweise Erzherzog Mathias, Bruder und Rivale Kaiser Rudolfs II., im Linzer Schloss. Lucas van Valckenborch malte 1599 die erste naturgetreue Ansicht von Linz, die sich heute im Oberösterreichischen Landesmuseum befindet. In diesem Jahr entschied sich auch Kaiser Rudolf II. für einen Neubau des Linzer Schlosses und betraute den aus Flandern stammenden Architekten Anton de Moys mit dieser Aufgabe. Der Bau mit dem Rudolfstor an der Ostseite wurde einschließlich Südtrakt 1607 fertiggestellt.

Die festungsartige Schmucklosigkeit des Schlosses ist dem Stil der spanischen Habsburgerresidenz El Escorial nachempfunden, die Kaiser Rudolf II. aus seiner Jugend kannte. „Bis heute wissen wir nicht, ob Kaiser Rudolf tatsächlich vorhatte, mit all seinen Schätzen und Sammlungen nach Linz zu übersiedeln. Einige Äußerungen lassen dies aber doch vermuten und auch die Größe und Mächtigkeit des Baus", so der Historiker Lothar Schulthes. Mit dem Ausbau des Schlosses hätte auch die Stadt vergrößert werden sollen, denn Linz war damals kleiner als Wels oder Steyr. Bis zum Neubau des Schlosses war das Landhaus jedenfalls repräsentativer als die kaiserliche Wohnung auf dem Felsrücken.

Die evangelischen Stände waren einflussreich, hatten sich Zugeständnisse erkämpft und erreichten unter Georg Erasmus Tschernembl, dem calvinistischen Wortführer, den Zenit ihrer Macht. Durch einen Beistandspakt mit dem aufständischen protestantischen Böhmen verbunden, musste sich die evangelische Partei nach der Schlacht am Weißen Berg bei Prag geschlagen geben, Tschernembl floh nach Genf ins Exil, die protestantische Bevölkerung Oberösterreichs musste sich für den katholischen Glauben entscheiden oder auswandern. Viele gingen nach Regensburg.

Regensburg sollte nach Graz, Prag und Linz auch die letzte Lebensstation Johannes Keplers sein. Als einer der bedeutendsten Naturwissenschafter der beginnenden Neuzeit war er Hofmathematiker Kaiser Rudolfs II. und nach dessen Tod ab 1612 „Landschaftsmathematiker" in Linz. In der Rathausgasse 5 in Linz vollendete er sein astronomisches Hauptwerk, die „Rudolfinischen Tafeln". Kepler galt als „gemäßigter Lutheraner".

Ostermarkt und Bartholomäus-Markt: Linz etabliert sich als Handelsplatz

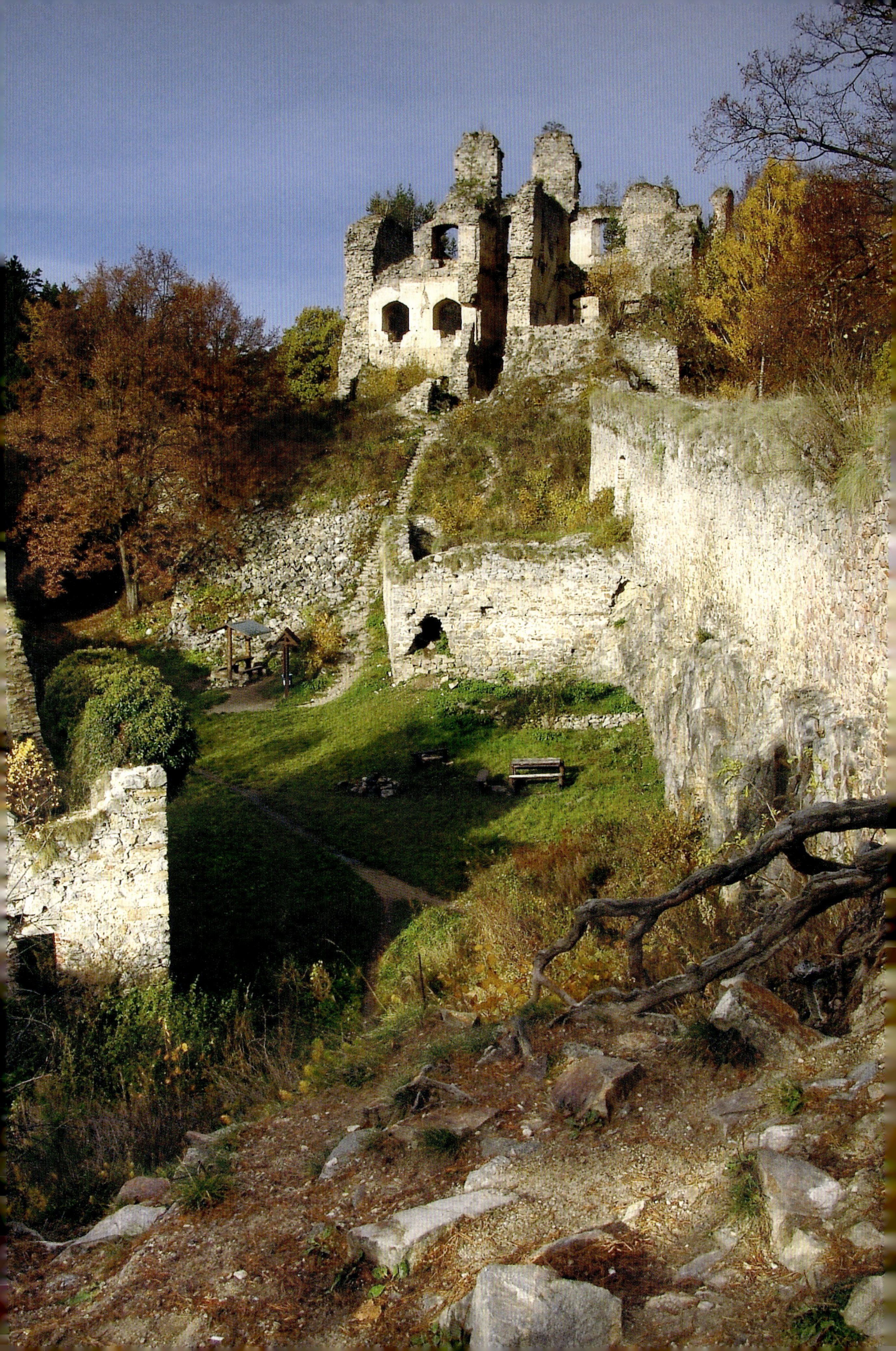

RELIGION UND POLITIK
Die „zwei Cliquen des Adels"

Dívčí Kámen/Maidstein liegt heute als Burgruine auf dem Höhenrücken nördlich von Krumau, unweit von Zlatá Koruna/Goldenkron. Das Recht zum Burgenbau stand nur dem König zu, er konnte es aber den Landesfürsten übertragen. Die Macht im Mittelalter zu erhalten war oft nicht so sehr eine Frage der Befestigung als vielmehr eine Frage der Verbündeten, man würde heute sagen „des Netzwerks". Im Fall von Dívčí Kámen gestattete der Kaiser den Rosenbergern die Errichtung einer Burg mit Fallbrücke, die 1384 fertiggestellt wurde. Sie ist das Zeugnis einer bemühten Balance zwischen dem politischen Einfluss des Königs und der mächtigen Adelsherrschaft. Kaiser Karl IV. gestattete den Rosenbergern, auch Burg Helfenburk zu errichten, baute allerdings vorsorglich als königliches Gegenstück die Festung Karlhaus. Die Rosenberger und ihre Verwandten auf Jindřichův Hradec/Neuhaus oder Landstejn/Landstein suchten in bedachter Taktik gegenüber dem König, ihre Domänen in dieser Zeit auszuweiten.

Als Dívčí Kámen errichtet wurde, herrschte zwischen dem König und den Rosenbergern gutes Einvernehmen. Jost I. von Rosenberg (†1374), ein Sohn Peters I., den wir als Stifter des Hohenfurther Altars kennengelernt haben, musste seinen kranken Vater bereits bei der Krönung Karls IV. zum böhmischen König vertreten.

Ein Jahr später stand er dem König als Kanzler auf der Prager Burg bereits zur Seite. 1355 empfing Karl IV. in Rom die Kaiserkrone. Er erhielt den Beinamen „Böhmens Vater und des Heiligen Römischen Reichs Stiefvater". Tatsächlich brachte er die böhmische Krone zu Einfluss und Ansehen, wie es seit der Zeit Přemysl Ottokars II. nicht mehr geschehen war. Karls Vater Johann von Luxemburg, der die letzte Přemyslidin geheiratet hatte, war auf dem Schlachtfeld von Crécy 1346 in Frankreich gefallen. Als Karl nach Prag kam, war der Königssitz verwaist, und so schildert er in seiner Autobiografie: „Das Königreich fanden wir so verwahrlost, dass wir nicht eine einzige Burg antrafen, die nicht mit allen ihren Krongütern verpfändet gewesen wäre, sodass wir nirgend anders als in den Häusern der Städte wohnen konnten wie jeder andere Bürger. Das Prager Schloss lag seit den Zeiten König Ottokars so verödet, zerstört und in Trümmern, dass es so gut wie dem Boden gleichgemacht war." Karl IV. – er war am Hof des französischen Königs, seines Onkels, in Paris erzogen worden – machte schließlich Prag zu einem europäischen Zentrum. Er führte Deutsch in Prag als „böhmische Kanzleisprache" ein, während er selbst auch noch fließend Tschechisch, Französisch und Italienisch sprach. Karl IV. verstärkte auch wieder die dynastischen Verbindungen zum Haus Habsburg, vor allem durch die Heirat seiner Tochter mit Rudolf dem Stifter.

Die kulturellen Initiativen des böhmischen Königs wurden von Rudolf vielfach durch Austausch der Künstler für die habsburgischen Länder übernommen. Karl war

Einst stolze Burg mit Fallbrücke, heute Ruine: Dívčí Kámen; nächste Doppelseite: die Ruine aus der Vogelperspektive

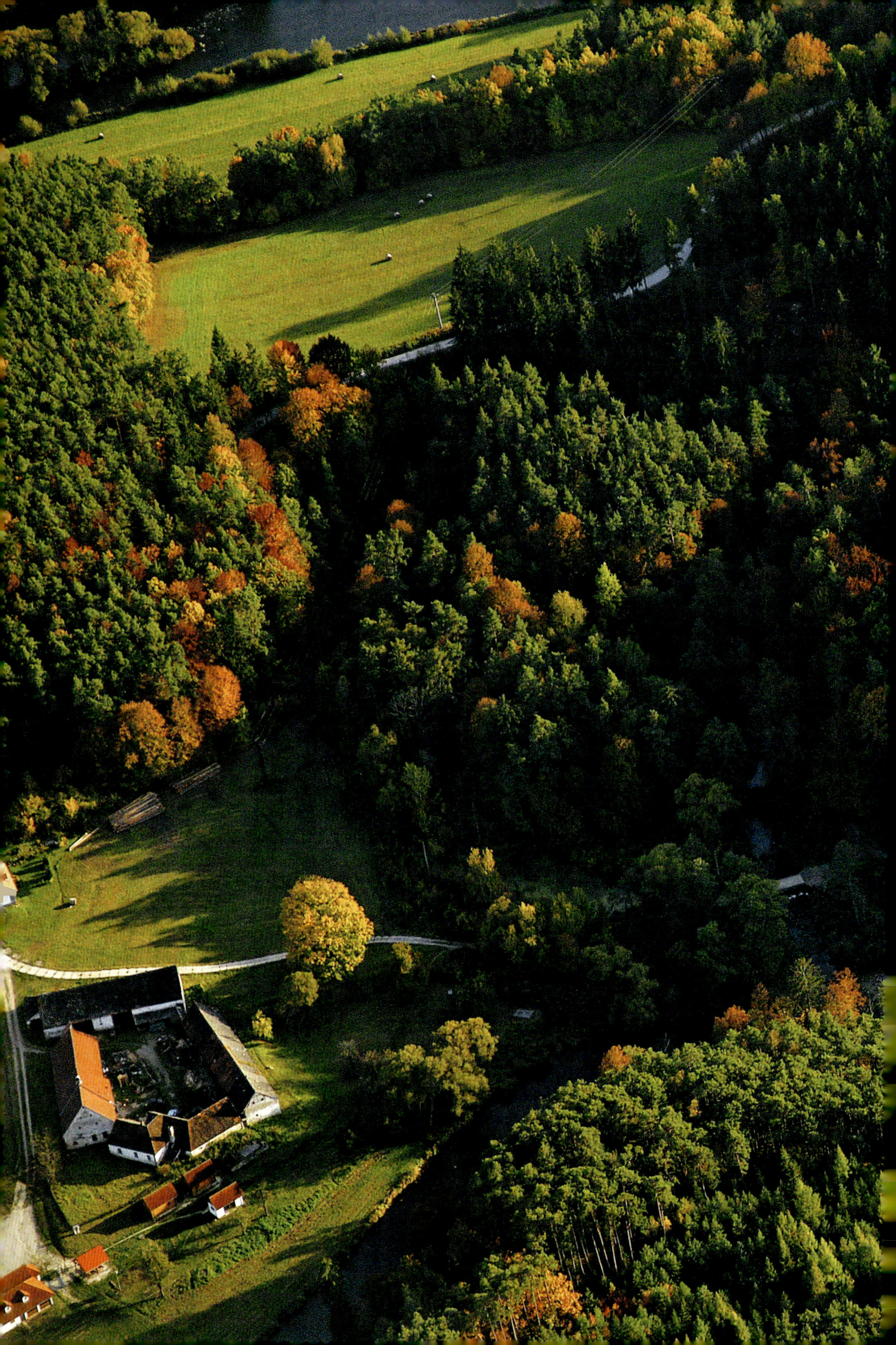

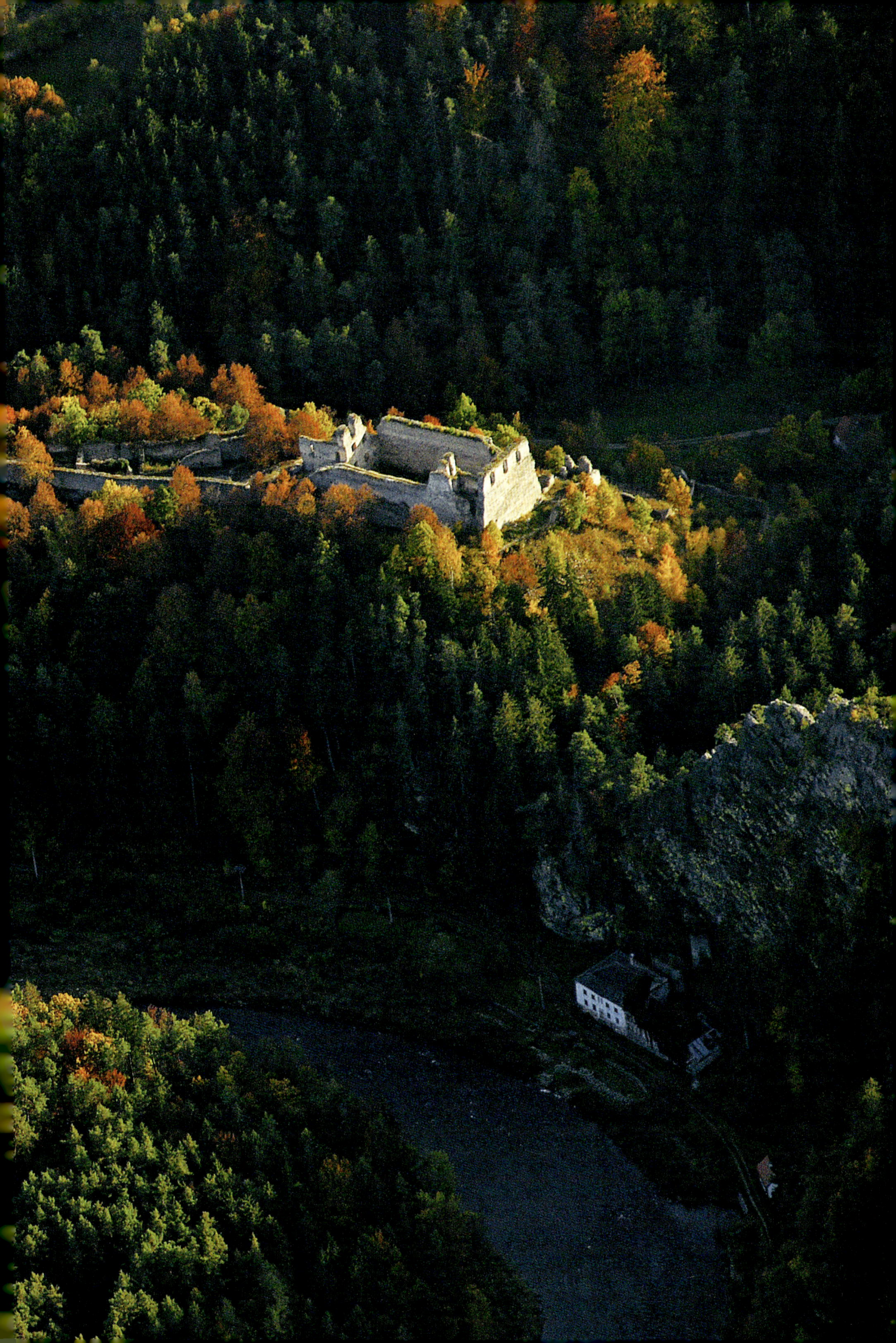

Religion und Politik

Wildberg: Ältester Besitz der Familie Starhemberg

im Lauf seines Lebens neunmal in Wien. Er begründete den Ruf der westböhmischen Therme Karlsbad und holte Peter Parler und seine berühmte Bauhütte nach Prag. Vor allem aber gründete er in Prag als bedeutendes Bildungsinstrument 1348 die erste Universität nördlich der Alpen. Und er festigte das Andenken an den frühen Böhmenherzog Wenzel, den Heiligen, zum Kult. Dieser hatte die westeuropäische Ausrichtung böhmischer Staatlichkeit begründet. Karl IV., als der europäischste Herrscher Böhmens, betonte diese Tradition, besaß aber auch das Talent des Ausgleichs und suchte den von Eigeninteressen beherrschten Adel, die mächtigen Grundherren zu integrieren.

Jost von Rosenberg war als königlicher Kanzler einer von ihnen. Seine Burgen Dívčí Kamen und Helfenburk waren Ausdruck seines Machtbewusstseins. In seiner Zeit erwarben die Rosenberger aber auch noch 1359 Nové Hrady/Gratzen und 1366 Třeboň/Wittingau.

Unter Ulrich II. von Rosenberg sollte Dívčí Kamen in der Zeit der Hussitenkriege eine bedeutende Festung werden. 80 Jahre nach seinem Tod allerdings wurde sie schon als Burgruine bezeichnet.

Wildberg

Wildberg in der Gemeinde Kirchschlag gehört zum ältesten Besitz der Familie Starhemberg. Im 12. Jahrhundert hatte der Schwiegervater des ersten Starhembergers die Burg an die Bischöfe von Passau gegeben, die den Besitz auf Gundakar von Steyr-Starhemberg übertrugen. Wildberg kontrollierte den Verkehrsweg durch den Haselgraben, die Babenberger gründeten als Gegenstück zum passauischen Wildberg den Handelsplatz Freistadt.

Im Sommer 1393 wurde der böhmische König Wenzel IV. auf Wildberg gefangen gehalten. Heinrich III. von Rosenberg war als Prager Burggraf daran maßgeblich beteilgt. Über die rosenbergischen Festungen wurde Wenzel auf österreichisches Gebiet gebracht, und Heinrich stand an der Spitze einer Adelsopposition, die 1401 an Königs statt regieren wollte. Die Gefangennahme des Königs – er wurde wenige Jahre später erneut festgenommen und dieses Mal auf der Schaunburg bei Eferding inhaftiert – stand am Gipfel eines Konflikts, der sich in den Jahren davor angebahnt hatte.

Dazu meint der Historiker Rudolf Hoensch in seinem Standardwerk zur Geschichte Böhmens:

„Dem sich in seiner über vierzigjährigen Regierungszeit vollziehenden religiösen, sozialen und politischen Umbruch hat König Wenzel hilflos und verständnislos gegenübergestanden, ja er hat ihn durch seine unüberlegten und provokativen Aktionen sogar noch beschleunigt."

Die Haltung des Königs mochte wohl am häufigen Wechsel seiner Ratgeber liegen, denn er hielt es eher mit dem niederen Adel und dem Bürgertum, was die in der Hofkanzlei vorherrschenden Vertreter des Hochadels und des hohen Klerus verärgerte. Als der König schließlich eine Abtei in Westböhmen in Vetternwirtschaft zu vergeben suchte und ihn der Generalvikar Johannes von Nepomuk daran hindern wollte, ließ Wenzel den unbequemen Geistlichen foltern und am 20. März 1393 von der Karlsbrücke in Prag in die Moldau werfen. Dieser Justizmord an Johannes Nepomuk veranlasste den „Herrenbund" unter der Führung Heinrichs III. von Rosenberg den König festzunehmen und nach Wildberg zu verfrachten.

Der böhmische König kam zwar wieder frei, hielt sich durch Zugeständnisse unter anderem auch an Heinrich von Rosenberg noch an der Macht, wurde durch seinen Alkoholismus und seine Unfähigkeit, Konflikte zu lösen aber zur Bürde. 1419 starb er an einem Schlaganfall, mitten im Ausbruch des hussitischen Aufruhrs.

Die Zeit der Hussiten

Während der Regierungszeit Karls IV. (1346–1378) machte sich schon Unruhe im religiösen Leben Böhmens breit. Reformströmungen und Prediger gewannen Zulauf, während die päpstliche Inquisition in Prag einen eigenen Standort einrichtete. Die Unruhe innerhalb der Kirche begann nicht plötzlich, denn schon zu Zeiten König Přemysl Ottokars II. war ein krasser Unterschied zwischen der reichen hohen Geistlichkeit und dem niederen Klerus entstanden, der ohne Einkommen und Pfründe umherzog. Schon damals lösten sich viele Laien von der kirchlichen Obrigkeit, Sekten fanden Zulauf. Dominikaner und Minoriten wurden als „Seelenärzte" gegen die aufflackernden neuen Glaubenslehren eingesetzt.

Kaiser Karl IV., seit 1347 böhmischer König, stützte einerseits die Papstkirche und machte Prag zum Erzbistum, förderte aber auch den Frühhumanismus, ein offenes geistiges Klima, für das seine Korrespondenz mit dem römischen Dichter Petrarca beispielhaft war. Wie erwähnt gründete Karl IV. mit der Prager Universität 1348 die erste Universität nördlich der Alpen, berief den österreichischen Augustiner-Chorherren Konrad Waldhauser als Hofkaplan und forderte ihn auf, in den böhmischen Ländern zu predigen. Damit schuf er die Grundlagen für eine Kirchenreform, aus der Jahrzehnte später die hussitische Revolution entstehen sollte. Waldhauser kritisierte scharf die Missstände, insbesondere in der Ordenskirche, und übte harte Sozialkritik. Karls Sohn Wenzel war den Umbrüchen der Zeit nicht mehr gewachsen, und seine Persönlichkeit verschärfte eher die Situation. Als Wenzel, nachdem ihm die Kurfürsten die deutsche Königswürde aberkannt hatten und ihn der eigene Bruder Sigismund einkerkern hatte lassen, im Ansehen geschwächt nach Prag zurückkehrte,

Kirchenreformen und offenes geistiges Klima
(oben Jan Hus, idealisiertes Porträt)

Religion und Politik

Jan Hus auf dem Scheiterhaufen, Spiezer Chronik, 1485

1419: Erster Prager Fenstersturz

war dort ein neues religiöses Zentrum in der Bethlehemkapelle gewachsen. Hier sprach Jan Hus den einfachen Menschen aus der Seele, er forderte die Abkehr von einer verweltlichten Kirche, die ihre Glaubwürdigkeit verloren hatte. Denn nach dem „Großen Schisma" standen ein Papst und ein Gegenpapst einander feindlich gegenüber und die weltlichen Spitzen des Reichs beteiligten sich an diesem Machtspiel.

Jan Hus, im südböhmischen Husinec unweit von Prachatitz geboren, Theologe an der Universität Prag, nahm die Lehre des Engländers John Wyclif auf und verband dessen Forderung nach einer Kirche ohne Besitz und weltliche Macht mit nationalem Gedankengut. 1415 wurde Jan Hus auf dem Konzil von Konstanz gefangen genommen, obwohl ihm König Sigismund zur Erklärung seiner Thesen freies Geleit versprochen hatte. 1416 wurde er auf dem Scheiterhaufen verbrannt. Das entfachte den Volkszorn und es entstand eine revolutionäre Bewegung. Ein Steinwurf auf eine Hussitenprozession löste 1419 den Ersten Prager Fenstersturz aus. Jan Žižka aus dem südböhmischen Trocnov wurde zum militärischen Führer der Hussiten, die nun nicht mehr nur religiöse, sondern auch tschechisch-nationale Forderungen auf ihre

Fahnen hefteten. Ein Krieg brach los, der 15 Jahre dauern sollte, sechs Kreuzzüge wurden vom Reich aus gegen das aufständische Böhmen geführt.

1419 ängstigte sich Wien vor einem Hussiteneinfall, was schreckliche Folgen zeitigte. Ein Universitätslehrer setzte das Gerücht in Umlauf, Juden, Hussiten und Waldenser seien miteinander verbündet. Daraufhin ließ Herzog Albrecht alle Juden in Wien festnehmen. Sie wurden entweder der Folter ausgeliefert oder in ruderlosen Booten auf der Donau ausgesetzt. Diese Maßnahmen mündeten in einem Pogrom, und von da an wurde in jüdischen Quellen nach 1421 das Herzogtum Österreich als „Blutland" bezeichnet. Bald spalteten sich die Hussiten in die vom Adel unterstützten Utraquisten (deren Bezeichnung sich von „sub utraque species = das Abendmahl unter beiderlei Gestalt einnehmen" ableitet) und die eher von der bäuerlichen Bevölkerung getragenen Taboriten, eine radikalere Fraktion, die sich nach dem biblischen Berg Tabor benannte. Später kam es zum Zerwürfnis dieser beiden Gruppen. In Lipany bei Prag stießen 1434 Taboriten und Utraquisten, letztere unter der Führung Georg von Podiebrads, in einer Schlacht aufeinander, die radikalen Taboriten wurden dabei vernichtend geschlagen.

In der Volkssage überdauern ihre Krieger unterirdisch im Berg Blaník, wo sie dereinst, geführt vom heiligen Wenzel, wieder auferstehen sollen. Friedrich Smetana nannte einen Satz in seinem Zyklus „Ma Vlast" (Mein Vaterland) nach diesem sagenumwobenen Wallfahrtsberg.

In der Zeit der hussitischen Unruhen stand Ulrich II. von Rosenberg (1403–1462) in Südböhmen in führender Position. Er war als Kind unter der Vormundschaft des hussitisch gesinnten Cenko von Wartenberg aufgewachsen. Sein Vater Heinrich III. von Rosenberg, der als Führer des Herrenbundes König Wenzel zweimal in Österreich,

unter anderem in Wildberg, gefangen gesetzt hatte, war 1412 gestorben. Als Ulrich 1418 die Familiengüter übernahm, zählten sechs Städte, 22 Burgen und 500 Dörfer dazu. Ulrich stand unter dem Eindruck der Hussiten. In dieser Zeit befestigte sich Stift Hohenfurth mit den Wehrtürmen in der Mauer. Die Bevölkerung war geteilt. Die Radikalität der Taboriten mochte dann aber für Ulrich ausschlaggebend gewesen sein, ins katholische Lager zu wechseln. Von jener Zeit an verbot er jede utraquistische Betätigung in seiner Herrschaft.

1420 wurden das Kloster Milevsko/Mühlhausen und die Stadt Prachatice/Prachatitz, aber auch das benachbarte königliche Kloster Goldenkron von Hussiten gebrandschatzt, mehrere Mönche wurden auf den Linden im Klosterhof erhängt, die Hohenfurther Zisterzienser brachten sich vorsorglich bei den Minoriten in Krumau in Sicherheit, die überlebenden Goldenkroner Mönche flohen nach Krems. Im Jahr 1422 griffen die Hussiten auch Hohenfurth an und steckten das Stift in Brand, teilweise wurden auch die Patronatskirchen auf freiem Land zerstört. Die Felder lagen verwüstet, die Angst vor andauernden Übergriffen wuchs, weil mehrere kaiserliche Kreuzzugsheere bereits von den hussitischen Truppen geschlagen worden waren.

Ein Zisterzienser-Chronist bemängelt an Ulrich von Rosenberg: „Bedauerlich war das wechselnde politische Pendelspiel des Rosenbergers, der hierdurch oftmals den Hussiten Rückenfreiheit für ihre Unternehmungen ließ." Als 1426 erneut Hussiten das Waldviertel heimsuchten, wurde Ulrich von katholischen Fürsten mit der Beschwerde konfrontiert, dass „die Fürsten hören und wissen, dass die Taborer die größte Macht von deinen Gütern haben und dass deine Leute freiwillig zu ihnen gehen, ohne Hindernis von deiner Seite und mit deinem Wissen".

Man hat es also der Halbherzigkeit Ulrichs

Ulrich II. von Rosenberg – ein Pendler zwischen den Fronten

1434: Schlacht zwischen Taboriten und Utraquisten (oben Utraquistenführer Georg von Podiebrad)

Religion und Politik

1420: Ulrich von Rosenberg verpfändet Hohenfurth zur Finanzierung der Hussiten-Abwehr

zugeschrieben, dass die hussitischen Streifzüge immer wieder erfolgreich bis 1434 einfallen konnten.

Ulrich von Rosenberg befand sich in Südböhmen allerdings in einer strategisch äußerst brisanten Lage. Er war Parteigänger des katholischen Habsburgers König Sigismund, den er gegen die Hussiten unterstützte, der sich aber selbst eineinhalb Jahrzehnte nicht in Böhmen hatte blicken lassen. Um die Hussiten-Abwehr zu finanzieren, verpfändete er ab 1420 nicht nur den Klosterbesitz Hohenfurth, sondern auch die Stammburg Rosenberg und Wittinghausen an seinen Schwager Reinprecht von Wallsee. Ihm verkaufte er sogar 1421 Haslach im Mühlviertel.

Südböhmen war im Vergleich zum restlichen Böhmen eine Hochburg des katholischen Glaubens in jener Zeit geblieben. Die Versuche Roms, Böhmen für den katholischen Glauben wiederzugewinnen, gingen zum Großteil von Krumau aus, das Papst Pius II. gut kannte und das auch Johann Capistran besuchte, um die Utraquisten zu missionieren. Ulrich von Rosenberg entsandte als Bevollmächtigten Abt Sigismund Pirchan von Hohenfurth 1433 zum Konzil von Basel. Dieser Abt wurde in Passau geweiht, weil damals die Wege nach Prag zu unsicher und aufgrund der Hussiten zu gefährlich waren. Sigismund Pirchan wurde in Lorch bei Enns in Oberösterreich begraben.

Nach dem Ende der Taboriten in der Schlacht bei Lipany und der Anerkennung der gemäßigten Utraquisten endeten die kriegerischen Auseinandersetzungen. Schließlich gestattete das Konzil von Basel 1437 die Kommunion unter beiderlei Gestalt. Die Grundlage für die Reformation in Deutschland war gelegt, die alleinige Autorität Roms erschüttert, Böhmen in ein katholisches und ein utraquistisches Lager geteilt.

Ulrich II. von Rosenberg vermochte immerhin in unmittelbarer Nachbarschaft zur hussitischen Stadt Tabor sein Herrschaftsgebiet vergleichsweise unbeschadet durch die schwierige Zeit zu führen, mehr noch: in seiner Ära erreichte die rosenbergische Domäne die größte Ausdehnung. Er war Taktiker, machtbewusst, stärkte die Beziehung zu seinen verwandten katholischen Nachbarn in Österreich und setzte als erster der Familie die angebliche Abstammung seines Hauses von den römischen Fürsten Orsini in die Welt.

Nicht nur das: Durch eine weitere Dokumentenfälschung ließ er sich die Unteilbarkeit der rosenbergischen Herrschaft und in der Folge die Vorrangstellung seiner Familie im Königreich bestätigen, die durch Eintragung in die „Landtafel" später zum Gesetz wurde. Wie in den Gründungsurkunden des Stiftes Schlägl oder schon früher an den Merowingern sichtbar, war Dokumentenfälschung im Mittelalter gelebte Praxis. Seit dem 16. Jahrhundert war der Spruch geläufig „Mundus vult decipi, ergo decipiatur – die Welt will betrogen werden, also werde sie betrogen".Eine Erkenntnis, die, gepaart mit Geschäftstüchtigkeit, eine keineswegs historische Maxime darstellt.

Ulrich von Rosenbergs Tochter Perchta war übrigens die „Weiße Frau", die auf Burg Rosenberg, Krumau oder Jindřichův Hradec den späteren Generationen, gefördert von einer Volkssage, in Erinnerung blieb. Perchta heiratete Johann von Liechtenstein und wurde in dieser Ehe sehr unglücklich, wie viele Briefe an ihren Vater und ihre Brüder bezeugen, in denen sie die verfehlte familiäre Heiratspolitik anklagte. Ihre Gestalt spukte in den Schlössern und kündigte ihren Verwandten Glück oder Unglück an, erzählt die Sage und jede Schlossführung. Sie starb 1476 in Wien und wurde in der Schottenkirche bestattet.

Sicher ging es Ulrich II. von Rosenberg, wie vielen Einflussreichen seiner Zeit, vorrangig um seine Eigeninteressen. Der Utraquist König Georg von Podiebrad war sein erklärter Gegner. Nachdem Ulrich dann endgültig die Familienregentschaft an seinen jüngsten Sohn Johann übergeben hatte, änderte sich das Klima gegenüber dem „Hussitenkönig" Georg von Podiebrad. Johann II. von Rosenberg (†1472) hatte vom Vater eine beträchtliche Schuldenlast übernommen, er steuerte einen versöhnlicheren Kurs als sein Vater, und gab 1458 Georg von Podiebrad bei der Königswahl seine Stimme. Diese Wende gegenüber der väterlichen Strategie brachte ihn aber auch in eine schwierige Zwitterstellung zwischen dem katholischen Wiener Hof und der Prager Regentschaft des ständisch gewählten Königs Georg. Der päpstliche Kirchenbann über den Ständekönig traf aufgrund der Gefolgschaft Johann von Rosenbergs auch die rosenbergischen Güter und damit das Hohenfurther Gebiet. Die Klostergemeinschaft, die weiterhin ihre Gottesdienste feierte, verfiel damit ebenso der päpstlichen Exkommunikation.

Papst Pius II, der früher Eneas Silvio Piccolomini hieß, ein Kenner Böhmens und aus dieser Zeit ein persönlicher Bekannter Johann von Rosenbergs war, steuerte einen harten Kurs gegen die Utraquisten in Prag. Johanns Bruder Jost von Rosenberg, der zuerst Prior im Johanniterkloster Strakonitz und dann Bischof von Breslau wurde, repräsentierte ebenso das katholische Lager wie Zdenko von Sternberg, der ein katholisches böhmisches Adelsbündnis gegen König Georg von Podiebrad schmiedete. Johann von Rosenberg unterschrieb auch hier, trat aber später wieder aus. Er geriet zwischen die Fronten, musste sich letztlich 1468 der katholischen Adelspartei unterwerfen und starb 1472 erst 40-jährig.

Die hussitische Bewegung hatte zuerst Böhmen aus dem umfassenden Machtanspruch der römischen Kirche gelöst, das Land allerdings auch in eine Isolierung manövriert. Letztlich war der Hussitismus, durch seine innere Spaltung in verschiedene Fraktionen geschwächt, zu keiner umfassenden Kirchenreform durchgedrungen. Böhmen blieb aber in zwei konfessionelle Lager geteilt.

Blatná/Blatna

Im Landschaftsgarten steht das Damwild in Rudeln. Im Sommer, wenn die Ausflügler kommen, trifft man sich, beschnuppert einander. Die einen, als hätten sie in der weitläufigen Anlage ein Stück paradiesi-

Schloss Blatna mit seinem gepflegten Park

scher Eintracht gefunden, die anderen, weil sie längst wissen, dass kein jagender Eiferer sich unter den Besuchern findet. Nicht wie der Thronfolger Franz Ferdinand, dem ein gewisser weidmännischer Furor nachgesagt wird und der mehrmals bei Ferdinand Hildprandt zu Gast war und gerne von der Terrasse des Burggebäudes aus Wild erlegte. Und er löste 1913 Unbehagen aus in der Gesellschaft des Hauses. Als die Strecke gelegt wurde, kam erschrocken der Heger und meldete, dass ein weißer Hirsch erlegt worden sei. Cornelia Hildprandt, die betagte Mutter der heutigen Schlossbesitzerin, erzählt es aus der Distanz von fast 100 Jahren als böses Omen für das, was 1914 kommen sollte.

Heute geht es friedlicher zu, Johanna Hildprandt gelingt es, dem Haus die Persönlichkeit wiederzugeben, die es in seiner ganzen Geschichte vor den Kommunisten gehabt hatte. Bis 1952 hatten die Hildprandts auf Blatna gelebt. Bis sie ins Exil gezwungen wurden. Der Großvater, zunächst noch Diplomat Österreich-Ungarns, später Botschafter der Ersten Tschechischen Republik, war vorausgegangen und hatte als Protokollchef des äthiopischen Herrschers Hailie Selassie in Addis Abbeba Arbeit gefunden. Anlässlich eines Staatsbesuchs des Kaisers in Prag war es Ferdinand Hildprandt gelungen, seine Familie 1960 außer Landes zu bringen. Aus den folgenden äthiopischen Jahren stammen auch die Sammlungen afrikanischer Kunst und koptischer Kreuze auf Blatna.

Das Ende dieses Exils war zunächst nicht absehbar. Blatna lag 1945 in jener Zone, in der sich die Armeespitzen der USA und der Sowjets berührten. Zwei Jahre lang blieben die Amerikaner, im Turmzimmer verhandelten die Generäle den Verlauf der Demarkationslinie, der amerikanische General George Smith Patton und der – später hingerichtete – russische General Andrej Andrejewitsch Wlassow waren hier. Und dazu ist Blatna ein geeigneter Platz, hier ist auch rosenbergisches Erbe eingeflossen. Das Turmzimmer über der Toreinfahrt ist eines jener berühmten „Grünen Zimmer", wie sie in mehreren südböhmischen Orten in der Zeit der Spätgotik entstanden waren. Auf Blatna ist es nach den Hussitenkriegen von den Herren von Rožmitál geschaffen worden, die die gesamte Wandfläche in grünen Pflanzenornamenten bemalen ließen.

Aus den Hussitenkriegen waren die Städte als Verlierer und der böhmische Adel als Gewinner hervorgegangen. 1433 war durch die Basler Kompaktate eine gewisse Religionsfreiheit erreicht, Böhmen konnte sich der Autorität des Papstes entziehen. Die böhmische Krone war umkämpft und verwaist, weil sich die Habsburger, die polnischen Jagiellonen und bayerische Anwärter gleichermaßen als Thronerben empfahlen. Dem böhmischen Adel war das nur recht und der 28-jährige Georg von Podiebrad wusste das zu nutzen. Er selbst war Utraquist, also Anhänger der gemäßigten hus-

Pavillon im Schlosspark von Blatna

sitischen Kirche, aber durch seine Ehe mit Johanna von Rožmitál auch mit dem südböhmischen katholischen Adel verbunden. Wenn auch mit Druck, so hatte er bald den mächtigen katholischen Ulrich von Rosenberg zum Stillhalten gebracht. Zwar nicht bei seiner Wahl zum König 1452, aber doch bei seiner späteren Krönung zum König musste wieder Georg Zugeständnisse an die katholische Kirche machen.

Vor allem Jost von Rosenberg als Bischof von Breslau (1456–1467) war ein erklärter Gegner des Ständekönigs, obwohl ihn dieser im Veitsdom sogar – um ihn zu beschwichtigen – gegen den utraquistischen Glauben, „gegen den Kelch" predigen ließ. Es war ein Lavieren zwischen den Fronten innerhalb des Landes, eine fieberhafte Suche, Autarkie und Mündigkeit im Land durch Bündnisse außerhalb zu sichern. Georg von Podiebrad hatte sogar Kontakte zur oströmischen Kirche in Byzanz/Konstantinopel geknüpft, aber 1453 fiel Konstantinopel an die Türken.

In Böhmen blieb, wie es der Philosoph Jan Patocka ausdrückte, „die Adelsgesellschaft mit zwei Clicquen, einer katholischen und einer hussitisch-utraquistischen". Königin Johanna von Böhmen, Georg von Podiebrads Gattin, war wohl seine Beraterin. Doch nicht allein sie. Ihr Bruder Jaroslav „Lev" (Löwe) von Rožmitál suchte im Auftrag seines Schwagers, des Königs, eine – wie es der Publizist Alfred Payrleitner treffend formulierte – „EU auf Böhmisch" vorzubereiten. Unter Umgehung des Kaisers und des Papstes, aber mit Hilfe deutscher Fürsten hätte ein europäischer Bund, eine strategische Allianz gegen das drängende osmanische Reich, ins Leben gerufen werden sollen, mit internationaler Beamtenschaft und einem gewählten Kanzler. Kein anderer als Jaroslav Lev von Rožmitál führte die Gesandtschaft an, die 1465 mit 40 Teilnehmern aufbrach und über Brüssel, England und Frankreich bis Portugal und Spanien zog, „bis ans Ende der Welt", um für diese Idee zu werben und Bündnispartner zu gewinnen.

Auch wenn diese diplomatische Mission fruchtlos blieb, Jaroslav Lev kehrte nach Blatna zurück und hatte Gesinnung und Kunst der europäischen Höfe kennengelernt. In der nahen Stadt Písek ließ er zuerst seine Eindrücke im Fresko festhalten, samt den überlebensgroßen Gestalten des französischen Königs Ludwig des Heiligen und seines eigenen Schwagers, des böhmischen „Hussitenkönigs". 1485 gab er die Wandgemälde des Grünen Zimmers in Auftrag. Die Fensternischen sind christlichen Themen

Kunstvoll gearbeitete Fresken im Turmzimmer

gewidmet, Märtyrern, der Geburt Christi und einem Marienzyklus. An den Wänden befinden sich Jagdmotive, der Kult des Rittertums in der Zeit seines Niedergangs. Auch Adam und Eva sowie ein bäuerlicher hussitischer Krieger, ein Wappenkranz befreundeter Familien werden dargestellt, und die gesamte Fläche überwachsend ein Pflanzengeflecht, in dem sich bereits manieristische Lebewesen regen.

Jaroslavs Grabstein steht in der Kirche von Blatna, der Lieblingsbaum seiner Schwester, der böhmischen Königin Johanna, überdauerte im Park bis in die zwanziger Jahre des vergangenen Jahrhunderts.

Jaroslavs Sohn Zdenek Lev von Rožmitál trug gemeinsam mit Peter IV. von Rosenberg 1508 die Krone bei der Krönung des Jagiellonenprinzen Ludwig. Peter IV. war der Vormund des jungen Böhmenkönigs. Zdenek Lev (†1535) wurde einer der Mächtigsten im Böhmen seiner Zeit, er verwaltete die politische Macht in der Zeit, in der der Jagiellonenkönig Wladislaw II. auch in Ungarn regierte und über Ungarn die italienische Renaissance nach Böhmen brachte. Doch er war auch ein gewiefter Wirtschaftsmagnat. 1516 wurden die Silbervorkommen in Jáchymov/Joachimsthal entdeckt. Zdenek Lev gewährte mit anderen Adeligen gegen Provision die Münzprägung des Joachimstalers – das bis dahin königliche Monopol auf die Landeswährung war damit gebrochen. Auf Blatna ließ Zdenek Lev den Rittersaal mit Bildern schmücken, die auf den Papstpalast von Avignon und auf französische Tapisserien verweisen. Und auch hier stehen die Helden der Antike und seiner eigenen Zeit als überlebensgroße Rittergestalten, die im Moment ihrer Idealisierung auch schon die politische Bühne verlassen hatten. „Das ritterliche Leben ist ein Nachleben", schreibt Johan Huizinga im „Herbst des Mittelalters". Es ist untrennbar von der Heldenverehrung, die sich in der Spätgotik an der französischen Ritterepik

Schloss Blatna: Mächtiger Renaissancebau auf dem Weg nach Pilsen

orientierte. Und diese bot ihre „neun Helden" an: Hektor, Cäsar, Alexander, Josua, David, Judas Makkabäus, Artus, Karl der Große und Gottfried von Bouillon. Nach damaliger Lesart jeweils drei Heiden, drei Juden, drei Christen. Bedarfsweise wurde ein Zeitgenosse hinzugefügt. So selbstherrlich der Adel sich gebärdete, so geschwächt war das Königtum. Bis der junge Böhmenkönig Ludwig Jagiello in der Schlacht von Mohacs 1526 gegen die Türken fiel, nicht zuletzt durch die zögerliche Hilfe der böhmischen Grafen.

Drei Jahre zuvor hatte Peter IV. von Rosenberg für einen Zwist in seiner Familie gesorgt, weil er seine Neffen faktisch enterbt und neben Johann III. von Rosenberg, einem Ordensgeistlichen, vor allem Zdenek Lev von Rožmitál als Erben eingesetzt hatte. Einer der betroffenen, Heinrich VII. von Rosenberg, focht das Testament an, und der Konflikt bekam Zündstoff. Aber Heinrich war auch einer jener Loyalen, die mit 800 Mann dem jungen König Ludwig Jagiello nach Ungarn zu Hilfe eilten. Er kam allerdings nicht mehr an den Kriegsschauplatz, denn er starb in der Nacht von zum 18. August 1526 im niederösterreichischen Zwettl an der Pest. Der Schock über den Schwarzen Tod ließ seine Brüder Jost und Peter einlenken, sodass sie letztlich die Erbschaftssache ihres Onkels akzeptierten.

1526, nach dem Tod des Böhmenkönigs im Kampf gegen die Türken, bewarb sich Zdenek Lev von Rožmitál um das Thronerbe in Prag. Es fiel aber an die Habsburger. Erst unter der Regentschaft Kaiser Ferdinands I. als böhmischer König zog sich der südböhmische Magnat aus den Hofämtern zurück und widmete sich dem Ausbau Blatnas, wo ihm der Renaissancebaumeister Benedikt Ried ein eindrucksvolles dreistöckiges Gebäude samt überdachter Terrasse an der Südseite errichtete – eben jenen Platz, wo sich 1913 der Thronfolger sein eigenes böses Omen schuf.

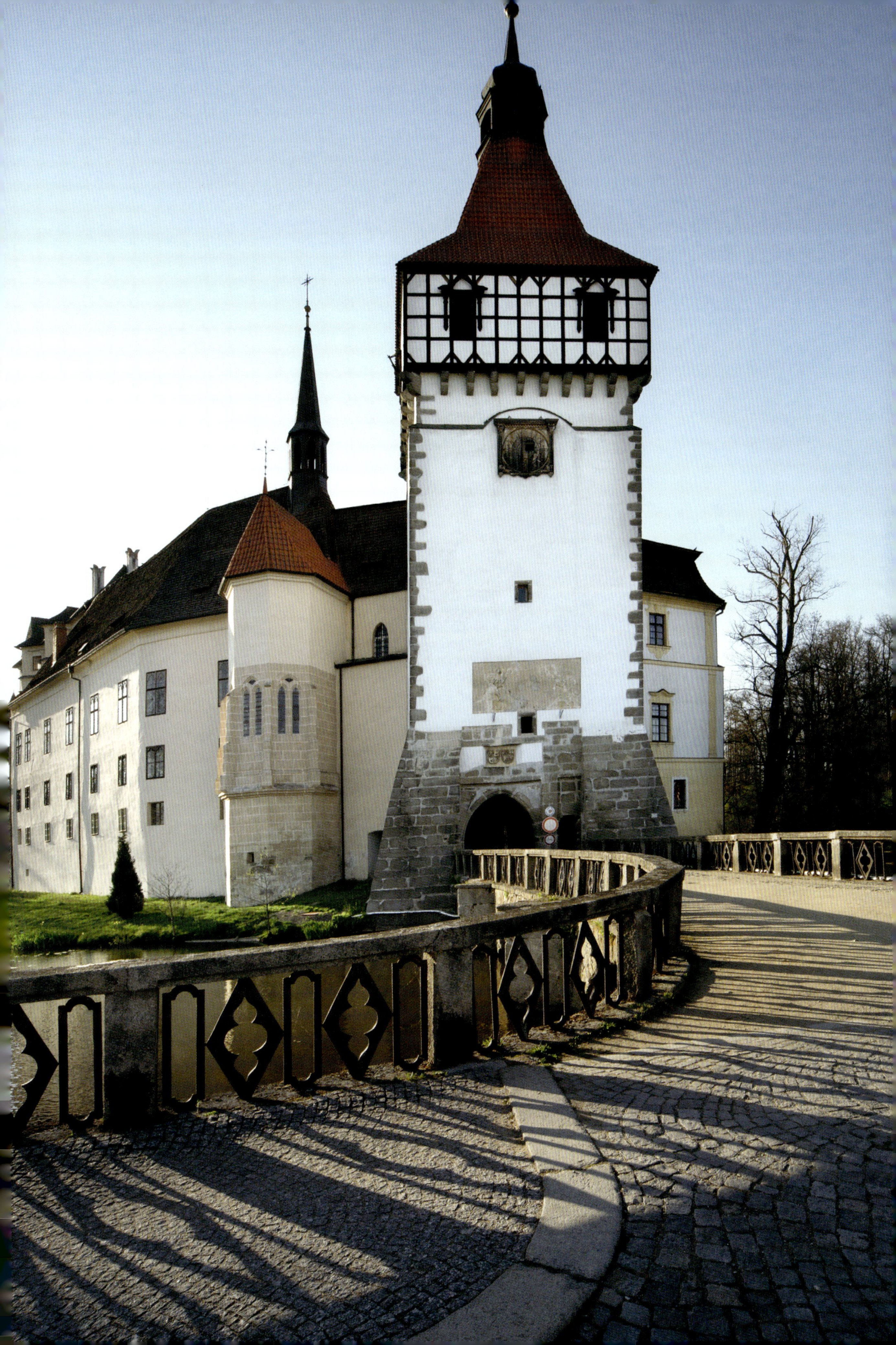

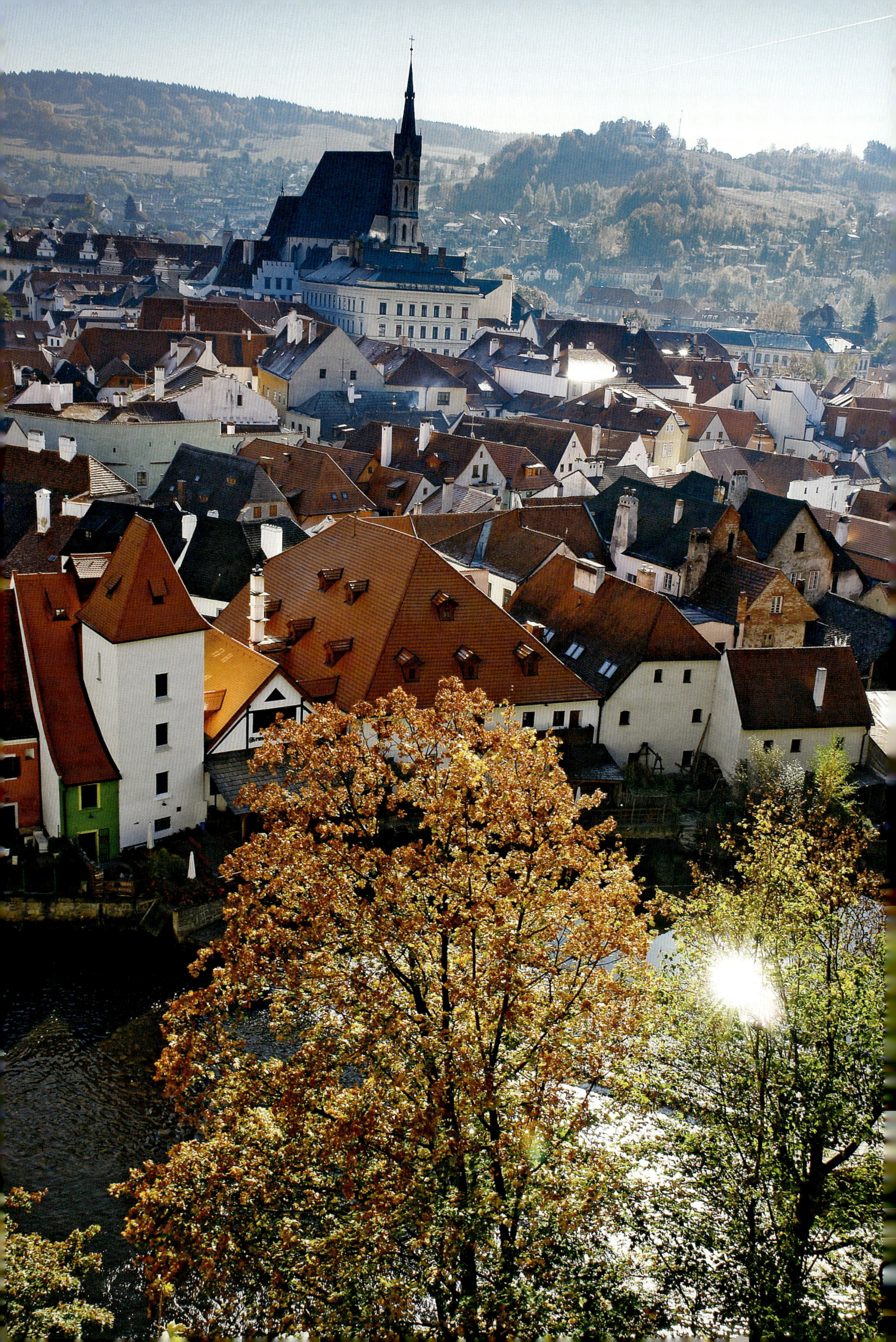

ČESKÝ KRUMLOV/KRUMAU
Die „Witwe der Rosenberger"

Der Fluss legt sich in Schlingen um die „krumme Au": um Krumau, das ab 1302 die Residenz der Rosenberger war. Beherrscht vom Schloss und der Dekanatskirche St. Veit am Stadthügel gegenüber. Die UNESCO stufte die Stadt als bedeutendes europäisches Denkmalreservat ein. Sie wurde so eines der berühmtesten und meistbesuchten Kulturdenkmäler Böhmens. Das Schloss stand bis 1601 im Besitz der Rosenberger, dann in kaiserlicher Verwaltung, bis es 1622 in den Besitz der Eggenberger und 1719 in den Besitz der Schwarzenberger kam. Die Stadt hat immer wieder Künstler angezogen. Hier wohnten zeitweise der Dichter Rainer Maria Rilke und der Maler und Zeichner Egon Schiele. Peter Rosegger bezeichnete Krumau als ein „Klein-Venedig an der Moldau".

Adalbert Stifter nannte Krumau die „graue Witwe der Rosenberger". Auch wenn zu seiner Zeit längst die Schwarzenberger das Schloss bewohnten, die Rosenberger hatten Südböhmen seit dem Mittelalter geprägt, sie waren es, die das Moldautal und den Böhmerwald im 13. Jahrhundert urbar gemacht hatten. Die Grenze war trotz der für Reiter und Wagen großen Distanzen durchlässig, der Raum bis zur Donau selbstverständlicher Aktionsradius, die Kirche und die böhmischen Könige waren ihnen Partner. Besiedelt war das Flusstal aber bereits seit der Jüngeren Steinzeit, jüngste Untersuchungen im Zweiten Schlosshof lassen sogar auf eine Siedlung oder kleine Befestigung aus der Bronzezeit auf dem Felsrücken schließen, als Kelten, Germanen, Slawen durch das Moldautal zogen.

Um 1253, wir sind wieder in der Ära König Přemysl Ottokars II., dürfte die erste gotische Burg entstanden sein. Ein runder Bergfried und ein Wohngebäude, der Turmeingang in der Höhe des ersten Stocks blieben bis heute erhalten. In der zweiten Hälfte des 13. Jahrhunderts wurde oberhalb dieses Wehrgebäudes auf dem zweiten Felsrücken die Urform der heutigen Oberen Burg errichtet. Sie liegt zwischen dem Bärenzwinger, einer ehemaligen Zugbrücke, und der Mantelbrücke, die weiter oben zum Hofgarten führt. Im Süden ist der Burgfelsen von der Moldau flankiert, im Norden vom Blätterbach. Für mittelalterliche Verhältnisse war es eine uneinnehmbare Festung, zumal wahrscheinlich sogar der Blätterbach in der Hussitenzeit zu einem Teich gestaut wurde, der die einzige angreifbare Stelle im Bereich der Vorburg, des späteren Tummelplatzes hinter dem hölzernen Roten Tor, schützte. 1253 hatte der Siedlungs- und Burgplatz schon mehrere Generationen der Witigonen erlebt. Ihnen, den Herren auf Krumau, soll eine grüne fünfblättrige Rose bereits als Wappenzeichen gedient haben. Nach ihrem Ende ging die Herrschaft auf die Rosenberger über, die die rote Rose mitbrachten. Heinrich I. von Rosenberg verlegte die Residenz vom Stammsitz Rosenberg an der Moldau, den sein Vater Wok errichtet hatte, schließlich 1302 nach Krumau. In den folgenden Jahren gewann die gotische Gestaltung der Gebäude an Konturen.

Von hier aus machten die Rosenberger das Moldautal urbar: Krumau, Blick auf die Veitskirche

Český Krumlov/Krumau

1420: Zahlreiche Bürgerrechte für die Bewohner von Krumau

Das älteste Krumauer Stadtsiegel findet sich 1336 an einer Urkunde zum Braurecht. Unterhalb oder zu Seiten der Burg entstanden erste Häuser. Auf dieser Landzunge am Fuß des Schlosses, „ad latera castelli", durchquert man hinter dem Budweiser Tor, dem Rest der alten Stadtbefestigung, die Latron, einen Stadtteil, der bis 1555 selbständig war und dann von Wilhelm von Rosenberg mit der „inneren Stadt", dem Bezirk um die St. Veitskirche, vereinigt wurde. Ende des 14. Jahrhunderts zählte die Stadt, der Hügel um St. Veit eingerechnet, bereits 96 Häuser. 1494 erhielten die Krumauer Bürger das königliche Recht, ihr Vermögen frei zu vererben und gegen Gerichtsurteile zu berufen. Um 1420 hatte Krumau bereits 12 Stadtratsmitglieder, das älteste Rathaus ist das Haus Nr. 3 am Stadtplatz.

Viele Häuser waren ursprünglich gotisch, wurden in der Renaissance- und der Barockzeit umgebaut, alte Sgraffiti gerieten unter neue Fassaden und Giebel, Kragsteine markieren noch die Stockwerke. Oft offenbart sich in den Hinterhöfen das Neben- und Übereinander der Zeitschichten. In der Latron liegt, immer noch verschlossen, das ehemalige Minoritenkloster, angrenzend an die Klarissinnenabtei, gegründet um die Mitte des 14. Jahrhunders unter dem Einfluss donauländischer Spätgotik. Das Minoritenkloster brannte im Dreißigjährigen Krieg aus, wurde später Kaserne und Schule, der Kreuzgang ist aber nach wie vor erhalten.

Der Bergbau wurde bis ins 17. Jahrhundert aufrecht erhalten und führte zur Besiedlung der Vorstadt am Flößberg und in der Fischergasse, jenen Vierteln, deren an den Flusshang gelehnte Häuser Jahrhunderte später Motive für Egon Schiele lieferten. „Bei uns in Böhmen liegt sozusagen die Politik auf der Straße", lesen wir in Rainer Maria Rilkes „Böhmischen Schlendertagen". Seit dem späten 19. Jahrhundert hat es hier Nationalitätenkämpfe, Sprachkonflikte und Ortstafelstreit zwischen tschechischer und deutscher Bevölkerung gegeben. Fotos aus dem Jahr 1918 zeigen Barrikaden am Budweiser Tor, die Kronlandgrenzen im Böhmerwald wurden damals zu Staatsgrenzen. „Es wurde Mode" – so schildert der böhmische Schriftsteller Hans Natonek das Klima der 1920er Jahre – „den versöhnlichen Ausgleich und das liberale Wesen verächtlich zu machen. Es gab nur Vernichtung oder Triumph, Ohnmacht oder Macht, aber nichts Drittes".

Machtwechsel zwischen Religionsbekenntnissen und Nationalitäten zeichneten Südböhmen und hinterließen ihre Spuren. Es begann in den Hussitenkriegen und endete nach Hitlers Despotismus in der Vertreibung der deutschsprachigen Bevölkerung und im kommunistischen Putsch des Jahres 1948. „Das Gefühl des Unrechts und der Entwurzelung ist bei denen, die gezwungen waren, die Stadt zu verlassen, niemals verschwunden", resümiert Václav Bedřich in der „Geschichte der Stadt Český Krumlov, die erstmals die Jahre nach 1945 anspricht, wie überhaupt im letzten Jahrzehnt auch in der tschechischen Literatur die verdrängten und tabuisierten Jahrzehnte nach dem Zweiten Weltkrieg ans Licht befördert werden. Václav Havels Idee von der „humanen Republik" holte auch Krumau aus einem kalten Dornröschenschlaf.

Plündernde Truppen waren oft in diese Gassen zu Seiten der Burg eingedrungen, ob hussitische Kämpfer oder bayerische Besetzung, ob Schweden oder kaiserliche Feldherren namens Buquoy, Colloredo oder Tilly. Selbst wenn der Eintritt ins Schloss verwehrt war, das Viertel unterhalb wurde geplündert. Heute geht man von der Latron durch das hölzerne Rote Tor ins Schloss und betritt den „Tummelplatz". Gegenüber dieser großen Pforte zeichnete ein Freskenmaler die Menschenalter in das Fassadenfeld eines Bürgerhauses. Es läuft um die Ecke in der Klostergasse als Streifen mit Zeichen und Symbolen der Kabbala weiter.

Das Schloss

Der Tummelplatz entwickelte sich früh zu einem Handelsplatz mit dörflichem Charakter, einem Stapelplatz für Salz, das in Böhmen Mangelware war. Daher liefen schon lange vor der Pferdebahn Linz–Budweis Säumerpfade von Inn und Salzach gegen Norden. Als Prachatitz im Westen hussitisch geworden war, ging ein Teil des Salzhandels nicht mehr über den Goldenen Steig bei Passau, sondern über Krumau. Der Salzkasten, ein Gebäude an der rechten Seite des Tummelplatzes, erinnert an dieses städtische Recht. An den Tummelplatz reiht sich die Untere Burg, das „castrum parvum", wie es in alten Urkunden heißt. Man geht über die Brücke des Bärenzwingers, in dem noch heute die Wappentiere der letzten Herren von Orsini-Rosenberg gehalten werden. Südöstlich des Gardeplatzes liegt das „Schlössl", ein Gebäude am Fuß des Turms. Darin wird heute im „Burgmuseum" die jüngere Geschichte der schwarzenbergischen Herrschaft in einer Ausstellung gezeigt.

Der Schlossturm gehört mit seinen Säulenarkaden und dem Grundplan einer Rotunde zu den typischen Formen der eingebürgerten böhmischen Renaissance, die die Neuerungen der italienischen Renaissance mit überkommenen heimischen Baugewohnheiten verbindet. „In Südböhmen haben sich die Herren von Neuhaus und Rosenberg schon vor dem 16. Jahrhundert so etwas wie ein eigenes Reich und auch eine eigene kunstgeschichtliche Enklave geschaffen", meint der Historiker Ferdinand Seibt. Der Rundturm selbst war ursprünglich mittelalterliches Kernstück der Festung, sein Durchmesser beträgt 12 Meter. „Der Turm ist, soweit es seinen Teil bis zum Galerieumgang betrifft, das einzige Bauwerk, das unverändert von der ursprünglichen Burg erhalten ist. Sein von außen unzugängliches Erdgeschoß enthält das Verlies, durch dessen in seinem Kuppelgewölbe ausgespartes sogenanntes ‚Angstloch' man die Gefangenen mittels eines Seiles hinabgelassen hatte. Heute ist es zum Großteil zugeschüttet." Die 19 Säulen des Galerieumganges geben dem Bau seine Leichtigkeit. Im Galerie-

Schloss Krumau, lange Zeit Residenz der Rosenberger (oben); nächste Doppelseite: Der Fluss legt sich in Schlingen um die „krumme Au"

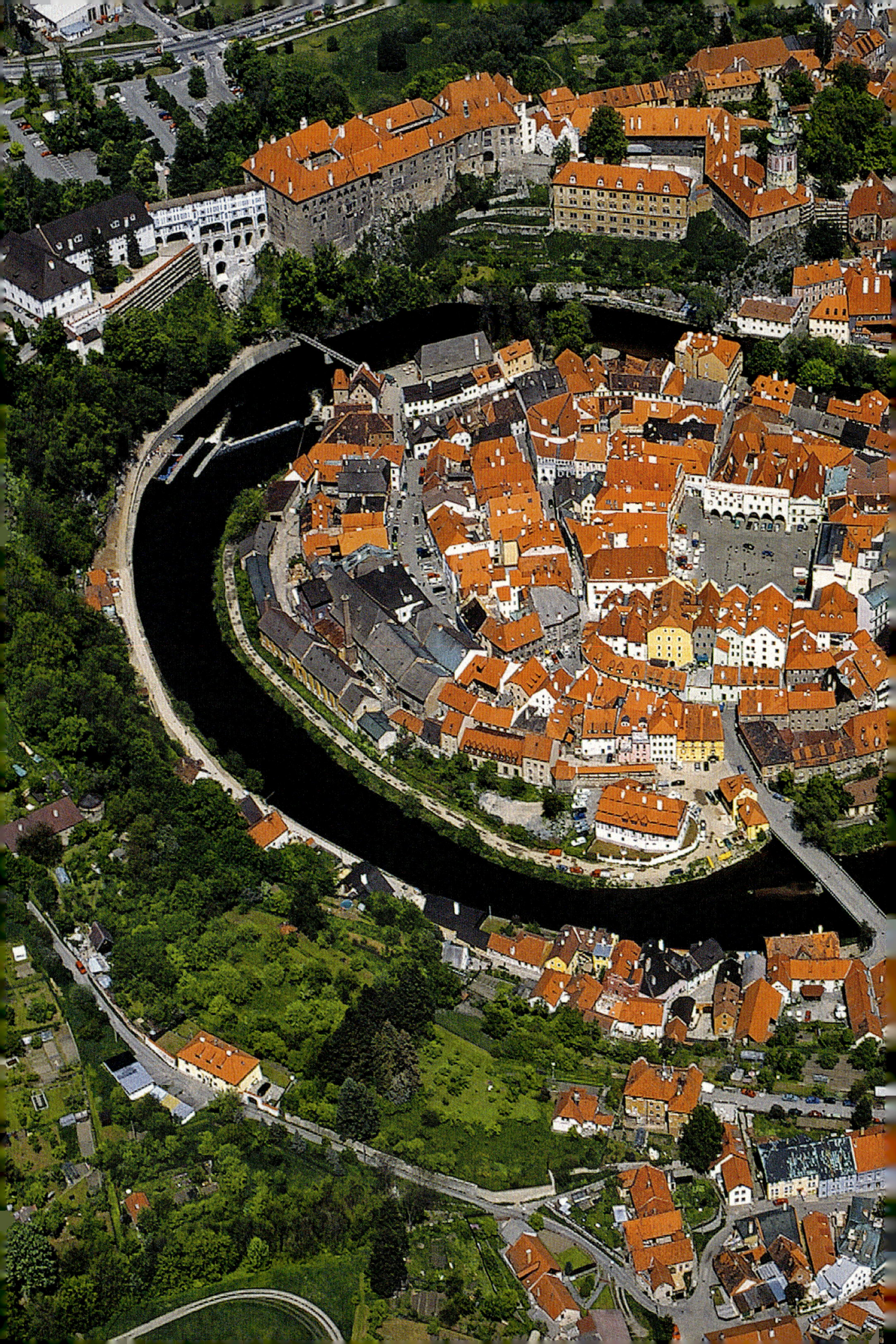

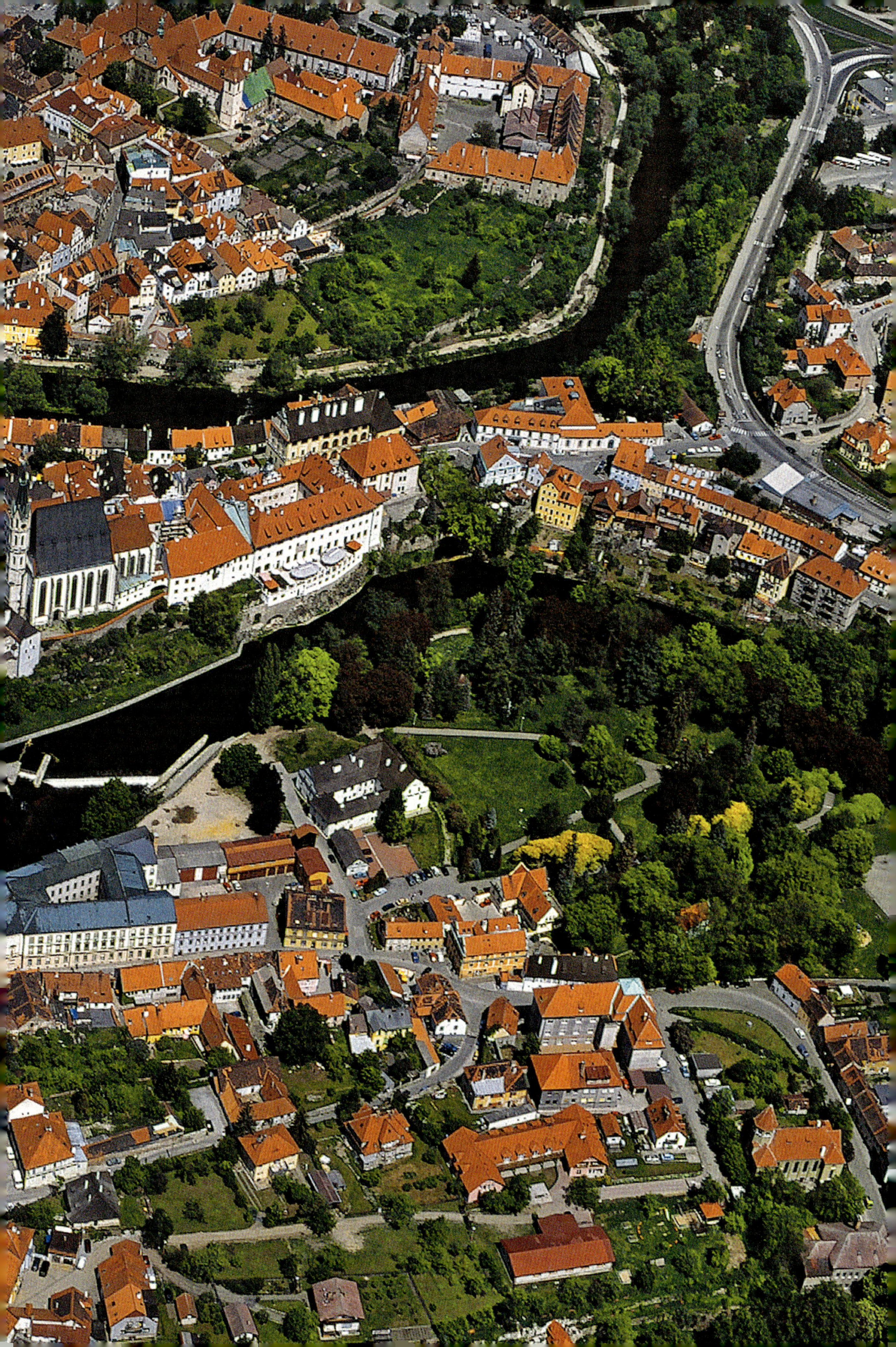

Krumau, der untere Schlosshof

Überwindung der kontinentalen Wasserscheide: Der schwarzenbergische Schwemmkanal

geschoss lag früher die Wohnung des Türmers. Die Wirkung des Turms, der zum Symbol der Stadt Krumau wurde, beruht nicht zuletzt auf dem Kontrast zwischen seiner Architektur und der des Schlössls zu seinen Füßen. Beide Baueinheiten wurden ab 1580 vom Baumeister Balthasar Majo de Vonio (auch Baldassare Maggi d'Arogno) in lombardisch-venetianischen Formen errichtet und 1590 von Bartholomäus Jelinek aus Budweis, dem Bildhauer Georg Bendl und Giovanni Pietro Martinolla in manieristischem Stil mit Renaissance-Wandgemälden und Terracotten geschmückt. Sie nahmen dabei Bezug auf die astrologische Konstellation zur Zeit der Geburt Wilhelms von Rosenbergs, des Vizekönigs von Böhmen.

Porträtfresken namhafter Herrscher der Antike spielen auf das Selbstverständnis Wilhelm von Rosenbergs an. Wie der Kaiser selbst so erlebte sich auch Wilhelm als Renaissancefürst und verglich sich gern mit Caesaren, wenn er sein eigenes „gedechtnus" für die Nachwelt stilisierte.

Bis in die 1930er Jahre paradierten auf dem Gardeplatz schwarzenbergische Grenadiere in Weiß-Blau. Die Rollen einer Zugbrücke und drei Kanonen erinnern an ältere Zeiten: Peter Wok von Rosenberg, der letzte der Familie, hatte 1608 eines dieser Geschütze auf den Namen „Nachtigall" taufen lassen. Und wer den Lauf der Kanone genau betrachtet, findet schwarzen Kriegerhumor in eine Inschrift gegossen, die lautet: „Wenn niemand singen will, sing ich über Berg und Tal."

Auf der gegenüberliegenden Seite, im Jägermeisteramt, saß Ende des 18. Jahrhunderts Franz Rosenauer als Forstbeamter und Konstrukteur des schwarzenbergischen Schwemmkanals, einer Holztrift, die damals als technische Meisterleistung einen der ersten europäischen Tunnel in den Granit des Böhmerwalds schlug. Die Kolonisierung des letzten Winkels eines für unergründlich gehaltenen Landstrichs ist in Aquarellen des Hofmalers Karl Langweil dokumentiert. Der Schwemmkanal machte im späten 18. Jahrhundert den entlegenen schwarzenbergischen Forstbesitz durch die Überwindung der kontinentalen Wasserscheide nutzbar für Wien und Prag.

Die aristokratische Welt hat sich in diese Mauern nicht nur mit Repräsentanz eingeschrieben, sondern auch mit grausigen Ereignissen, die auch Rainer Maria Rilke noch zu einer frühen dramatischen Skizze, genannt „Das Thurmzimmer" (1895), anregten. Darin erzählt er die Geschichte der schönen Baderstochter Margarethe Pichler, die, um dem wahnsinnigen Don Julio zu entgehen, aus dem Schloss in die Tiefe gesprungen sein soll. Don Julio war ein unehelicher Sohn Kaiser Rudolf II. Er wurde auf Schloss Krumau versteckt, weil er an Schizophrenie litt. Er hatte tatsächlich an einem Mädchen in Krumau einen grausigen Sexualmord begangen.

Krumau wurde 1601 von Peter Wok von Rosenberg aus Geldknappheit an Kaiser Rudolf verkauft. Bis 1622 wurde die Herrschaft von der Böhmischen Kammer verwaltet.

Bergbau und Münzrecht

1422, mitten in den Hussitenkriegen, erwarb Ulrich II. von Rosenberg das Münzrecht. Um es nutzen zu können, schürfte er in seinen eigenen Besitzungen nach Edelmetallen. Der Böhmerwald war damals spärlich besiedelt. Durch die Förderung des Bergbaus und damit verbundener Privilegien konnten die Herrschaftsbesitzer einen höheren Bodenwert erzielen. Bergleute wurden angesiedelt. 1526 lebten bereits Bergbaufachleute aus Sachsen in Krumau. Im 16. Jahrhundert hatte Krumau eine eigene Schmelzhütte, ein Ortsname in der Vorstadt (Richtung Rosenberg) zeugt noch heute davon. Um 1549 war allerdings der Ertrag der Stollen schon erschöpft, zur gleichen Zeit wurden bei Tabor reiche Silbervorkommen gefunden. Manche Historiker schreiben es auch der Gegenreformation in Südböhmen zu, dass die Fachleute schwanden, denn die zugewanderten Bergleute aus Deutschland waren zumeist Protestanten.

Geht man vom Gardeplatz weiter zur steilen, mit Holz ausgelegten Auffahrtsrampe liegt rechter Hand der „Schmalzkasten" mit Giebel und Kratzputzquaderung. Der Name des Gebäudes erinnert daran, dass früher die Beamten der Schlossherrschaft in Naturalien ausbezahlt wurden.

Die Hochburg

Der nächste Trakt, die Hochburg, umfasst den „Kapellenhof" und den anschließenden „Archivhof". Hier beginnen die Führungen durch das Schloss. Um 1513 erweiterte Baumeister Ulrich Pesnitzer aus Burghausen die Hochburg gegen Westen hin und schloss vermutlich statt eines steilen Torwegs dem gotischen Bau eine Reihe von Räumen bis hart an den Felsabsturz an, darunter die „Hochzeitsgemächer" Wilhelm von Rosenbergs mit ihren prachtvollen Kassettendecken und Wandbildern: Die Hochburg wurde zur Renaissance-Residenz. Mitte des 16. Jahrhunderts waren auf Schloss Krumau 140 Höflinge und Diener beschäftigt. Der wichtigste Baumeister der Rosenberger in Krumau und ihrer Verwandten auf Jindřichův Hradec war der bereits erwähnte und bedeutendste Baumeister außerhalb des Prager Hofs Balthasar Majo de Vonio/Baldassare Maggi d'Arogno; er stammte aus der Region um Lugano. Er war in jenen Jahren in Krumau, Kratochvile, Bechyně und auf Jindřichův Hradec tätig.

Der niederländische Maler Gabriel de Blonde führte die Malerei in den Räumen aus (Szenen aus dem Alten Testament), daneben fingierte er Tapeten und im Treppenhaus des zweiten Stocks malte er Arabeskenornamente, „die den Vergleich mit italienischen Werken rechtfertigen".

Schon der Kapellenhof zeigt das Streben der Renaissance, durch Schmuckfelder bauliche Asymmetrien auszugleichen. Wilhelm von Rosenberg übernahm die konkrete Idee einer gemalten Architektur aus Tirol, wo er Erzherzog Ferdinand, der kaiserlicher Statt-

1601: Krumau wird wegen Geldknappheit von Peter Wok von Rosenberg an den Kaiser verkauft

halter in Böhmen war (1547–1567), auf Schloss Ambras besuchte.

Im zweiten Innenhof (Archivhof) sind figural die Planeten, die Tugenden und Motive aus Ovids „Metamorphosen" als Wandmalerei zu finden.

Die Schlosskapelle
Das Schloss hat eine große und eine kleine Schlosskapelle. Die große Schlosskapelle, die St. Georgskapelle, stammt aus gotischer Zeit, wurde aber 1757 durch Andreas Altomonte barockisiert und mit Stuckmarmor ausgekleidet. Anton Johann Zinner (†1763 in Krumau) schuf das Tonrelief „Die Kreuzabnahme". Er war schwarzenbergischer Gartenbaudirektor, vor allem aber einer der bedeutendsten Bildhauer Südböhmens im späten Barock, Raphael Donner-Schüler und Preisträger der Wiener Akademie. Die „Kreuzabnahme" in der Schlosskapelle, urteilt der Experte Karl Swoboda, sei „eines von den wenigen Reliefs in Böhmen, die künstlerisch ganz befriedigen". Die kleine Schlosskapelle blieb spätgotisch mit Netzrippengewölbe und einem Flügelaltar aus der Zeit nach 1500.

Die Krumauer Bauhütte und ihre Verbindung zu Haslach
Fenster- und Torgewände im zweiten Innenhof stammen ebenfalls aus der Spätgotik. Über dem mächtigen Unterbau zeigt ein Erker die Wappen der Familien Rosenberg, Pernstein und Kravar. Dieser Erker ist das früheste gotische Werk Ulrich Pesnitzers aus dem Jahr 1513. Ulrich Pesnitzer, vorher Hofarchitekt des bayerischen Herzogs, wurde in Krumau der Nachfolger des Haslacher Steinmetzmeisters und Leiters der rosenbergischen Bauhütte Hanns Getzinger, der in dieser Funktion in Böhmen und im Mühlviertel – hier beispielsweise die Kirche St. Anna in Steinbruch bei Neufelden – baute. Schon vor der Gründung einer eigenen Bauhütte durch Peter IV. von Rosenberg suchte Ulrich II. 1444 einen Steinmetz und lieh sich von seiner „swiger" (Schwägerin) Anna von Schaunberg Meister Andres aus, der – so entdeckte man anhand der Steinmetzzeichen – das Torgebäude der Schaunburg und Teile am Chor der nahen Pfarrkirche Eferding fertigte. In einem Brief bedankte sich Ulrich bei Anna „als mir euren lieben Meister Andresen jetzo hergeschickt habt, des bin ich ganz danckement, dass er mir mit etlichen anderen seinen Helffern auf den Summer arbeiten sollt, dazu ich solche Meister allhier nicht gehaben mag". Die konfessionellen Konflikte der Hussitenzeit hatten den Austausch von Fachleuten erschwert. Es bestand Nachholbedarf.

Der Maskensaal
Im Westflügel des Archivhofs liegt der ehemalige „Hirschensaal", der 1748 durch Josef Lederer in den berühmten „Maskensaal" umgestaltet wurde. In einer Fensternische zwischen den Pantalones, Harlekins, den Türken und Musikanten hat sich der Maler selbst dargestellt, eine Tasse Kaffee trinkend. Sämtliche Wände zieren illusionistische Malereien, die Garderobe, die Instrumente, die Logengäste selbst werden imaginiert, dazwischen Spiegelflächen, die den realen Gast verdoppeln und ihn spielerisch zu einem Teil dieses Maskenfestes mit Komödienfiguren verschiedener europäischer Traditionen, vor allem der Commedia dell'arte machen.

Die Mantelbrücke
Hinter dem zweiten Hof der Hochburg betritt der Besucher die Mantelbrücke. Bereits um 1700 war die Steinbrücke zum Tummelplatz über dem Bärenzwinger errichtet worden, der heute wieder ein Bärengehege beherbergt. 1763 wurde schließlich die Mantelbrücke errichtet, die vorher schon ab 1706 als Holzbrücke über gemauerten Pfeilern die tiefe Schlucht von der Hochburg in

---

Wilhelm von Rosenberg nimmt sich Schloss Ambras in Tirol zum Vorbild

Eines der am besten erhaltenen Barocktheater Europas: der Theatersaal in Schloss Krumau (links); nächste Doppelseite: Blick über Schloss und Innenstadt von Krumau

den Hof des Schlosstheaters überspannte und weiter in den Park führte.

Im nun offenen, steinernen Brückengang stehen Statuen des heiligen Johannes von Nepomuk, der Heiligen Antonius, Felix und Wenzel, um 1764 von Jan Antonín Zinner gefertigt. Über dem offenen Arkadengang der Mantelbrücke führt ein gedeckter Gang von der Bildergalerie in das Schlosstheater. Dieser Gang gestattete es der Herrschaft, vom höchsten Punkt des Schlosses, dem Park, bis hinunter ins Minoritenkloster zu gelangen, ohne je den Fuß in einen der Höfe zu setzen. Dieser Lange Gang, der heute unterbrochen ist, quert beim Roten Tor die Latron.

Die Familien Eggenberg und Schwarzenberg

Nachdem Peter Wok von Rosenberg die Herrschaft Krumau 1601 an den Kaiser verkaufen musste, blieb das Schloss unter ärarischer Verwaltung, bis Kaiser Ferdinand II. 1622 Krumau an die steirische Familie der Eggenberger schenkte, nämlich an den Direktor seines „Geheimrats" Johann Ulrich zu Eggenberg. Dieser und auch sein Sohn waren selten in Krumau und änderten baulich nicht viel. Erst Johann Christian zu Eggenberg, der 1666 Marie Ernestine von Schwarzenberg heiratete, eröffnete kurz nach der Hochzeit ein höfisches Leben auf Schloss Krumau. Das Paar ließ das berühmte Barocktheater jenseits der Mantelbrücke im oberen Teil des Schlosses errichten.

Das Barocktheater

Das Barocktheater bestand bereits 1680 als Holzbau. Nun zeichnete der Baumeister Giovanni Maria Spinetta für den Neubau verantwortlich. Krumau verfügt mit diesem Theaterbau, der bis 1686 unter Johann Christian zu Eggenberg fertiggestellt wurde, über eines der am besten erhaltenen Barocktheater Europas. Alles ist noch im Originalzustand: die hölzerne Bühnenmaschinerie, Hunderte von Kostümen, die Kulissen und Requisiten. Der Salzburger

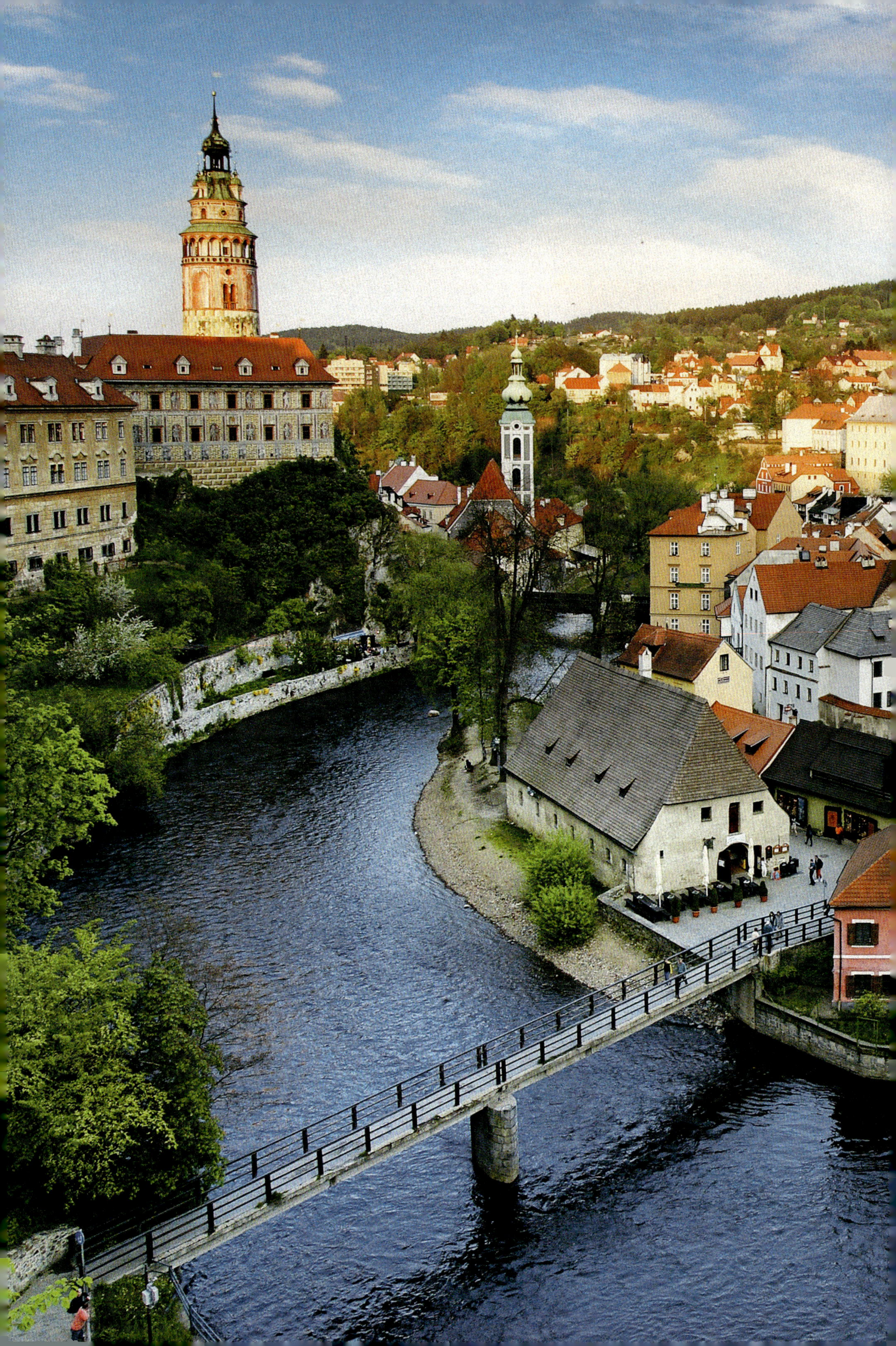

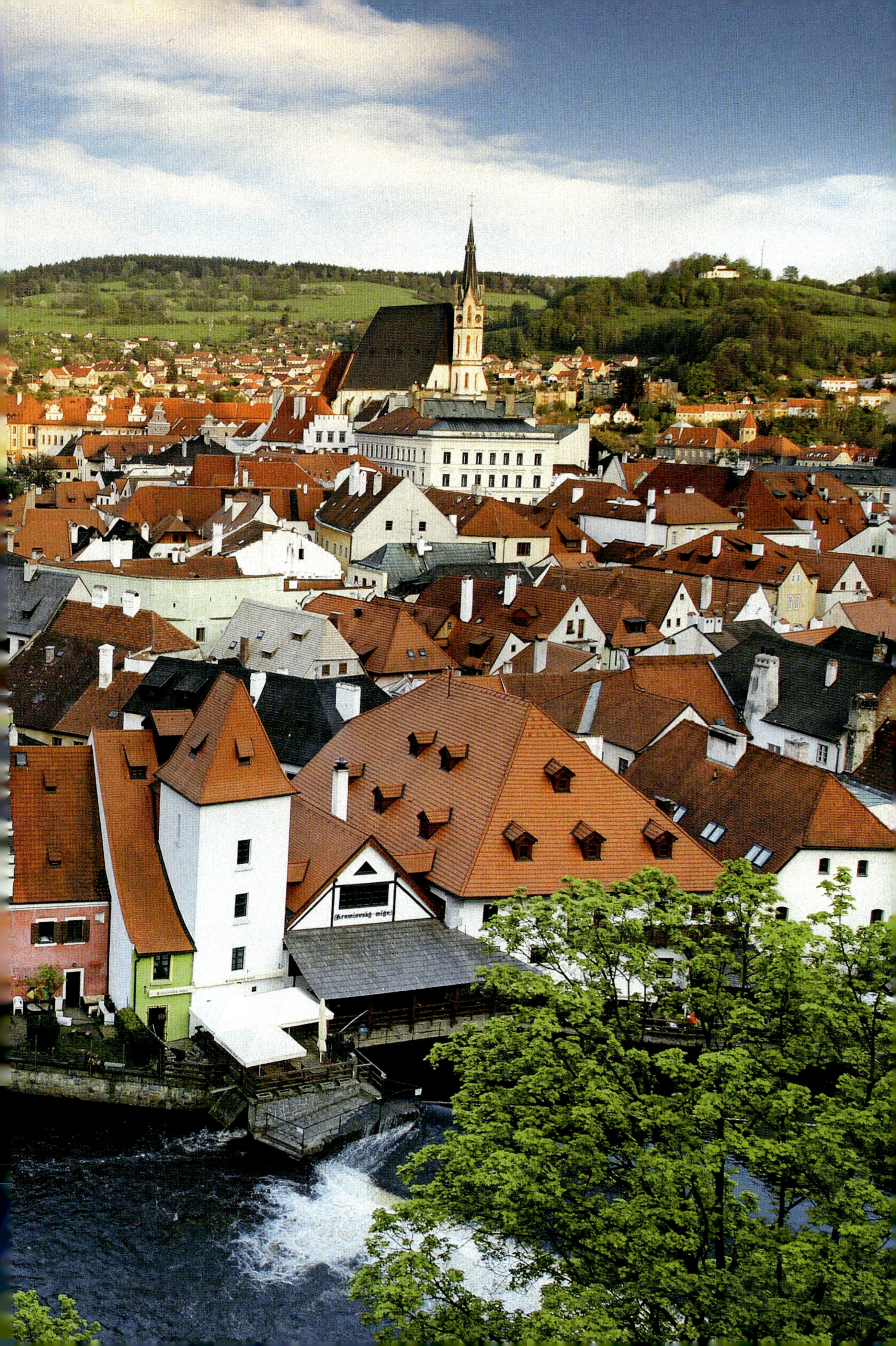

Maler Johann Martin Schaumberger – er malte auch für die Ursulinen in Salzburg – stellte die Dekorationen her.

Die berühmteste Figur, die auf den Brettern des Krumauer Schlosstheaters stand, war Valentin Petzoldt, Komödiant in Diensten des Fürsten Eggenberg, mit dessen Erlaubnis die fahrende Theatertruppe Reisen nach Passau, München und Dresden unternahm. Petzoldt wurde 1677 von Eggenberg engagiert, auch um Gelegenheitsdichtungen zu liefern, in denen er die Schäferpoesie der Zeit persiflierte. Durch Johann Wolfgang von Goethes „Hanswursts Hochzeit" wurde er zur literarischen Figur. Er sollte jedenfalls der dienstälteste Schauspieler in Krumau werden. Besonders Johann Christian zu Eggenberg förderte die Künstler und prägte ein liberales Klima, in dem auch das Schauspiel gedieh. Ausstattungsgegenstände der ersten Vorstellungen wurden in Linz und Freistadt besorgt. Die Schauspieler reisten oft nach Linz, transportierten mit Fuhrwerken Bühnenrequisiten und waren als eggenbergisches Ensemble auch gefragte Gastschauspieler.

Aus Linz kam 1699 auch der eggenbergische Hofmaler Heinrich de Veerle. Er war ein Universalist, der genauso Porträts des Fürsten malte, wie er Rosenkugeln im Garten und Kutschen strich.

Der Schlosspark

Auch der Schlosspark wurde ab 1678 in französischem Stil angelegt Johann Anton Zinner gestaltete gemeinsam mit Andreas Altomonte den Neptunbrunnen. Auf der höchsten Gartenterrasse liegt das Lustschloss Bellaria, das 1708 fertiggestellt wurde. Der umliegende „Hofgarten" hatte prächtige Feste erlebt, wie sie in Residenzstädten in Mode kamen. Bei einem solchen Fest installierte man 1768 allein im Park 26.000 Lampen und inszenierte auf dem Teich Schiffsschlachten. Die Festkultur hatte vorgesorgt: Noch heute verfügt das Schloss über Hunderte originale Rindertalglichter, wie sie zur Illuminierung verwendet worden waren.

Prunk und Erinnerung

Im Eggenbergersaal steht der goldene Prunkwagen, in dem Johann Anton Eggenberg 1638 als Botschafter anlässlich der Wahl Ferdinands III. zum römisch-deutschen Kaiser dem Papst die Geschenke überbrachte: Ein Fahrzeug, das, in Rom gefertigt, ausschließlich dieser Zeremonie diente und später als Bett Verwendung fand. Drei Generationen von Eggenbergern schauen in diesem Saal von den Wänden, auch Marie Ernestine von Eggenberg, geborene Schwarzenberg, die den gesamten Besitz 1719 ihrem Neffen Adam Franz von Schwarzenberg vererbte. Im Schlafzimmer seiner Gattin ist dieser in Rüstung und barocker Allongeperücke über dem Kamin porträtiert. Über diese einstigen Privaträume der Fürsten Schwarzenberg kommt man in die Herren- und Damenzimmer aus dem 19. Jahrhundert. Ihre Einrichtung stammt teilweise schon aus der Zeit, in der sich die Schwarzenberg das Barockschloss Hluboká/Frauenberg nahe Budweis in eine bequeme und feudale Residenz umbauen ließen und Krumau als Wohnschloss aufgaben.

Hier in Krumau blieb ein Raum, gefüllt mit Porzellan, das der Hofmaler Ferdinand Runk im Biedermeier mit Motiven aus den schwarzenbergischen Besitzungen verziert hatte. Sämtliche Vorlagen dafür sind Entwürfe Pauline Schwarzenbergs, geborene Arenberg. Sie war selbst eine begeisterte Malerin, ihr großes Porträt, das Bild einer schönen jungen Frau im Empirekleid, wurde von Franz Sales 1814 verfertigt, damals war sie allerdings schon vier Jahre tot.

Der Feuertod der Fürstin

Es war ein Schock für alle, die sie kannten. In ihrem Haus in Wien waren Josef Haydns „Schöpfung" und die „Jahreszeiten"

Wappen der Familie Eggenberg

uraufgeführt worden. Ihr kunstsinniger Salon war ein gesellschaftliches Zentrum, ihr Schwager auf Schloss Orlík kaiserlicher Botschafter im Paris Napoleons. Bei einem der Feste anlässlich der Vermählung des Korsen mit Marie Louise von Österreich am 1. Juli 1810 geschah die Katastrophe: Der deutsche Diplomat Varnhagen van Ense schilderte, wie im Gedränge des Tanzsaals Feuer ausbrach und rasend schnell um sich griff, „während an dem Portale noch ein furchtbares Fluchtgedränge wogte, das unter entsetzlichem Weh- und Angstgeschrei in den Garten abstürzte, während glühende Rauchwolken wirbelnd aufstiegen". In der Panik, berichtete Varnhagen, ein Romantiker mit dem Blick eines modernen Reporters, suchte Fürstin Pauline ihre Tochter, die sie irrtümlich noch in den brennenden Räumen vermutete, verlor dabei das Bewusstsein und kam ums Leben. Ihre Leiche wurde im zerstörten Festsaal gefunden, identifiziert durch ein Halsband, an dem sie die Namen ihrer acht Kinder trug.

Pauline von Schwarzenberg war im Alter von 36 Jahren verstorben. Einer ihrer Söhne, Felix, wurde später österreichischer Ministerpräsident und einer der einflussreichsten Politiker des 19. Jahrhunderts, ein anderer, Friedrich, dessen Marmorfigur im Prager Veitsdom steht, wurde Erzbischof in Salzburg und Prag.

Die Stadt

Die Veitskirche

Zentrum der mittelalterlichen Stadt war die Veitskirche oberhalb des Stadtplatzes. Ihr Grundstein wurde um 1309 gelegt. Peter I. von Rosenberg vermehrte ihren Besitz, der Verkauf päpstlicher Ablässe brachte weitere Einnahmen. Die unruhige hussitische Zeit verzögerte aber letztlich die Vollendung bis 1439. Der Architekt, der den Kirchenbau vollendete, der im Mittelschiff 44 Meter Länge misst, war Linhart von Altenberg, wie es an der Decke der Kirche vermerkt ist, wo der Name „linhart z oldenberku" zu lesen ist. Man übernahm im Mittelschiff vom berühmten Prager Burgbaumeister Peter Parler (†1399) das Netzgewölbe, wie es auch im Veitsdom auf dem Hradschin realisiert wurde. Die Seitenschiffe zeigen Gewölbe, wie sie schon vor der Zeit Peter Parlers üblich waren.

Um 1500 wurde der Kirche durch Hanns Getzinger und die rosenbergische Bauhütte ein Chorumgang eingefügt und ein spätgotisches Sanktuarium (Sakramentshäuschen) im Presbyterium, wo seit dem 13. Jahrhundert die Hostien aufbewahrt wurden. Der Hochaltar von St. Veit in seiner barocken Form wurde von der Schnitzerfamilie Worath aus Tirol ausgeführt. Johann und Anton Worath arbeiteten längere Zeit in Südböhmen, aber auch im Stift Schlägl.

Der Altar der Veitskirche ist stark von den Jesuiten geprägt: Die beiden Jesuitenheiligen Ignaz von Loyola und Franz Xaver stehen seitlich des St. Veitsbildes.

Das Franziskusbild an der Südwand zeigt eine alte Stadtansicht von Krumau und den Heiligen im Gespräch mit einem Boten. Dem heiligen Franziskus war die Rettung der Stadt vor der Pest 1681 zugeschrieben worden.

Die Johannes von Nepomuk-Kapelle in der Veitskirche

Die Kapelle des heiligen Johannes von Nepomuk ist zugleich die Grabkapelle der Schwarzenberger, bevor diese den Toten der Familie ein eigenes Mausoleum in Třeboň/Wittingau errichteten. Oberhalb des Eingangs der 1725 gebauten Grabkapelle steht auf Latein: „Zur ewig währenden Verehrung des heiligen Johannes stellten Adam und Eleonora von Gottes Gnaden schwarzenbergische Reichsfürsten und Herzöge von Krumau kraft angeborener Frömmigkeit in Dankbarkeit dieses

Der Altar der Veitskirche ist stark von den Jesuiten geprägt

Český Krumlov/Krumau

Zentrum der alten Stadt: die Veitskirche (oben); nächste Doppelseite: renovierte Bürgerhäuserfassaden in der Altstadt von Krumau

Heiligtum auf." In der linken Wand findet sich eine mit schwarzem Marmor verschlossene Nische, die sieben Urnen mit Herzen von Mitgliedern der Familie Schwarzenberg enthält, unter anderem jenes der Pauline von Schwarzenberg, die in Paris im Feuer umkam. Nach 1833 wurden die Bestattungen nach Třeboň verlegt. Rechts und links zu Seiten der Kapelle sind jene zwei Grabplatten aus rotem Marmor eingelassen, die einst zum Grabmal Wilhelm von Rosenbergs und seiner dritten Frau Anna Maria von Baden gehörten. Dieses Grabmal war baldachinartig in der Kirche aufgebaut, in Marmor, Terracotta und Kupfer und von einem rosenbergischen Reiter gekrönt. 1593–1597 hatten es der Bildhauer Georg Bendl und der Goldschmied Johann Dorn errichtet. Es reichte bis ans Gewölbe der Kirche. Was die letzte Frau Wilhelms von Rosenberg, Polyxenia von Lobkowicz zeitlebens noch verhindern konnte, wurde allerdings im 18. Jahrhundert traurige Tatsache: Das wertvolle Grabmal wurde abgerissen. Die kunstvollen Zinksärge wurden angeblich als Altmetall verkauft.

Der Kanzler der Rosenberger Herrschaft Wenzel von Ruben ließ 1513 unterhalb der Kirche das Kaplanhaus oder Dechanteigebäude errichten, das einen prächtigen Eckerker erhielt und die Verbindung von Spätgotik und Renaissance, von Prager und Krumauer rosenbergischer Bauhütte darstellt.

Die Jesuiten
Durch die Obere Gasse kommt man zum einstigen Jesuitenkolleg, das zu einem Hotel umgebaut wurde, und zum ehemaligen Jesuitentheater, dem heutigen Bezirks- und Regionalmuseum. Schon um 1573 verhandelte Wilhelm von Rosenberg mit dem

Provinzial des damals noch jungen Jesuitenordens „wenigstens Missionare für seine Herrschaft zu erhalten und nach und nach auch eine Unterrichtsanstalt oder ein Kolleg gründen zu können."

Der Orden war erst 1540 als „Societas Jesu" von Ignatius von Loyola gegründet worden. Ignatius stammte aus baskischem Adel, wählte zunächst die Offizierslaufbahn und wurde erst mit 47 Jahren Priester. Seine Gesellschaft Jesu, der er als erster Ordensgeneral vorstand, erlebte einen fulminanten Aufschwung, nicht zuletzt durch ihre Organisation und Effizienz im Bildungswesen. Die Jesuiten lebten damals schon einen neuen Orden, ohne Klausur, ohne Ordenstracht, mit hoher Mobilität. Sie wurden die maßgebliche Bildungsinstitution für die katholische Elite des 17. Jahrhunderts.

In Krumau dauerte es wegen personeller Knappheit noch bis 1584, bis Ordensleute eintrafen. Wilhelm von Rosenberg versprach Kolleg und Schule auf seine Kosten zu bauen, aus den Abgaben, die die Stadt Prachatitz leistete. Prachatitz brachte aufgrund des Salzhandels am „Goldenen Steig" erhebliche Einnahmen. Baumeister Majo de Vonio/Maggi d'Arogno übernahm das Projekt und errichtete mit den Gebäuden des Jesuitenkollegs nicht nur eine Renaissance-Korrespondenz gegenüber dem Schloss, sondern auch seinen letzten Bau vor der Rückkehr in seine Heimat. Im März 1586 wurde der Grundstein des Kollegs gelegt. Wilhelm von Rosenberg stellte den Unterhalt für 20 Jesuiten, weiters Wald, Fischteich und einen Garten zur Verfügung. Sein Bruder und Nachfolger Peter Wok, bekennender Protestant, schränkte die Tätigkeit der Jesuiten ein, später entfalteten sie wieder ihre Tätigkeit, der krisenbefallenen katholischen Kirche Gläubige zurückzugewinnen.

Diese Aktivität des Ordens in der Gegenreformation färbte das Bild vielfach negativ. In Böhmen wurde der Jesuit Bohuslav Balbín, der für die Pflege der tschechischen Sprache eintrat, als Gelehrter berühmt, das Theater (Jesuitendrama) wurde als großes didaktisches und mediales Instrument entwickelt. Die Jesuiten verstanden es, die Volksfrömmigkeit zu fördern, etwa in dem sehenswerten Wallfahrtsort Rimov/Rimau bei Kaplitz, einer volksbarocken Loretto-Wallfahrt mit Kreuzweg und Ambitus (Umgang). Die Jesuiten machten auch Johannes von Nepomuk zum populären allgegenwärtigen Volksheiligen. Und sie errichteten später in ihrem „Jesuitengarten" in Krumau eine große Pflegestation für die Versorgung Pestkranker.

Zwischen dem Jesuitenkolleg und dem Mühlviertler Stift Schlägl bestanden in der Barockzeit enge Beziehungen. Abt Martin Greising von Schlägl war Schüler des Jesuitenkollegs Krumau, seine Schwester wurde Oberin des Klarissinnenklosters in Krumau.

Die Jodokuskirche

Die St. Jodokuskirche steht unmittelbar neben der hölzernen Baderbrücke, die den Stadtteil Latron mit der Inneren Stadt verbindet. Das St. Jodokspital wurde im 14. Jahrhundert von Peter I. von Rosenberg gegründet, in einer Zeit, als die Pest in Mitteleuropa um sich griff. 1347 war durch ein genuesisches Handelsschiff die Beulenpest in Sizilien eingeschleppt worden und entvölkerte weite Gebiete Europas. Der Namenspatron, der heilige Jodok, war ein bretonischer Priester, Einsiedler und Patron der Kranken im 7. Jahrhundert. Häuser wie St. Jodok standen, wie im Mittelalter üblich, oft außerhalb der Stadttore – im Fall Krumaus am Stadtrand der Latron, am Ufer der Moldau. St. Jodok, ein Vorbild aller späteren Spitäler der Rosenberger Herrschaft, ist das frühest erwähnte Gebäude im Stadtteil Latron.

Nach dem Einzug der Minoriten in ihr Kloster beschränkte sich der Besucher-

Wilhelm von Rosenberg lässt aus den Abgaben von Prachatitz das Jesuitenkolleg errichten

KNIHY

KRČMA
V ŠATLAVSKÉ

RESTAURANT

VINÁRNA
KONVICE

KONVICE
CAFÉ-TERRASSE

Vepř. medailonky
s čerstvými hříbky
Schweinmedaillons
mit Steinpilzen

BÖHMISCHE KÜCHE

HOTEL

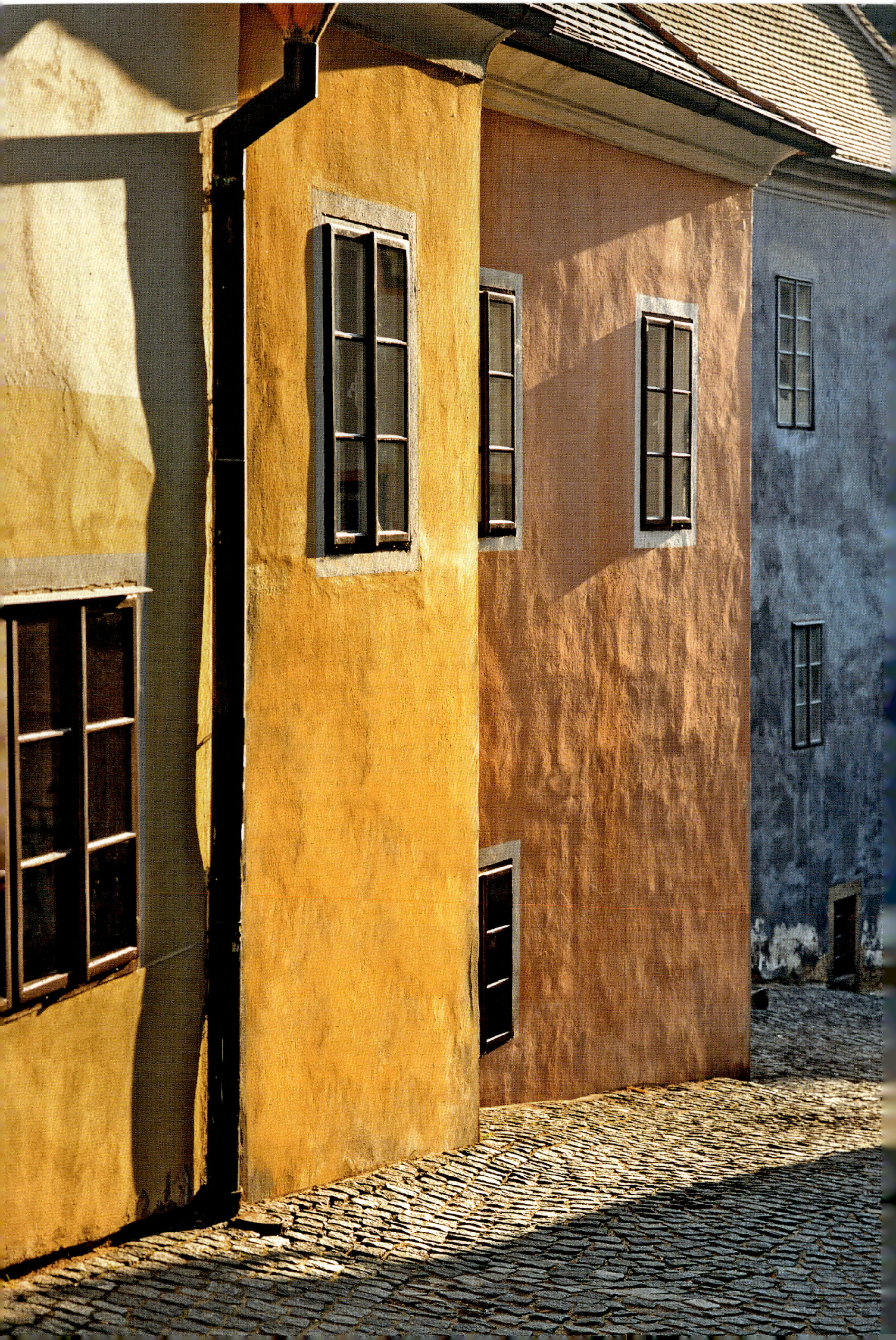

Adalbert Stifters Roman „Witiko" wurde. Er stand in königlichen Diensten und erwarb Landbesitz in Südböhmen. Seine vier Söhne wurden zu den Ahnherren der folgenden Familienzweige, die eine gemeinsame Wappenblume, die fünfblättrige Waldrose, in verschiedenen Farben variierten und allesamt immer wieder hohe Hofämter in Prag bekleideten. Die Witigonen waren zeitweise Partner und auch Kontrahenten des Königs.

Witiko II., auch der Ältere genannt, begründete die Krumauer Linie und trug die grüne Rose auf silbernem Grund auf dem Schild. Den Herren von Krumau gehörte auch der ehrgeizige Zawisch von Falkenstein an. Diese Linie ist von kurzer Dauer und starb 1302 aus. König Wenzel II. übertrug die Güter auf die Verwandten, die Herren von Rosenberg.

Witiko III., der Jüngere, nennt sich „von Prčice und Plancinberc", nachdem er sich 1191 mit Kunigunde von Blankenberg verheiratet hatte. Er verwaltete Ländereien im Mühlviertel, erhielt Güter zwischen St. Oswald und Donau von den österreichischen Herzögen als Lehen, verwaltete schließlich nach 1254 das Land zwischen Pyhrnpass und Donau. 1256 fiel Witiko III., der auch als „nobilis homo de Boemia" bezeichnet wird, einem politischen Mord im Speisesaal des Stiftes St. Florian zum Opfer. Sein Sohn ist Wok I. von Rosenberg (1210–1262).

Witiko IV. (†1234) begründete die Linie von Landstein, die bis ins 16. Jahrhundert existierte und die silberne Rose auf rotem Grund im Wappen führte.

Heinrich I. begründete die Linie der Herren von Neuhaus (Heinrichsburg/Jindřichův Hradec), die sich mit der goldenen Rose auf blauem Grund schmückten und 1604 ausstarben. Eine Nebenlinie derer von Neuhaus, die Herren von Straz, verwendete die blaue Rose auf Goldgrund.

Schließlich blieb der außereheliche Sohn Witikos *Sezema von Ústí*, auf den die Linie von Sezimovo Ústí in Mittelböhmen zurückgeführt wird. Sie erlosch 1630 und trug die schwarze Rose auf goldenem Grund. Durch ihre bedeutende Stellung in Südböhmen und ihre Besitzungen im heutigen Mühl- und Waldviertel entstand eine vielfältige Verwandtschaft mit den Familien der Schönering-Blankenberg, Falkenstein, Schaunberg, Hardegg, Wallsee, Starhemberg und den Kuenringern sowie den bayerischen Grafen Leuchtenberg und Hals.

Wok I. (1210–1262), der Gründer des Zweigs „von Rosenberg" und Sohn Witikos III., erlebte den Niedergang seines „goldenen Böhmenkönigs" Přemysl Ottokar II. nicht mehr, seine Söhne wurden Zeugen und Mitwisser der waghalsigen Machtpolitik ihres Verwandten Zawisch von Falkenstein. Sie gingen aber rechtzeitig auf Distanz und konnten daher, als die Krumauer Linie der Witigonen, der Zawisch angehörte, erlosch,1302 deren Erbe antreten.

Woks Sohn *Heinrich I.* von Rosenberg (†1310) verlegte die Residenz der Rosenberger nach Krumau. Auch er erlebte eine schwierige Zeit, denn die Habsburger strebten den böhmischen Königsthron an. 1306 wird der junge Přemyslide Wenzel III. ermordet, der Habsburger Albrecht wollte militärisch intervenieren und wurde 1308 selbst durch einen Verwandten der böhmischen Dynastie der Přemysliden, Johannes Parricida, ermordet.

Die politischen Morde führten in anarchische Zustände. Ein Krisenstab, dem Zisterzienseräbte und der Rosenberger Heinrich angehörten, fand schließlich den böhmischen Thronfolger in Johann von Luxemburg, dem Sohn des deutschen Königs, der Elisabeth, die letzte Přemyslidin, heiratete. Die Luxemburger blieben als letzter Gegenhalt zu den aufstrebenden Habsburgern. Für sie musste es von großer Bedeutung sein, an der Südgrenze einen loyalen Herrn zu wissen. Allerdings starb Heinrich von Rosenberg 1310, genau in dem Jahr, in dem Johann von Luxemburg den böhmischen

Alte Häuser in Krumau: Balance zwischen touristischer Vermarktung und UNESCO-Weltkulturerbe

Thron bestieg. Krumau war damals gerade acht Jahre Residenzstadt der Rosenberger. Heinrichs Sohn *Peter I.* von Rosenberg (1291–1347) war dem Kloster Hohenfurth sehr verbunden. Die Situation erforderte es aber, dass er die Geschäfte der Familie führte. Er heiratete Elisabeth von Teschen, die Witwe König Wenzels III. Die Nähe zum Königshaus blieb somit erhalten. Peter war der Stifter des berühmten „Hohenfurther Altars" und baute in Krumau die Obere Burg (unter anderem die Georgskapelle) aus. Sein Sohn *Heinrich II.* von Rosenberg fiel an der Seite des erblindeten Königs Johann von Luxemburg 1346 in der Schlacht von Crécy und wurde in den französischen Chroniken als einer der wenigen Ritter namentlich erwähnt. Die Schlacht von Crécy gilt als der „glänzendste militärische Triumph der Engländer auf dem Kontinent" im Hundertjährigen Krieg gegen Frankreich: 4000 Männer der französischen Armee und ihrer Verbündeten waren gefallen, König Johann war mit seinem Gefolge „der Ruhmvollste von allen" schreibt Barbara Tuchman. Er hatte sich von zwei Knechten geleitet in den Kampf führen lassen, Heinrich von Rosenberg war dabei, als die Engländer, an der Spitze der Prinz von Wales, das königlich-böhmische Wappen erbeuteten. Seit damals gehören die drei Straußenfedern mit dem Spruch „Ich dien" zum Wappen des Prinz von Wales.

Peters zweiter Sohn *Jost I.* von Rosenberg (1343–1369) nahm 1347 an der Krönung Karls IV. zum Römischen Kaiser deutscher Nation teil. Karl IV., der am französischen Hof erzogen worden war, mehrere Sprachen beherrschte und die europäischste Herrscherfigur Böhmens werden sollte, war der Sohn der letzten Přemyslidin und des Luxemburgers Johann. Unter Karls Regentschaft wurden die böhmische Krone, die Reichskrone und die Kaiserkrone auf einem Haupt vereint. Ein Ziel, das König Přemysl Ottokar II. hundert Jahre zuvor angestrebt hatte. Jost I. baute in seiner Zeit die Burgen Dívčí Kamen und Helfenburk und erwarb Třeboň/Wittingau und Nové Hrady/Gratzen. Außerdem löste Jost von Rosenberg die geistlichen Stifterpläne seines Vaters Peter ein: Er gründete 1350 das Franziskaner- und Klarissenkloster in Krumau und 1367 die Augustinerkirche in Třeboň.

Nach Josts Tod übernahm sein Bruder *Ulrich I.* die Regentschaft. Ihm musste Herzog Albrecht von Österreich 1382 Burg und Stadt Eferding überlassen. Dafür versprach Ulrich, die Schaunberger nicht weiter zu unterstützen, die mit Albrecht im Streit standen.

Heinrich III. von Rosenberg (1361–1412), Sohn Ulrichs I., erweiterte die Dekanatskirche St. Veit in Krumau, vor allem aber war er als einer der führenden Adeligen an der zweimaligen Verhaftung 1394 und 1402 König Wenzels IV. beteiligt. Wenzel IV., der dem Format seines Vaters nicht annähernd gewachsene Sohn Karls IV., war jener Herrscher, der Johann von Nepomuk, weil dieser gegen Vetternwirtschaft in der Bischofsbesetzung protestierte, zu Tode foltern ließ. In seiner Zeit begannen auch die religiös-politischen Spannungen um Jan Hus.

Ulrich II. von Rosenberg (1403–1462) Sohn Heinrichs III., wurde bereits von einem hussitischen Vormund erzogen, was aber auf seine spätere Haltung wenig Einfluss nahm. Jedenfalls gelang es ihm als einem, der „mit allen konnte", in einer äußerst unruhigen Zeit das rosenbergische Territorium zur bislang größten Ausdehnung zu führen.

Die folgende Zeitspanne wurde aber auch für die Rosenberger schwieriger: *Johann II.* von Rosenberg, Sohn Ulrichs II., geriet aufgrund seiner Nähe zum „Hussitenkönig" Georg von Podiebrad zwischen die Fronten der Hussiten und der katholischen Adelspartei unter Zdenko von Sternberg. Es war dies nicht so sehr ein grundsätzlich religiöser Konflikt, sondern ein Kampf um Macht

Fensterrose auf Schloss Třeboň

und Herrschaft. Die zehrende und unberechenbare Position zwischen den Lagern ließ Johann nicht alt werden. Er starb 1472 gerade erst 40-jährig.

In der Generation seiner Söhne fand sich keiner, der die Herrschaft hätte übernehmen können, weshalb diese Aufgaben 1475 an Bohuslav von Schwanberg übergeben wurden.

Erst 1490 war mit *Wok II.* wieder ein ambitionierter Regent an der Spitze der Witigonen. Er begleitete König Wladislaw zu dessen Krönung, musste allerdings schon 1493 aus gesundheitlichen Gründen die Führung an seinen Bruder *Peter IV.* von Rosenberg (1462–1523) übertragen. Bis zu seinem Tod 1505 zog sich Wok II. nach Třeboň zurück, baute dort die Teichwirtschaft aus und widmete sich der Entwicklung dieser Stadt.

Im Jahr 1500 gelang es Peter IV., den Rosenbergern den ersten Platz an der Seite des Königs vor allen anderen Adelsfamilien zu sichern, indem er dies in der Landesverfassung des Jagiellonenkönigs Wladislaw verbrieft erhielt. Dieser Rang wurde durch die Vormundschaft Peters IV. für den jungen Böhmenkönig Ludwig II. Jagiello erwirkt. Bei der Krönung Ludwigs 1508 trugen Peter IV. von Rosenberg und Zdeněk Lev Rožmitál gemeinsam die Königskrone. Peter IV. sorgte allerdings auch für einen Eklat in der Familie. Er enterbte nämlich seine Neffen, auf die die Erbfolge zugekommen wäre, und ernannte unter ihnen allein Johann III. von Rosenberg zu seinem Universalerben.

Johann III. freilich war Ordenspriester und Generalprior des Johanniterordens und daher diesem und seiner Residenz in Strakonitz verpflichtet. Das stattliche rosenbergische Erbe fiel schließlich zu einem guten Teil an Zdeněk Lev Rožmitál, auch er ein Mächtiger im böhmischen Adel, mit einem Stammsitz in Blatna, auf halber Strecke zwischen Budweis und Pilsen.

Heinrich VII. von Rosenberg (1496–1526), einer der Brüder Johanns III., wollte das Testament seines Onkels Peter IV. anfechten. Aber die Geschichte sollte ihm keinen Erfolg gönnen. Als er dem jungen Böhmenkönig Ludwig Jagiello, der in Ungarn gegen die Türken zog, mit einem Truppenkontingent zu Hilfe kommen wollte, starb er unterwegs in Zwettl in Niederösterreich in der Nacht auf den 18. August 1526. In der Schlacht von Mohacs in Ungarn fiel der Böhmenkönig Ludwig, nicht zuletzt weil der böhmische Adel sich zu lange hatte bitten lassen, militärische Unterstützung zu schicken.

Der Schock über den plötzlichen Tod Heinrichs begünstigte in der Familie der Rosenberger die Bereitschaft zu Übereinkunft und neuer Verständigung. Man stellte den Streit hintan, vielleicht auch deshalb, weil Böhmen nach dem Schlachtentod König Ludwigs aufgrund eines Erbvertrags neue Herrscher ins Haus standen: Ab 1526 regierten die Habsburger, mit deren Aufstieg, so sehen es tschechische Historiker, veränderte sich das Selbstverständnis der böhmischen Stände. Die Freiheit und Selbstbestimmtheit der vorangegangenen Generationen schwand und wurde abgelöst von der Karriere als Höfling.

Jost III. von Rosenberg (1488–1539) und Anna von Roggendorf († 1562) sicherten jedenfalls noch einmal die Familiendynastie ab. Sie waren die Eltern von Wilhelm und Peter Wok von Rosenberg, den beiden letzten männlichen Nachkommen dieser Familie, die allerdings noch einmal Glanz und europäisches Format verkörperten. Jost und seine Frau hatten sieben Kinder. Neben den beiden genannten Brüdern erreichte nur noch Eva von Rosenberg (1537–1591) ein höheres Alter. Sie war mit Nikolaus Zrinyi verheiratet, der 1566 bei der Belagerung von Szigetvár starb. In zweiter Ehe lebte sie 1578 mit dem italienischen Grafen Paul von Gassold in Mantua.

Nächste Doppelseite: Vitek von Klokoty zieht in Třeboň ein, im Vordergrund Schloss Landštejn

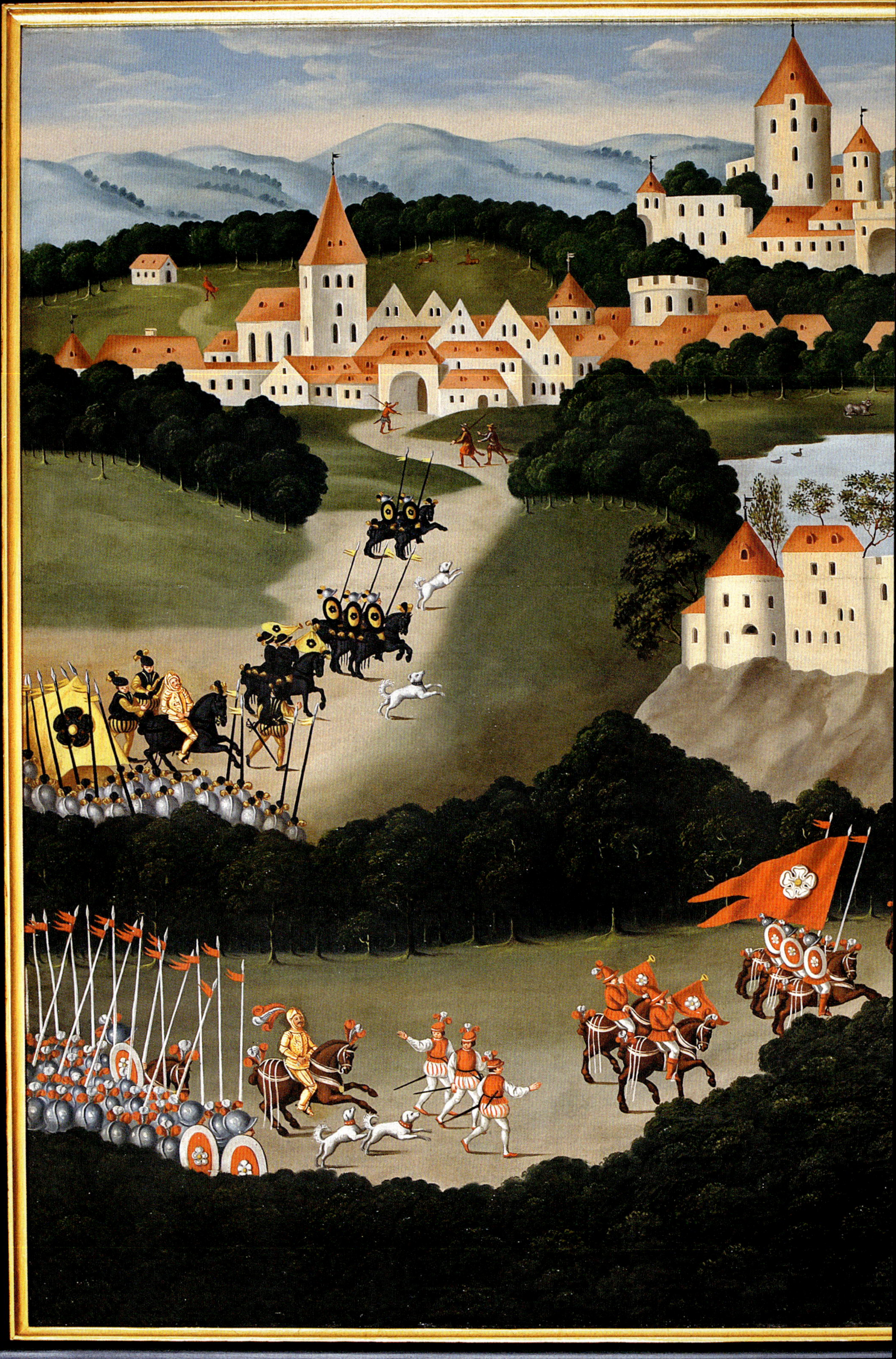

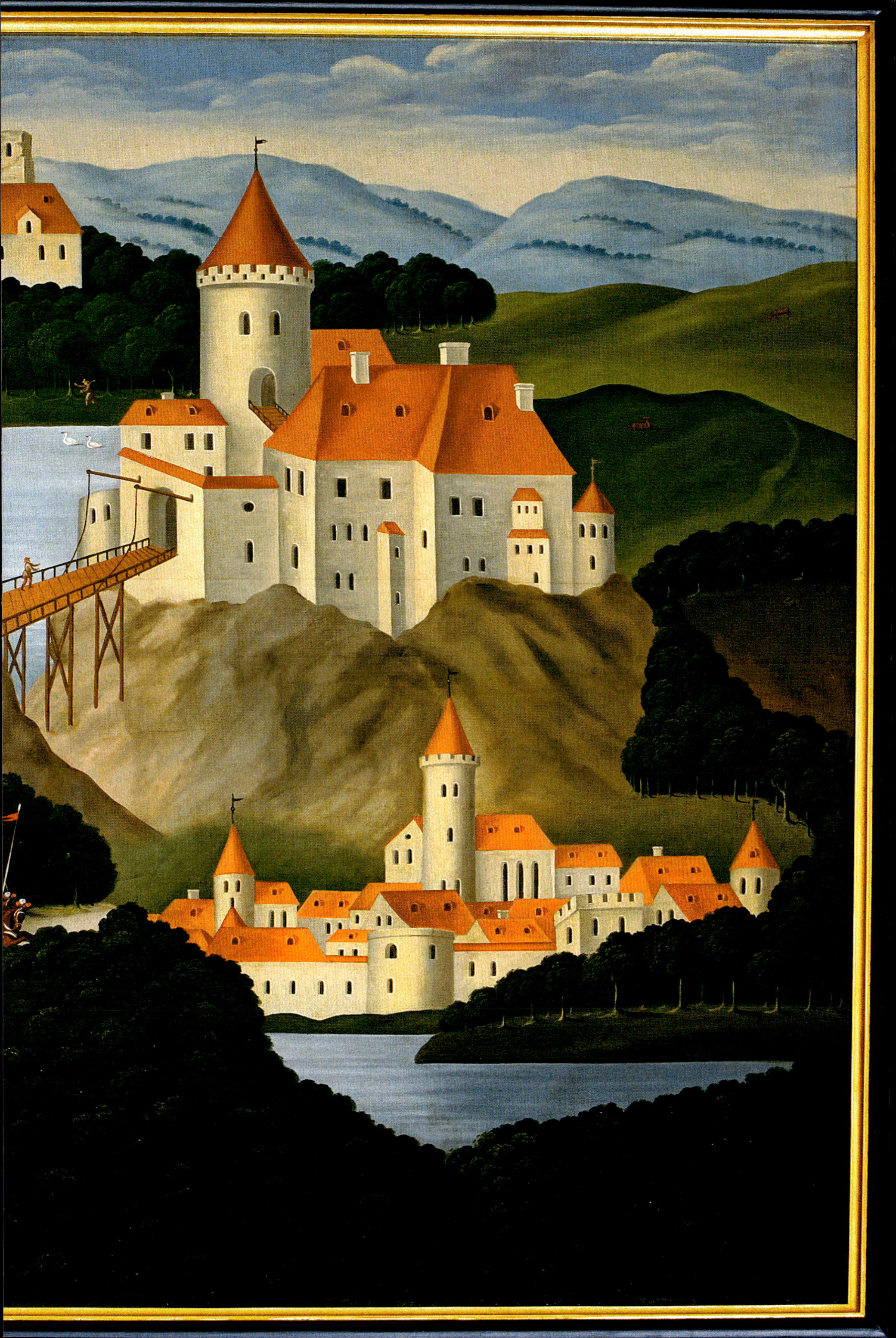

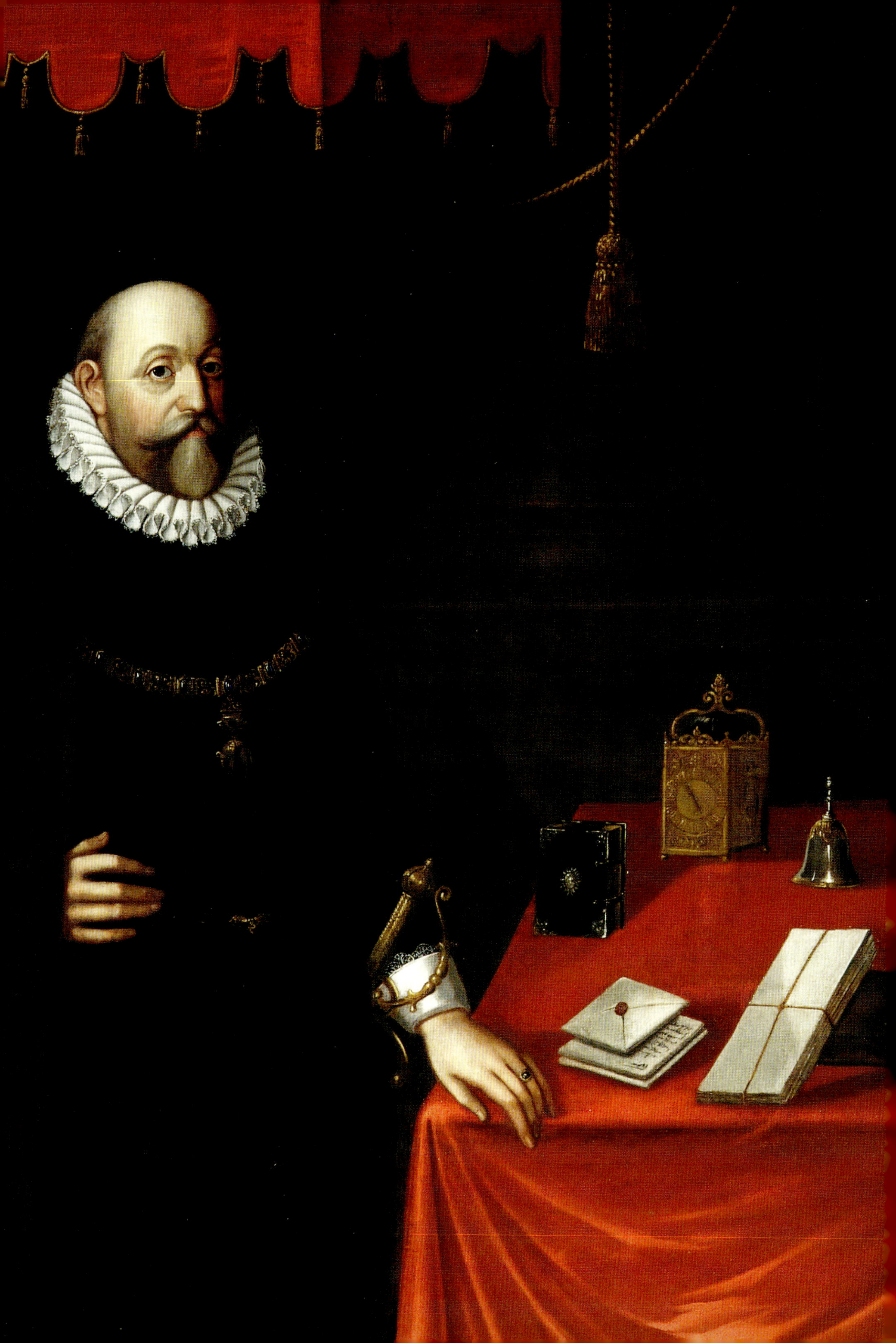

DIE BEIDEN LETZTEN BRÜDER
Ehrgeiz · Toleranz · Melancholie

Wilhelm war Herr über 40 Städte und 100 Dörfer sowie Diplomat und Höfling von europäischem Format – der riesige Besitz wurde von der Rosenberger Residenz in Krumau aus verwaltet. Kaiser Ferdinand I. von Habsburg (1503–1564) war durch seine Heirat mit Anna von Böhmen und Ungarn aus dem Haus der Jagiellonen 1521 in Linz in den Besitz der beiden Länder gekommen, nachdem Annas Bruder, der böhmische König Ludwig, 1526 jung in der Schlacht von Mohacs gegen die Türken gefallen war. Ferdinand achtete darauf, in den Rosenbergern verlässliche Gefolgsleute zu haben. Nicht zuletzt deshalb suchte er eine Heiratspolitik des Geschlechts zu unterstützen, die Töchter aus österreichischen Familien auswählte, deren Repräsentanten selbst in höchsten habsburgischen Diensten standen: aus der Familie Starhemberg etwa oder aus der Familie Roggendorf. Wilhelms Mutter, mit der Jost III. in zweiter Ehe verheiratet war, war eine geborene Roggendorf.

Die unmittelbaren Vorgänger Wilhelms – auch sein Vater Jost – waren keine karrierebedachten Hofleute. Das änderte sich mit der Übernahme des Familienerbes durch Wilhelm 1551 radikal. Zunächst bewies er sein diplomatisches Talent in Krumau, als die beiden Stadtteile in Streit lagen. Er schlichtete den Konflikt und vereinte beide Kommunen, die Innere Stadt und die Latron 1555 zu einer einzigen Stadt. Er gab dem Schloss das Gesicht einer Residenz, die zeigte, welche wirtschaftliche Macht hinter den neugeschmückten Fassaden lag. Und es war Wilhelms Ehrgeiz, der wirtschaftlichen Macht den politischen Einfluss hinzuzufügen.

Die Renaissance, das französische Wort für „Wiedergeburt", entdeckte den Menschen als einzigartiges, selbstbestimmtes Wesen. Die Neigung zu Totentanz und Jenseitsträumen ebbte ab, wissenschaftliches Forschen, Abenteuergeist und Entdeckungsfieber erweiterten den geografischen und geistigen Horizont. Prachtentfaltung war zur Inszenierung von Macht notwendig, umgekehrt war für Künstler der Dienst an der Größe ein Prestige. Deshalb gilt die Zeit der Renaissance als „Entdeckerin der Persönlichkeit." So wurde das Brüderpaar Wilhelm und Peter Wok schon in jungen Jahren im typischen Ganzkörperbild von Peter Seisenegger porträtiert, denn Künstler etablierten sich im 16. Jahrhundert besonders durch Porträtmalerei. Seisenegger war Hofmaler Kaiser Ferdinands I. und starb 1567 in Linz. Heute sind die Gemälde in Schloss Nelahozeves Teil der Lobkowicz-Sammlung.

Lehrjahre in Passau
Wilhelm von Rosenberg erlebte eine schwierige Kindheit und Jugend. Zunächst musste er mitansehen, wie Heinrich von Plauen als Rosenberger-Rivale die Macht in Böhmen mit Duldung des Kaisers an sich riss. Es wurde zu Wilhelms Einstieg in die Politik, als er – volljährig geworden – die Herren von Plauen in die Schranken wies.

Wilhelm von Rosenberg (1535–1592): Repräsentant aus Neigung

Porträt des Wilhelm von Rosenberg, Detail, 1589, Regionalmuseum Krumau

Wilhelm von Rosenberg: zeitlebens Vermittler zwischen Protestanten und Katholiken

Mit der jüngeren Generation von Plauen hatte er übrigens in Passau die Gymnasialzeit verbracht. Sein Sinn für Ausgleich war in seiner Jugend geweckt worden. Wilhelm war 1545 bis 1551 in Passau am Hof des Bischofs Wolfgang von Salm erzogen worden, der nicht nur gute Kontakte zu den regierenden Habsburgern hatte, sondern mütterlicherseits mit Wilhelm verwandt war. Salm hatte in Passau ein humanistisches Gymnasium gegründet, in dem zwar auch Passauer Bürgersöhne, aber vorwiegend adelige Schüler aus den umliegenden Regionen unterrichtet wurden. Diese Schule war so gefragt, dass der Bischof, wie er bei einer Anfrage mitteilte, bereits „den jungen Herrn von Rosenberg am eigenen Tische" und nicht im Internat verköstigte. Bischof Salm lebte Wilhelm vor, was dieser später selbst praktizierte: Er holte Künstler und Gelehrte an seinen Hof, die als Humanisten für einen Ausgleich der theologischen Gegensätze eintraten, aber oft unverkennbar mit der neuen Glaubenslehre sympathisierten. Zu diesem Kreis gehörte auch als Hofmaler Wolf Huber, der Künstler der Donauschule.

Bischof Wolfgang von Salm sollte zwar den „Augsburger Religionsfrieden" von 1555 selbst nicht mehr erleben, leistete dafür aber erhebliche Vorarbeit. Und sein Zögling Wilhelm blieb zeitlebens ein Vermittler zwischen katholischer und protestantischer Partei. Die Protestanten besaßen in Böhmen zwar die Mehrheit, über die Schlüsselpositionen verfügten aber die Katholiken.

Wilhelm baute in den 50er Jahren des 16. Jahrhunderts parallel an seiner Residenz in Krumau und am Palais auf der Prager Burg. Aber bevor er diesen Zenit erreichen konnte, musste er sich zunächst in die kaiserliche Politik fügen, die unter Ferdinand I. ein vordringliches Ziel hatte: die Gegenreformation. Der Kaiser war zugleich auch ein höchst kunstinteressierter Regent, der in Spanien seine Kindheit verbracht und in den Niederlanden die Erziehung durch Erasmus von Rotterdam genossen hatte. Doch 1547, Wilhelm war gerade erst 12 Jahre alt, ließ Ferdinand I. – nach dem Sieg über den evangelischen Schmalkaldischen Bund in Mühldorf an der Elbe – in Böhmen die nicht königstreuen Aristokraten, die sich geweigert hatten, gegen ihre protestantischen deutschen Glaubensbrüder in den Krieg zu ziehen, exemplarisch zum Tod verurteilen und das Erbrecht der Habsburger verankern. Viele Sonderrechte Böhmens als Teil des Reichs wurden beseitigt, die Besetzung der Ämter war dem König, Ferdinand selbst, vorbehalten. Die Gemeinde der reformierten Böhmischen Brüder wurde verboten, es gab Verhaftungswellen, Evangelische flüchteten nach Preußen.

Allerdings musste Ferdinand unter der äußeren Bedrohung durch die Türken dieses militante Vorgehen bremsen und auf die Bürger reformierten Glaubens erneut Rücksicht nehmen. In Böhmen war inzwischen sein Sohn Erzherzog Ferdinand von Tirol (geboren 1529 in Linz) kaiserlicher Statthalter. Dessen älterer Bruder Maximilian II. galt in der Habsburger Familie als religiös indifferent und „prolutherisch" und wurde deshalb vorsorglich mit seiner katholischen Cousine Maria von Spanien verheiratet.

Kaiserliche Freunde und Italienreise
Wilhelm von Rosenberg gehörte zu dieser Generation. Er tauschte sich regelmäßig mit Erzherzog Ferdinand, der in Böhmen lebte und mit der Augsburger Bankierstochter Philippine Welser glücklich, aber „morganatisch" verheiratet war, über Kunst und Architektur aus. Und Wilhelm nahm an jener Delegation teil, die 1551 durch Norditalien nach Genua reiste, um mit dem späteren Kaiser Maximilian II. dessen spanische Braut zu empfangen. Es war ein wichtiger Eindruck, den Wilhelm von dieser italienischen Reise mitnahm.

Nach dem Augsburger Religionsfrieden

Ehrgeiz · Toleranz · Melancholie

1555 galt das Prinzip „Cuius regio eius religio". Für das Haus Habsburg und damit auch für Böhmen hätte das jedenfalls unter Ferdinand I. die Orientierung am katholischen Glauben bedeutet. Der starke protestantische Adel stand dem aber entgegen. Die teuren Türkenkriege wollten finanziert werden, der Kaiser musste Zugeständnisse machen. Das Volk fasste den Kompromiss in den Spruch „der Türk ist der Lutheraner Glück" zusammen. Schließlich neigte aber auch Kaiser Maximilian II. genauso wie sein Sohn und Nachfolger Kaiser Rudolf II. zu Religionsfreiheit und Toleranz.

Inzwischen war Wilhelm von Rosenberg am Gipfel seiner Karriere angelangt und Oberster Burggraf. Auf Wilhelms Herrschaft lebten 70.000 Untertanen, etwa sieben Prozent der böhmischen Bevölkerung. Nachdem er die Plauener Kontrahenten in die Schranken gewiesen hatte, ging Wilhelm daran, seine eigene Herkunft durch Urkunden zu mythisieren, die er sich einiges kosten ließ. So konstruierte er eine Verwandtschaft zum römischen Uradel der Orsini, setzte den Bären ins Wappen und verankerte damit seine Familie in der Frühzeit abendländischer Politik und Kultur – weniger, um in Böhmen sein Ansehen zu maximieren, als viel mehr in der internationalen Aristokratie noch zu gewinnen.

Wilhelm beherrschte die tschechische wie die deutsche Sprache und Latein. Er verbrachte nach seiner Passauer Zeit ein Jahr am Wiener Hof Ferdinands I. und knüpfte dort Kontakte zu Altersgenossen ausländischer Fürstenfamilien.

Vier Ehen – kein Erbe

Auf diese Weise bahnte er die Hochzeit mit Katharina von Braunschweig an, die er mit großzügigen Geschenken und mit imposantem Gefolge begleitete. Mit dieser ersten Hochzeit rückte Wilhelm 1557 in die Gesellschaft und Verwandtschaft der regierenden Reichsfürsten auf.

Katharina kam aus protestantischem Haus, und Wilhelm verpflichtete sich vertraglich, den lutherischen Glauben seiner Frau zu achten. Er setzte gegenüber Kaiser Ferdinand I. durch, dass im Rosenberger Palais auf der Prager Burg protestantische Geistliche Gottesdienste feierten, was angesichts der Rekatholisierungspolitik des Kaisers, der sich eher erwartete, Wilhelm möge seine Frau für den katholischen Glauben gewinnen, provokant wirken musste. Wilhelm bekräftigte damit indirekt auch den Wunsch der evangelischen Stände in Böhmen, über ihre Religion selbst zu entscheiden. 1559 hoffte Wilhelm mit seiner Frau Katharina auf die Geburt eines Erben. Er organisierte noch einen Kuraufenthalt in Karlsbad, um die Schwangerschaft zu erleichtern, aber die geliebte Gattin erkrankte schwer und starb im Mai desselben Jahres. Wilhelm, 24 Jahre alt, wurde von seinem ersten Schicksalsschlag getroffen. Nicht nur, weil die harmonische Ehe und das persönliche Glück zerstört worden waren, sondern auch weil die dynastische Perspektive wieder ungesichert schien.

Zwei Jahre später, 1561, warb Wilhelm dann um die – ebenfalls protestantische – Sophie von Brandenburg, die Tochter des Kurfürsten. Die Heirat folgte im Dezember desselben Jahres. Wilhelm hatte diesmal zwar die Glückwünsche Erzherzog Ferdinands entgegengenommen, aber nicht die Billigung des Kaisers. Der nämlich verbot führenden Adeligen die Teilnahme an der Hochzeit in Berlin, blieb aber doch auf Wilhelms Fähigkeit als Vermittler zwischen den konfessionellen Lagern angewiesen. Sophie begleitete Wilhelm oft auf Reisen, reiste auch selbständig, blieb aber nur drei Jahre an seiner Seite. Im Juni 1564 starb auch sie auf Schloss Krumau. Wilhelm verfiel in eine Depression und blieb 14 Jahre lang Witwer.

1556 war der soeben erst gegründete Jesuitenorden nach Prag gekommen. Seine Auf-

1557: Die Ehe mit Katharina von Braunschweig bringt Wilhelm von Rosenberg in die Verwandtschaft der regierenden Reichsfürsten

Nächste Doppelseite: Das Wasserschloss Kratochvile aus der Luft

165

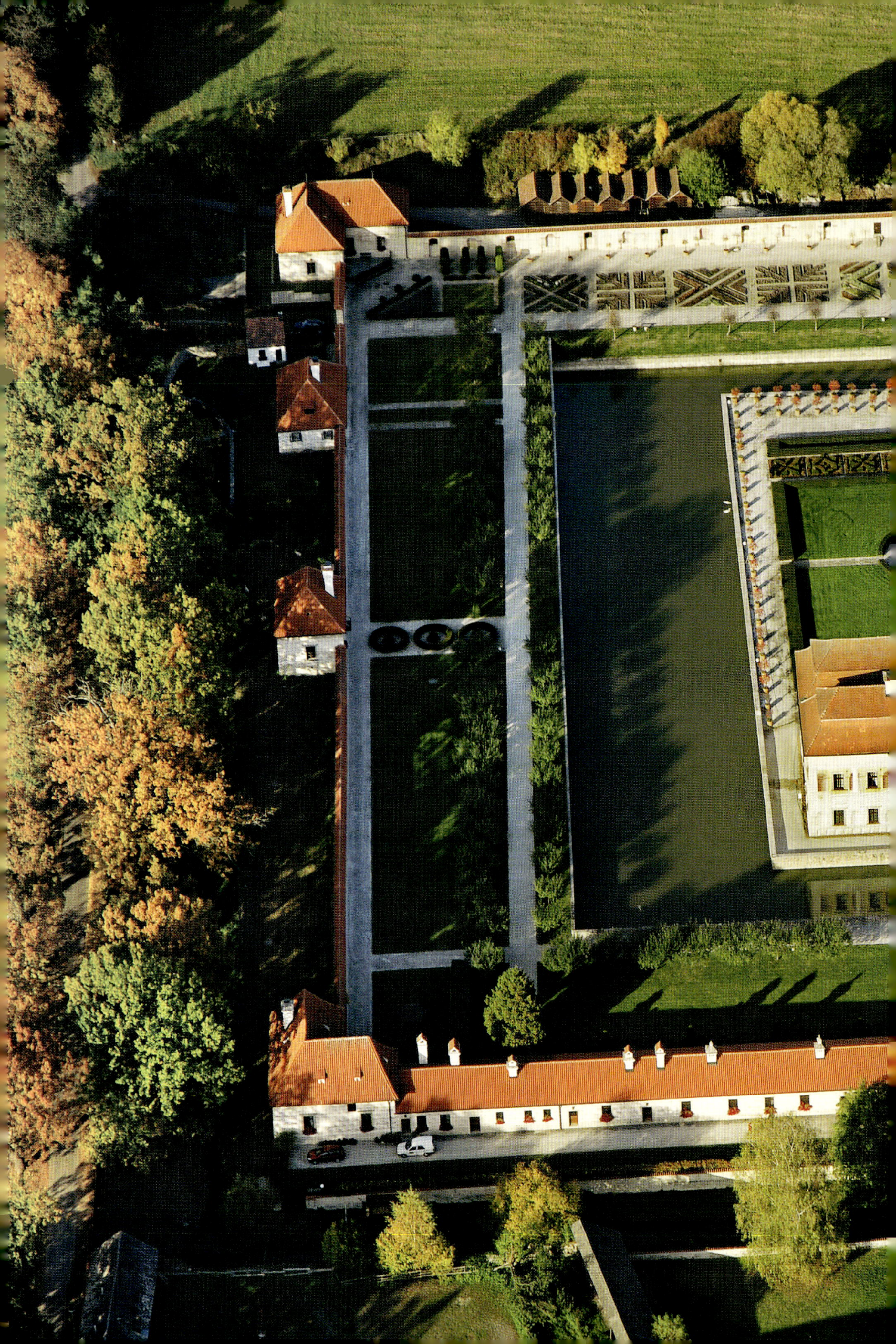

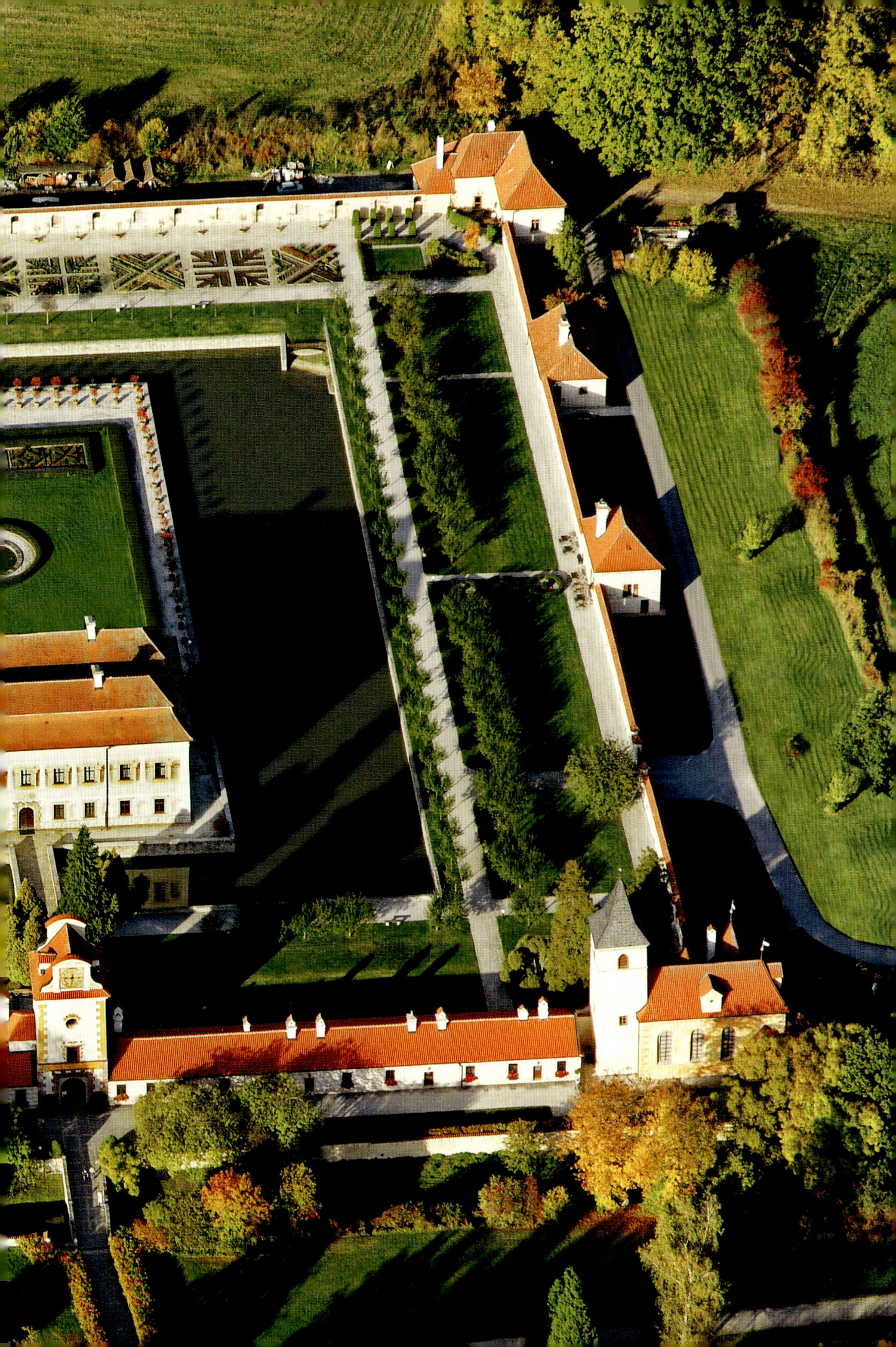

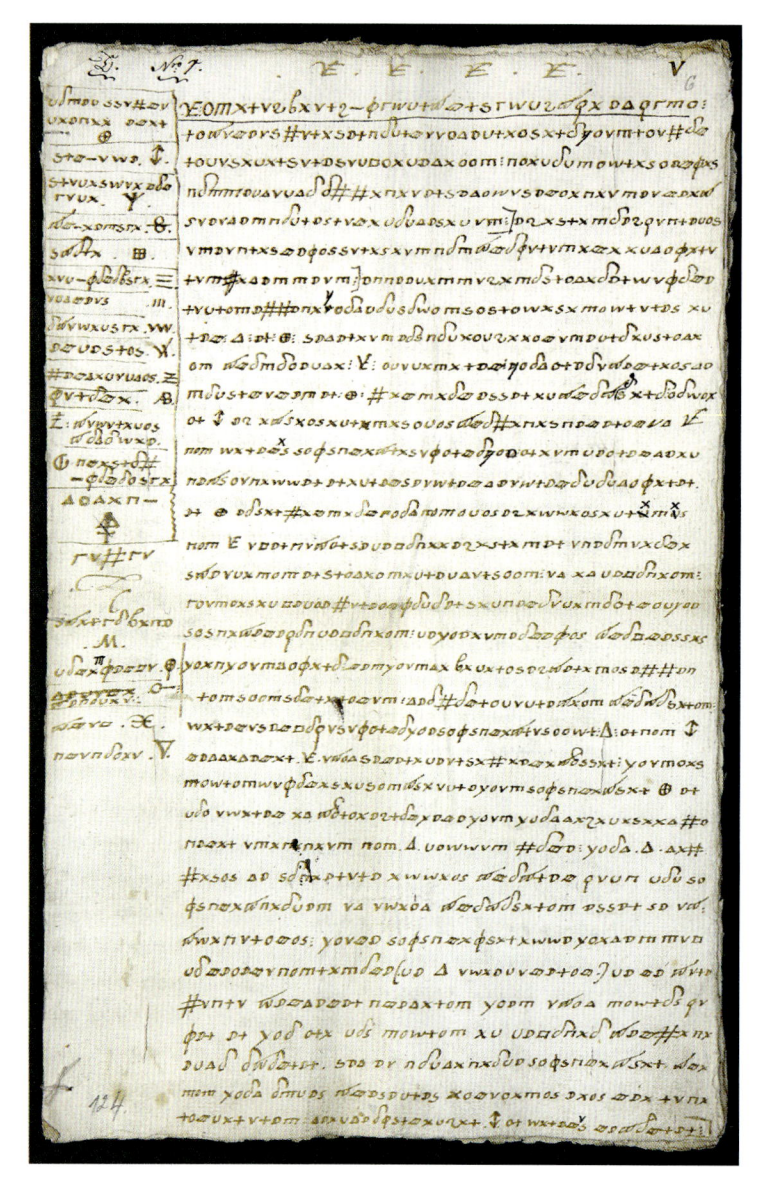

Beispiel aus der verschlüsselten Korrespondenz Wilhelms von Rosenberg zur Zeit seiner vom Adel erwünschten Kandidatur zum polnischen König 1574 (SOA Třeboň, Historica no. 4834)

gabe war die Rekatholisierung des Landes. Die Jesuiten bauten sich mit ihrer Universität Clementinum einen guten Ruf auf und 1584 holte Wilhelm den Orden auch nach Krumau. Wilhelm lebte eine Doppelstrategie: Nach außen war er, auch durch seine ersten Ehefrauen, dem europäischen Protestantismus nahe, nach innen praktizierte er katholische Machtpolitik. Diese Beweglichkeit gelang nicht zuletzt durch die andauernde Türkengefahr: Mitte des 16. Jahrhunderts war Ungarn fast zur Gänze Teil des Osmanischen Reichs, und die vor Wien stehenden Türken versetzten auch Böhmen in Alarmbereitschaft. Trotz dieser Drohszenarien und dem Versuch des Kaisers, die Türken als Druckmittel zur Zentralisierung zu verwenden, stemmte sich Wilhelm als Oberstburggraf erfolgreich gegen die wachsenden Steuern auf sein Land und gegen den vereinnahmenden Zugriff des Kaisers. Dabei erlebte er am eigenen Leib die dramatische Gefahr, die von der türkischen Streitmacht ausging. Denn Kaiser Maximilian II., seit 1564 böhmischer König, hatte Wilhelm ohne viel Federlesens zum Oberbefehlshaber im Kampf gegen die Türken in Westungarn berufen. Den südlichen Frontteil verteidigte sein Schwager Niklolaus Zriny, ein kroatischer Aristokrat und Ehemann von Wilhelms Schwester Eva von Rosenberg. Die böhmische Streitmacht war dem Türkenkrieg bald nicht mehr gewachsen, Wilhelm griff in die eigene Kasse, um Sold und Verpflegung zu garantieren und Massendesertationen zu verhindern. Letztlich waren die habsburgischen Truppen nicht in der Lage, die eingekesselte Festung Szigetvár zu befreien, es blieb ihnen auch verborgen, dass Sultan Süleyman inzwischen im Feldlager verstorben war. Nikolaus Zriny musste nach wochenlangem, verzweifeltem Verteidigungskampf im September 1566 aufgeben. Der Schwager Wilhelms „ritt festlich geschmückt, gleichsam in einer pathetisch-heroischen Geste gegen die osmanische Übermacht und wurde getötet." Mit seinem Schwager verlor Wilhelm von Rosenberg sein Vertrauen in die Taktik des Kaisers und in eine wirksame Verteidigungsstrategie gegen die Türken.

Heikle Mission in Polen
1572 starben die Jagiellonen in Polen aus. Kaiser Maximilian II. versuchte Polen für Habsburg zu gewinnen. Er sandte Wilhelm von Rosenberg an der Spitze einer 400-köpfigen Delegation ins Nachbarland. Letztlich fiel die Wahl aber auf einen französischen

Prinzen, Heinrich von Valois. Als dieser dann allerdings Polen in einer Nacht- und Nebelaktion den Rücken kehrte, hofierten polnische Aristokraten den als tolerant geltenden Wilhelm von Rosenberg. Dieser höchst delikaten Situation – manche in Polen spekulierten auf eine Wiedervereinigung der polnischen und böhmischen Krone – war für Wilhelm ehrenvoll, aber nicht ungefährlich. Er korrespondierte in verschlüsselten Briefen, um nicht den regierenden Habsburger herauszufordern, ließ aber schließlich von solchen Ambitionen ab.

1575 setzte Wilhelm schließlich gemeinsam mit dem Prager Erzbischof Maximilians Sohn Rudolf II. die böhmische Königskrone im Veitsdom aufs Haupt. Die böhmischen Stände hatten von dem Habsburger die Zusage verlangt, in Prag zu residieren, die tschechische Sprache und die böhmische Gesetzessammlung zu studieren. 1577 wurde Wilhelm von Rosenberg Mitglied des Geheimen Rats Rudolfs II. und erhielt den inoffiziellen Titel eines „Vizekönigs", eine Genugtuung nach der polnischen Episode. In dieser Position gelang es dem Rosenberger, die Steuerlasten für das Land in Grenzen zu halten und für Böhmen die rechtliche Sonderstellung zu bewahren.

Wilhelm war fast 50 Jahre alt, als er 1578 zum dritten Mal heiratete. Diesmal die um 27 Jahre jüngere katholische Markgräfin Anna Maria von Baden. In die Eheanbahnung waren zwei befreundete Kurfürsten eingebunden, ein Ring wurde als persönliche Gabe vorweggeschickt, die Hochzeitsfeiern boten gesellschaftlich alles auf, und der Erzbischof von Prag traute das Paar. Der Historiker Jaroslav Pánek beschreibt Wilhelm von Rosenberg und seine Geschwister Eva und Peter Wok samt ihren Lebenspartnern als einen „kosmopolitischen, böhmisch-mährisch-deutsch-italienischen Aristokratenkreis, der die vielseitige internationale Durchdringung der späten mitteleuropäischen Renaissancearistokratie widerspiegelte". Wilhelm selbst trug den geachteten, in seinem Ursprung burgundischen „Orden vom Goldenen Vlies".

Für Anna Maria begann Wilhelm bei Netolitz die italienische Villa Kratochvile zu bauen. Kurz vor seiner Heirat ließ er auf Schloss Krumau die „Hochzeitszimmer" der Residenz durch Gabriel de Blonde mit geradezu programmatischen Wandbildern ausgestalten, die thematisch Zeugung, Elternschaft und Familie umkreisen: Lot und seine Töchter, Bacchus und Ceres als antike Fruchtbarkeitsgötter werden ergänzt durch den „Traum Jakobs" und das Versprechen Gottes: „Deine Nachkommenschaft wird so zahlreich wie der Staub der Erde sein." Die Beschwörungen halfen Wilhelm so wenig wie Magie und Astrologie, denen er sich vermehrt zuwandte, um sein Glück heraufzubeschwören. Nach fünf Jahren Ehe starb auch Anna Maria von Baden kinderlos und wurde nicht in Hohenfurth, wie seine beiden ersten Gattinnen, sondern in der Veitskirche Krumau bestattet, wo Wilhelm auch für sich bereits ein Grabmal bestimmt hatte. Resignation und Zukunftssorgen begleiteten ihn von nun an, und auch zu seinem Bruder Peter Wok war er auf Distanz gegangen, als dieser den Böhmischen Brüdern, der reformierten Kirche, beigetreten war.

Im Alter von 52 Jahren schloss Wilhelm von Rosenberg zum vierten und letzten Mal 1587 eine Ehe, diesmal mit der zwanzigjährigen Polyxenia von Pernstein, der Tochter seines Bekannten Vratislav von Pernstein, dem diese Vermählung zunächst aus der Schuldenfalle half. Polyxenias Mutter kam aus spanischem Adel, und Wilhelm war nun wieder im katholischen Familienverband verankert – er zelebrierte die Hochzeit im Veitsdom noch einmal als gesellschaftliches Glanzereignis.

Das Palais, das er als Burggraf auf dem Hradschin in Prag errichten hatte lassen, war so komfortabel, dass schon zu Zeiten Kaiser Maximilians II. die kaiserliche Familie lie-

Kinderlosigkeit und Zukunftssorgen

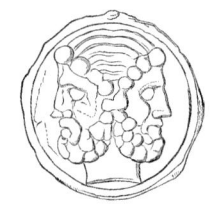

ber im rosenbergischen Palais als Gast logierte als in den eigenen vier Wänden auf der Burg. Ein Verbindungsgang erlaubte es der königlichen Familie, direkt vom Krönungssaal, vom Wladislawsaal, in das Rosenberg-Palais zu gelangen. 1592, fünf Jahre nach seiner letzten Hochzeit, sollte Wilhelm von Rosenberg hier auch endgültig verabschiedet werden. Sein Leichnam wurde vom Palais in die St. Georgsbasilika gebracht, aufgebahrt und dann in einer theatralisch angelegten Prozession von Reitern und Bannerträgern auf die Kleinseite hinuntergetragen. Von dort wurde er mit allen Ehren und ornamentalem Prunk, der einem Vizekönig angemessen war, im Gefolge von 77 Reitern und 35 Wagen, von seiner Witwe Polyxenia und seinem Bruder Peter Wok nach Krumau überführt. Am 10. Oktober 1592, fünf Wochen nach seinem Tod im Prager Palais, wurde Wilhelm von Rosenberg in der Veitskirche in Krumau beigesetzt.

Kratochvile/Kurzweil

Die Renaissance kam bereits unter den Jagiellonen nach Böhmen, aber Mitte des 16. Jahrhunderts war es dann Erzherzog Ferdinand von Tirol, der 20 Jahre lang in Böhmen lebte und der sich in der Korrespondenz mit seinem Vater Kaiser Ferdinand I. ausführlich über verschiedene Bauten austauschte. Beide waren in Stilfragen sehr belesen, prägend für die Architektur in Böhmen und letztlich Wegbereiter der italienischen Renaissance nördlich der Alpen.
Seit Beginn des 16. Jahrhunderts kamen saisonweise italienische Bauleute aus dem Tessin, meist aus dem Gebiet um Lugano, nach Böhmen. Manche hatten davor schon in Ungarn bei König Matthias Corvinus gearbeitet. Seit etwa 1545 entstanden schließlich in Böhmen Schlossbauten, die sich zu einem gemeinsamen Bild fügten, weil sie die Neuerungen der italienischen Renaissance mit überkommenen heimischen Baugewohnheiten verbanden.

Kratochvile wurde ursprünglich vom rosenbergischen Burggrafen und Güterverwalter Jakub Krčín von Jelčany angelegt. Er hatte sich bei seinem Herrn als kluger Wirtschaftsfachmann und als Erbauer der rosenbergischen Teiche bewährt. Jakub Krčín soll aber auch ein harter Steuereintreiber gewesen sein, sodass sich sein Nachleben mit einer Volkssage schmückte, wonach er, zur Ruhelosigkeit verdammt, des Nachts in einer von schwarzen Katzen gezogenen Kutsche über die Teichdämme fahren müsse. Sein Ruf als wasserwirtschaftskundiger Baumeister aber brachte ihm zahlreiche kaiserliche Aufträge ein, und Rudolf II. gestattete ihm zur Anerkennung, sein Wappen mit den zwei Papageien um zwei Felder mit goldenen Fischen zu erweitern. Von seinem gleichaltrigen Dienstherrn Wilhelm von Rosenberg erhielt Krčín den Hof Leptac mit zwei Dörfern.
In den Jahren 1583 bis 1589 ließ sich Wilhelm von Rosenberg nach Plänen des Baumeisters Balthasar Majo da Vonio/ Baldassare Maggi d'Arogno in Kratochvile ein Wasserschloss errichten, das zum bekanntesten Beispiel südböhmischer Renaissance werden sollte, vergleichbar mit Schleißheim bei München oder Hellbrunn bei Salzburg. Der Grundgedanke dieser Architektur ist eine „in dauerhaften Formen ausgeführte Festdekoration im Rahmen eines herkömmlichen Turnierplatzes". Baldassare Maggi hatte schon Schloss Krumau erneuert, in Kratochvile musste aufgrund des sumpfigen Geländes viel Vorarbeit geleistet werden. Der gesamte Bau steht auf Eichenpiloten, eine Technik, die man aus der Lombardei übernommen hatte. Kratochvil ist mit einer dreifachen Mauer samt Graben umgeben, der aus den umliegenden Teichen geflutet werden konnte. In

Ab der Mitte des 16. Jahrhunderts kommt mit Handwerkern aus Italien die Renaissance nach Südböhmen

Ehrgeiz · Toleranz · Melancholie

der Mauer sind als Zierelemente Nischen für Statuen eingelassen, die Wandflächen dazwischen sind mit Bildern römischer Kaiser und Feldherren geschmückt, die Festungsbauten der Westseite mit dem rosenbergischen Reiter wie am Unteren Stadttor im nahen Prachatitz, die östlichen mit einem Elefanten, dessen Bild heute ausgebleicht ist.

Italien bedeutete viel für Wilhelm, nicht nur weil er die Genealogie seiner Familie mit der der römischen Orsini verbunden glaubte und das nach Kräften in seine Repräsentation einfließen ließ. Auch in Kratochvil kommt die Italianità zu Wort. Es war ein Prestigebau der Zeit, den Wilhelm zunächst für Anna Maria von Baden und dann für seine vierte Frau Polyxenia von Pernstein errichten ließ, ein südlich inspiriertes Lebensmodell, das er der Vergänglichkeit, die ihn allmählich einholte, entgegensetzen wollte. Die Renaissance-spezialistin Eliška Fučíková, vermutet, Wilhelm habe sich von Jacopo Strada beraten lassen. Strada war Kunsthändler am Hof Kaiser Rudolfs II. in Prag, seine Tochter die inoffizielle Lebenspartnerin des Kaisers. Strada stammte aus Mantua und kannte den Palazzo del Te. Der Torturm Kratochviles war ursprünglich, vor dem Brand von 1684, höher als heute, die Brücke als Zugbrücke ausgeführt. Oberhalb des Tores sind Reste des Wappens der Eggenberger und Schwarzenberger zu erkennen, jener Familien, die den Rosenbergern folgten.

Die Malereien im Schloss wurden durch Georg Widmann aus Braunschweig, die Stuckdekorationen durch Antonio Melana ausgeführt. Das aufeinander abgestimmte Zusammenspiel von Architektur, Malerei und Stuck macht Kratochvil zu einem Gesamtkunstwerk, zu einer „freien Variation italienischer Villen". Der Eingangssaal im Erdgeschoss, von einem elliptischen Ton-

Bekanntestes Beispiel südböhmischer Renaissance: Kratochvile, Torturm (oben); nächste Doppelseite: Manieristische Ausgestaltung im Schloss Kratochvile

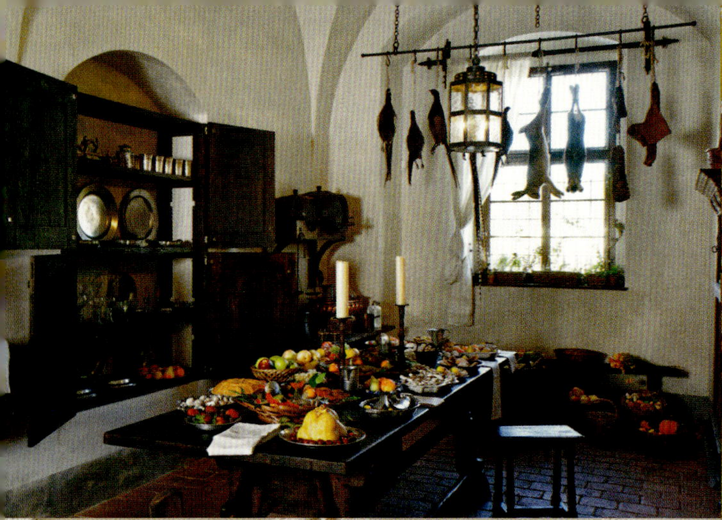
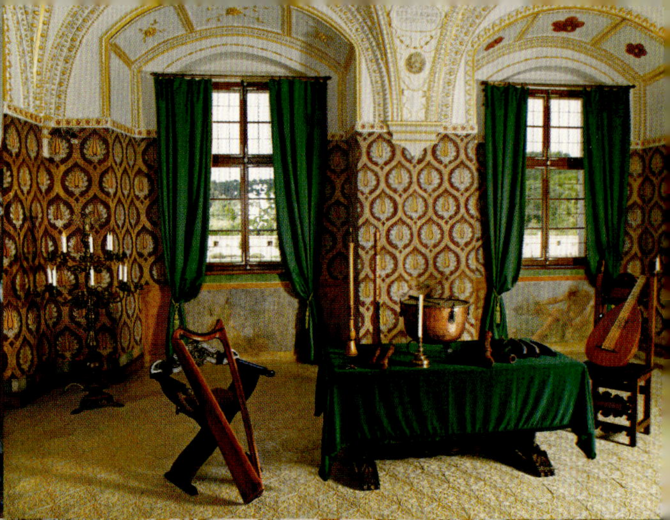
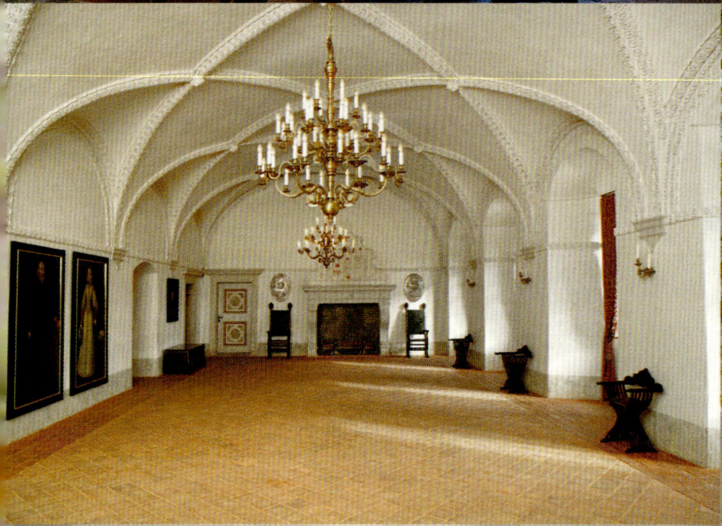
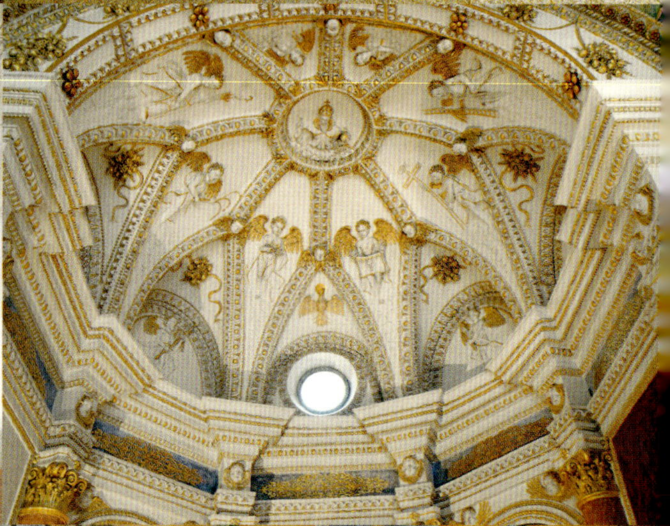
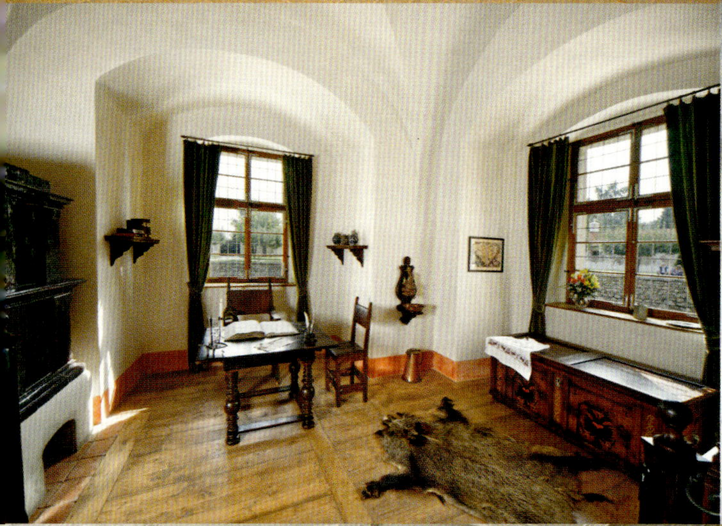
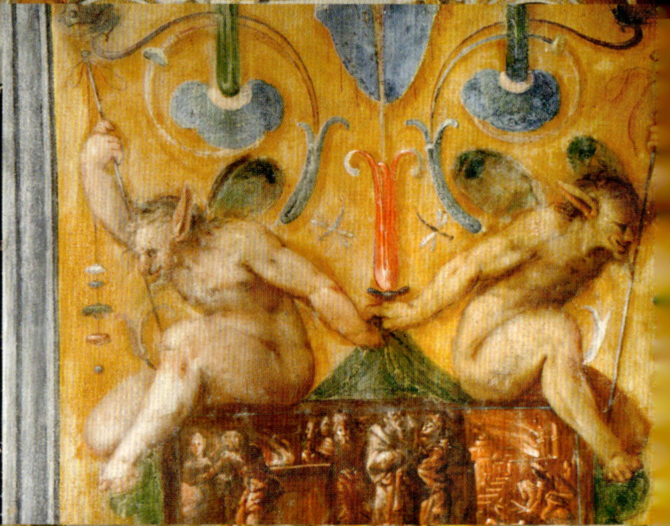
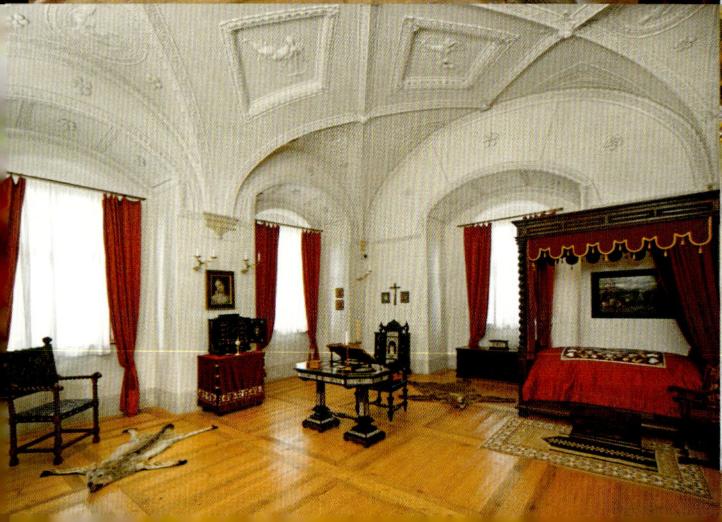
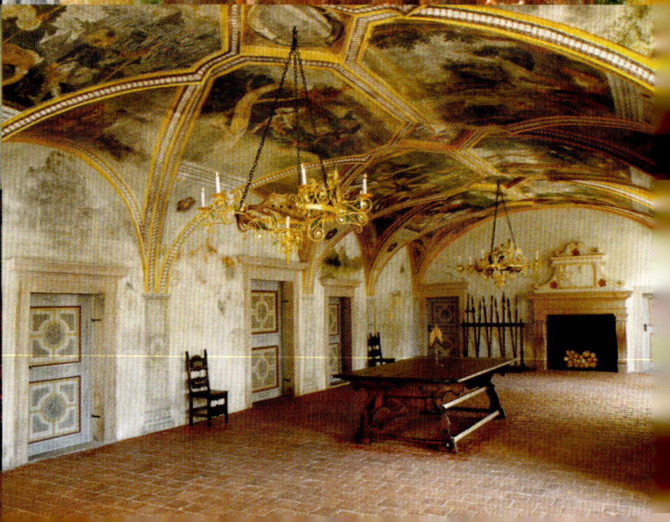

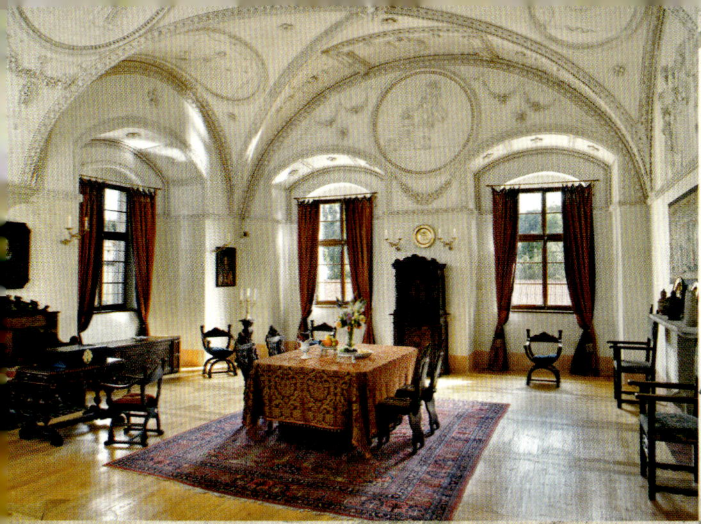
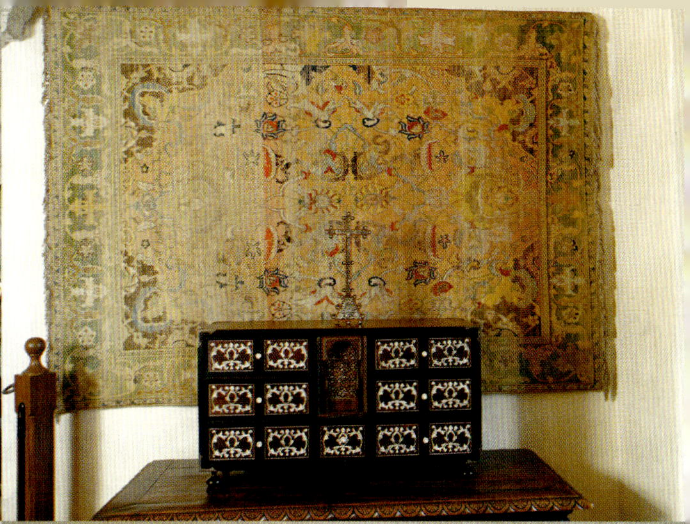
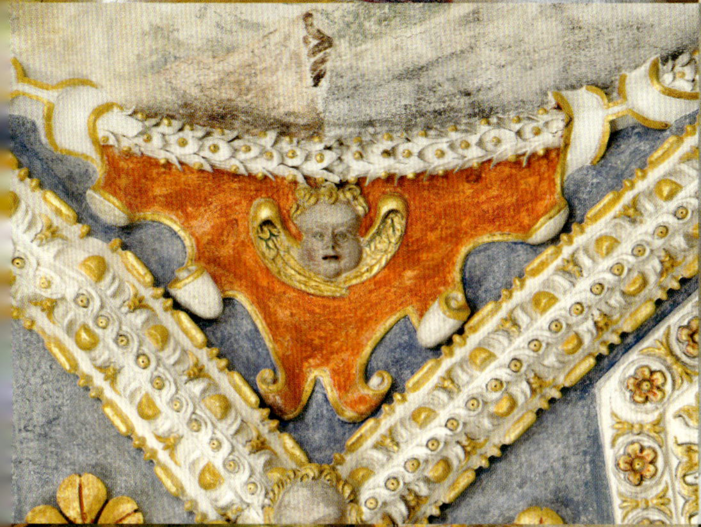
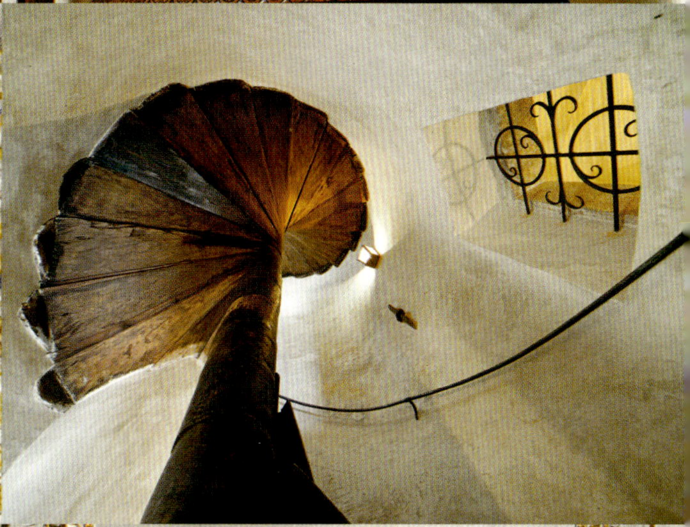
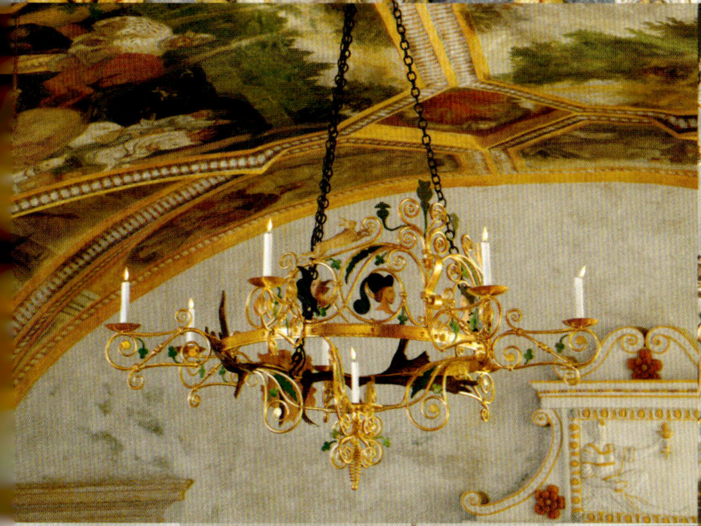
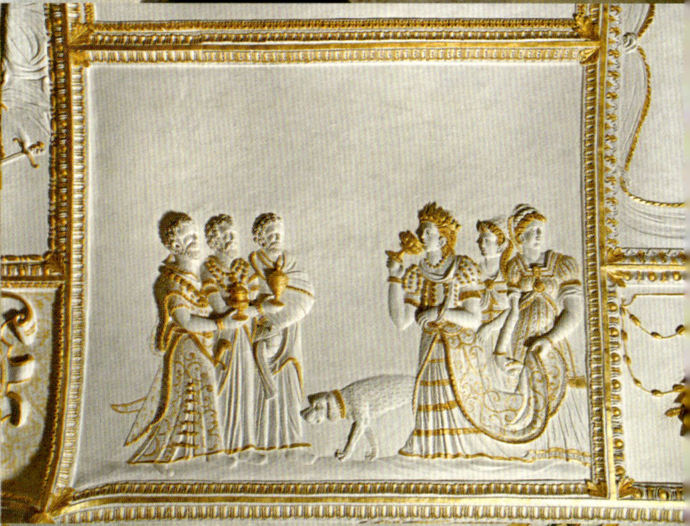
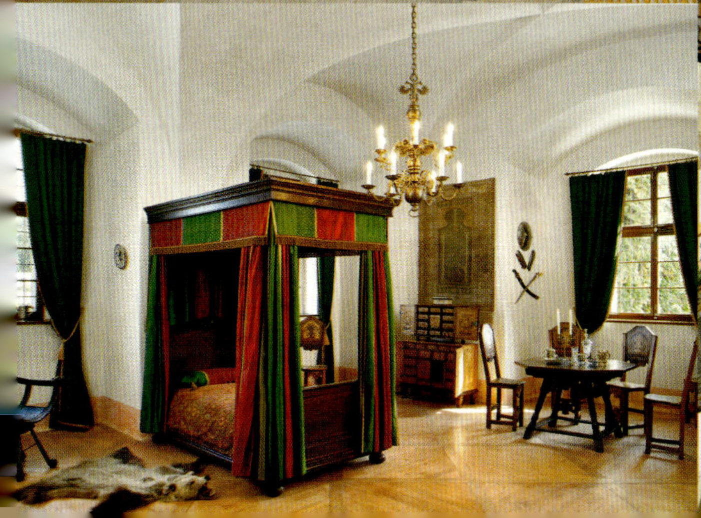
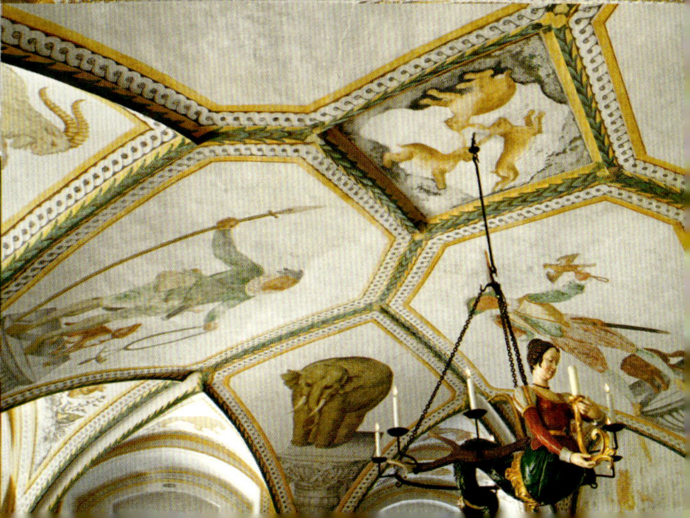

Gartengestaltung des Wasserschlosses Kratochvile

nengewölbe überspannt, zeigt Jagdszenen und dazwischen exotische Tiere, Elefanten, Leoparden oder Affen. Im Nebenzimmer setzen sich die Jagdmotive fort, in den Nischen wird mit Apollo, Daphne und Herkules antike Mythologie beschworen.

Die Stuckdecken Antonio Melanas steigern sich von Raum zu Raum, bis zum blattgoldverzierten Speisesaal. Exotische Motive, Insulaner mit Federkronen und Elefanten begleiten den Besucher. In den Privaträumen des Hausherrn Wilhelm von Rosenberg im ersten Stock erscheinen in der Wandmalerei Engel mit Schmetterlingsflügeln, manieristische Meisterstücke, Arabesken, wie sie auch in der Engelsburg, in der Festung der Renaissancepäpste am Tiber in Rom zu finden sind, und Landschaftsfresken, „einzigartig außerhalb der Prager Burg". Der Manierismuskenner Gustav René Hocke meint, es sei einer der wichtigsten Grundsätze des Manierismus gewesen, „das Entfernteste miteinander zu verbinden." Die Renaissance, so Hocke, suche durch Harmoniestreben zu kompensieren, was in der Welt aus den Fugen geraten war. Ab 1520, dem Jahr, als in Wittenberg Martin Luther die Papstbulle verbrannte und die jungen toskanischen Manieristen erstmals auftraten, begann ein Bewusstseinswandel. 1527 plünderten deutsche, spanische und italienische Truppen unter Karl V. Rom, der Papst floh in die Engelsburg, die Künstler, unter anderem Parmigiano, zogen weg nach Norden, ein Großteil Roms war damals unbewohnt. 1528 notierte Erasmus von Rotterdam: „Dies war nicht der Untergang der Stadt, sondern der Welt." Jedenfalls entstanden in der Engelsburg Interieurs, deren manieristischer Reiz auch weltoffenen Fürsten in Böhmen gefallen musste und später Friedrich Nietzsche zur Bemerkung veranlasste: „Die italienische Renaissance barg in sich alle die positiven Gewalten, welchen man die moderne Kunst verdankt." Nur ein kleines Detail, das veranschaulicht, wie vielschichtig das Bildprogramm der Fresken in Kratochvile gelesen werden kann: Der Affe erscheint im Reigen der Exotik, die, damals neu wahrgenommen, ins Gesichtsfeld Europas trat. Der Affe, lateinisch *simius*, ist aber gleichzeitig auch Metapher für das Nachäffen der menschlichen Natur. Damit wurde *simia* in der spätantiken Rhetorik zum Begriff für „Vortäuschung" und macht den Affen damit zum Symboltier für das Künstliche, das Artefakt.

Kratochvile wurde vergleichsweise rasch gebaut, sodass es dem Motto, das Wilhelm im Schloss anschreiben ließ, „Festina lente – Eile mit Weile" fast zuwiderlief. Das eigentliche Empfangszimmer zur Zeit Wilhelms war das Goldene Zimmer: am Plafond erscheint in der Mitte des Raums wieder der rosenbergische Reiter, um ihn sind die Wappen der vier Frauen Wilhelms von Rosenberg gruppiert, die Wände wurden mit golden bemaltem Stuck und kunstvollen Teppichornamenten bedeckt. Die Antike ist in der Malerei motivisch allgegenwärtig. Teils sind es Illustrationen zum römischen Geschichtsschreiber Livius, oberhalb der Tür der Kampf der Horatier, oberhalb des Kamins das Brüderpaar Romulus und Remus mit der Wölfin aus der Gründungssage von Rom. An der Westseite weitere Szenen aus der römischen Geschichte: Cincinnatus hinter dem Pflug, römische Frauen, wie sie Coriolan um die Schonung der Stadt bitten.

Die Südseite des Saals zeigt osmanische Herrscher mit Gefolge. In der Mitte der Saaldecke findet sich eine Krönungsszene, weiters die besiegte Kleopatra und vier Frauenbilder, auf denen folgende Tugenden dargestellt werden: Justitia (Schwert und Waage), Temperantia (das Maßhalten), Liberalitas (Schlange und Phönix) und Constantia (Säule).

Die Schlosskapelle an der Außenmauer verbindet in ihrem Portal den gotischen Stil im Bogen der Tür mit der Renaissance im aufgesetzten Giebel, die Fresken im Inneren zeigen Gottvater, umgeben von Engelsfiguren, die Marterwerkzeuge tragen. Ursprünglich waren Szenen der Passion in die Gewölbe gemalt. Fünf rote Rosen bekränzen den Renaissance-Triumphbogen.

Bechyně

Schloss Bechyně hat in jüngster Zeit die Farbe gewechselt: aus dem Ockerbraun der vergangenen Jahrzehnte schälten Kunsthistoriker in akribischer Fassadenbearbeitung das ursprüngliche Rot heraus. So wie es in der Renaissance von Baldassare Maggi d'Arogno, dem Baumeister, der die Rosenberger Brüder Wilhelm und Peter Wok beim Bau von Kratochvile und beim Umbau von Krumau und Bechyně begleitete, vorgesehen war.

Bechyně war uneinnehmbar. Das wusste schon der erste Burgherr, König Přemysl Ottokar II. im 13. Jahrhundert, und das erlebten auch andere Familien, als hussitische Streifscharen chancenlos ihre Belagerung abbrechen mussten. Durch den langgestreckten ersten Schlosshof mit seinen Wirtschaftsgebäuden und seinem Park neigt sich der Weg leicht zur Brücke hinunter, die hinüberführt ins Schloss, das bis 1948 den Grafen Paar gehörte, den Postmeistern der Donaumonarchie. Deren Nachfolger haben es nach der Wende an die Familie Stava verkauft, die es heute bewirtschaftet.

Am längsten, wenn auch mit Unterbrechungen, stand Bechyně im Besitz der Herren von Sternberg. Aus ihrer Zeit stammt der ebenerdige Eingangssaal, dessen Gewölbe 1515 Wendel Roßkopf im Stil der Spätgotik errichten ließ: Die Mittelsäule ist als Baumstamm gestaltet, die Gewölberippen folgerichtig als Astwerk, ein phantastisch-manieristisches Stück Architektur. Ein verwandtes Werk ist der wladislawische Chor im Prager Veitsdom.

1569 fiel Schloss Bechyně an Peter Wok von Rosenberg. Er berief Baumeister Maggi d'Arogno, der auch bei seinem Neffen in Jindřichův Hradec die Burg in ein Renaissanceschloss umbaute und der in Bechyně einen Schlosshof schuf, dessen Fassaden Bartholomäus Jelínek-Beránek mit Male-

Peter Wok lässt Bechyně in ein Renaissanceschloss umgestalten

Die beiden letzten Brüder

Kunsthistoriker schälten in akribischer Fassadenbearbeitung das ursprüngliche Rot heraus: Schloss Bechyně

rei illusionistisch durchbrach, so wie man es von Schloss Krumau oder vom Schloss Ferdinands von Tirol in Ambras kennt. Beránek arbeitete nach grafischen Vorlagen des Niederländers Hans Vredeman de Vries, dessen Stiche Peter Wok schon von seinen frühen Reisen durch Nordeuropa kannte. An der Frontseite des Schlosshofs ließ er den Türkenfeldzug von 1591 darstellen, an dem er selbst teilgenommen hatte.

Für Peter Wok wurde Bechyně der Lieblingssitz. Hier fand 1580 seine prunkvolle Hochzeit mit Katharina von Ludanitz statt, die aus einer protestantischen mährischen Familie stammte. Im einstigen Schlafzimmer des Peter Wok schuf Antonio Melana, einer der Künstler aus Oberitalien, der auch in Kratochvile arbeitete, eine Stuckverzierung, mit der sich Peter Wok klar zum Protestantismus bekannte.

Peter Wok wählte aus dem religiösen Emblembuch der hugenottischen Autorin Georgette de Montenay die Darstellungen der Tugenden aus. Er besaß ihr damals sehr populäres Buch, in dem sie calvinistische Botschaften in eingängiger Sprache und Bilderfolgen verbreitete. Sie thematisierte Mutterschaft, aber nicht Ehe; sie vermittelte ein aufgekärtes, souveränes Frauenbild. Ihr Buch wurde, ungeachtet der Verfolgungen, europaweit nachgedruckt. Das zentrale Bild zeigt eine Frau mit zwei Kerzen und der Aufschrift „Vigilate" – seid auf der Wacht!"
Die Tugenden (Maßhalten, Gerechtigkeit, Weisheit und Tapferkeit sowie Glaube, Hoffnung und Liebe) werden als Frauengestalten, die auf männlichen Figuren sitzen, dargestellt. „Man könnte sagen, dass die Frau dem Mann zeigt, wie man das Leben führen soll", fasst Nicole Stava, eine von drei Schwestern, die das „Unternehmen Bechyně" heute führen, zusammen. Das Motiv gleicht einer der damals sehr populären „Weibermacht-Darstellungen" von Aristoteles und Phyllis. Der Legende nach hatte der griechische Philosoph seinen Schüler Alexander den Großen vor allzu großer Liebe zu dessen Frau Phyllis gewarnt. Diese soll sich gerächt haben, indem sie den Philosophen verführte, ihn als Reitpferd benutzte und dem Spott preisgegeben hatte. Kunsthistoriker interpretieren die Szenen als „Psychomachia", in der der Sieg der Tugenden (Frauen) über die Laster (Männer) dargestellt wird. Jedenfalls gilt der Stuck als Dokument für die Neuorientierung Peter Woks, für die Hinwendung zu geistigen und geistlichen Zielen ab 1580 und er spiegelt das Selbstverständnis des letzten Rosenbergers.

Ehrgeiz · Toleranz · Melancholie

Im anschließenden Raum, im einstigen Arbeitszimmer Peter Woks, in dem heute eine „Rüstkammer" präsentiert wird, ließ er eine Renaissance-Kassettendecke mit den Bildern der vier Evangelisten anbringen.

Einzigartig ist der Freskenschmuck im Großen Saal des Schlosses, der ebenfalls von Maggi d'Arogno neu gebaut wurde Er enthält allerdings zwei unterschiedliche Bildprogramme, die von zwei politisch wie konfessionell unterschiedlich orientierten Aristokraten in Auftrag gegeben wurden. Einerseits ließ Peter Wok in den Fensternischen wieder die Tugenden und die Laster malen, lateinisch beschriftet und von einem symbolischen Tier begleitet. Die Laster wurden übrigens nach Vorlagen des niederländischen Künstlers Hendrick Goltzius angefertigt. Gegenüber die biblischen Gestalten David, Samson, Debora und Dalila. Der Künstler dieses Zyklus wird jedenfalls dem Kaiserhof Rudolf II. in Prag zugerechnet.

Andererseits findet man Gerichtsszenen auf der West- und Südwand, die allerdings später entstanden. Sie sind nicht vom Rang der Nischenbilder, aber geschichtlich interessant. Ihr Auftraggeber Adam von Sternberg ließ die Bilder ab 1600 anfertigen. Er war Oberstkämmerer und sah das „Landrecht", so der Historiker Václav Bůžek, wie alle Adeligen seiner Zeit als das „höchste Kleinod des Königreichs Böhmen". Adam von Sternberg ließ im „Größeren Landesgericht" Rudolf II., zu seiner Rechten Peter Wok und zu seiner Linken sich selbst verewigen, wahrscheinlich nach dem Sieg der katholischen Adelspartei Böhmens im August 1599.

Damals hatte Bechyně, zum Leidwesen von Peter Wok, schon den Besitzer gewechselt. 1595 hatte er das Schloss, das seine Handschrift trägt, verkaufen müssen, um die von seinem Bruder hinterlassenen Schulden tilgen zu können. Der Katholik Adam von Sternberg nun war der neue Besitzer.

Trotz der gegensätzlichen Positionen, die Peter Wok und Adam vertraten und lebten, war es zum Glück nicht zu einer Übermalung oder sonstwie gearteten *Damnatio memoriae* gekommen.

Třeboň/Wittingau

Der deutsche Name der Stadt – „Wittingau" – weist auf die Gründung durch die Witigonen im 13. Jahrhundert hin. 1366 übernahmen die Rosenberger, ein Zweig der Witigonen, die Herrschaft. Jost I. von

Bis 1611 im Besitz der Rosenberger: Třeboň (oben); nächste Doppelseite: Die Stadt im Wittingauer Becken liegt in einer von Bächen und Kanälen durchzogenen Teichlandschaft westlich der Lainsitz

177

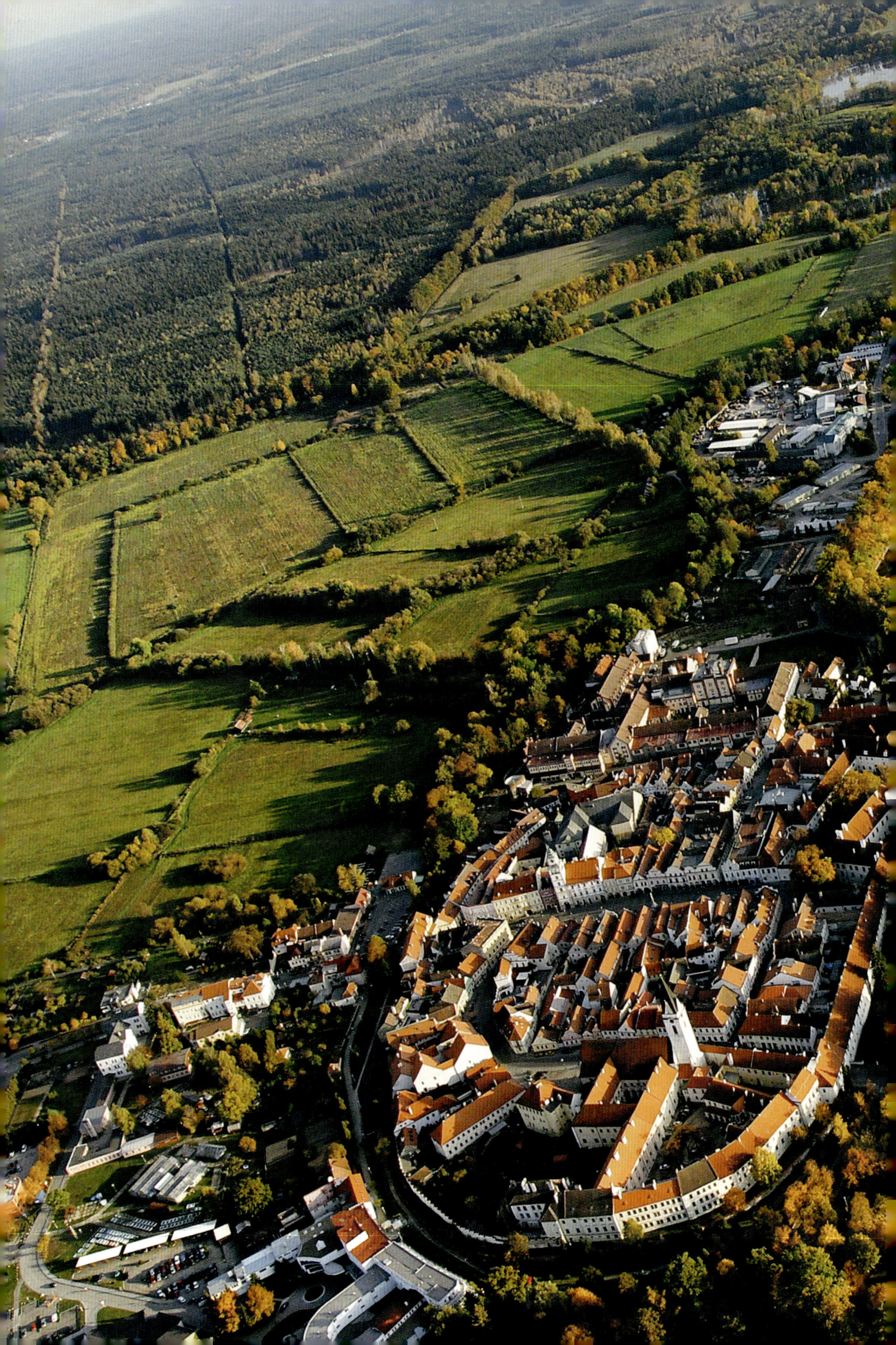

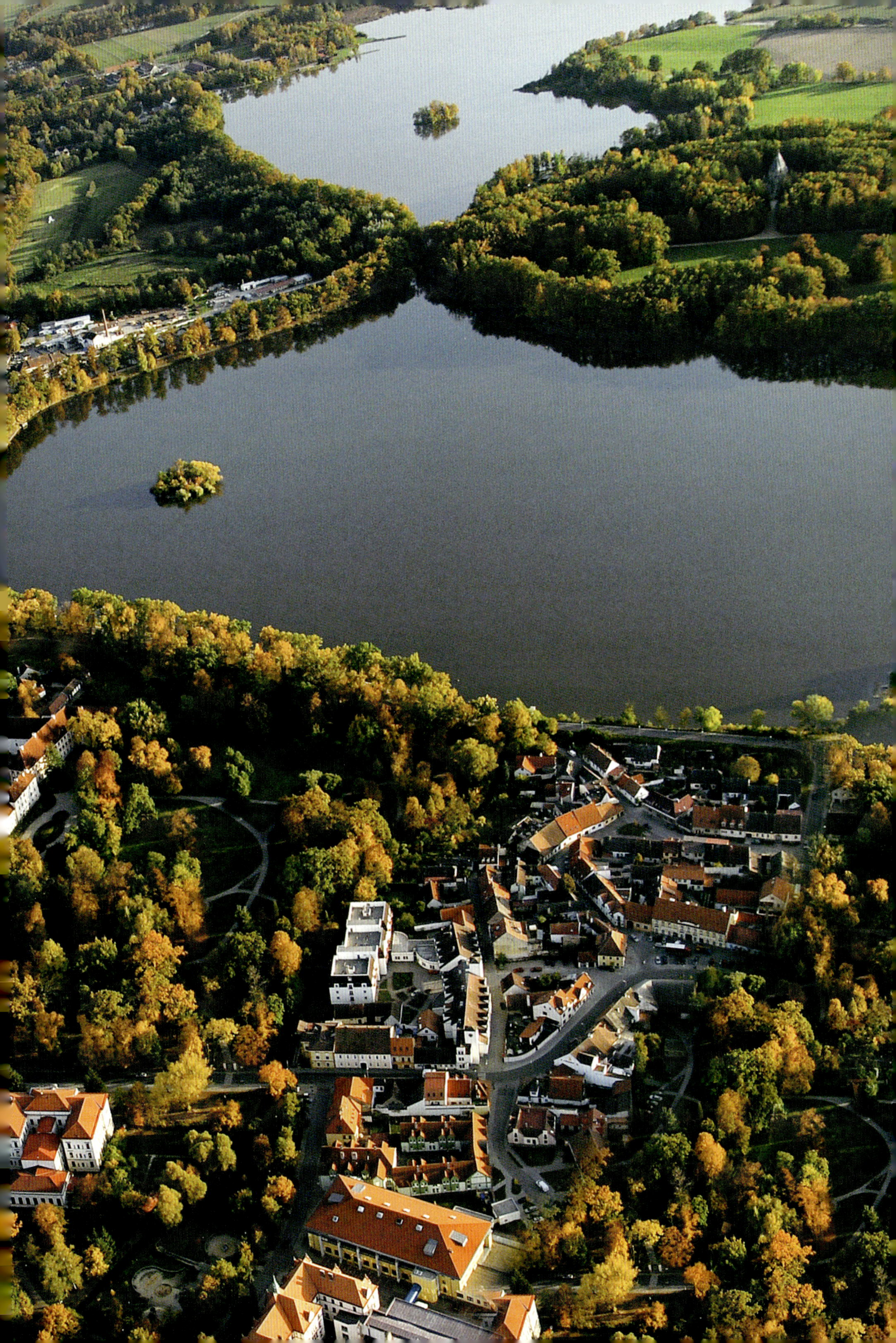

Rosenberg, der zur Zeit Kaiser Karls IV. die Burgen Dívčí Kámen und Helfenburk errichtete, kaufte in diesem Jahr Nové Hrady/Gratzen und Třeboň/Wittingau und stattete den Ort mit Marktrechten aus, die den wirtschaftlichen Aufstieg förderten, indem Wittingau beispielsweise wöchentlich zwei Wagen Salz aus Freistadt einführen durfte.

Wittingau blieb bis 1611 im Besitz der Rosenberger. Peter Wok, der Letzte seiner Familie, baute die Stadt zu seiner letzten Residenz aus und übersiedelte hierher, nachdem er sich aus finanziellen Gründen 1601 von Krumau und anderen Besitzungen trennen musste. Das sogenannte „Höflingszimmer" erinnert daran. Der Repräsentationsraum ist mit 32 Wappen der Höflinge Peter Woks verziert, im Gewölbe hat der Maler Tomas Trebochovsky den „rosenbergischen Reiter" angebracht.

Schon 1599 hatte Peter Wok begonnen, das Schloss mit seinen vier Höfen mit Hilfe des Baumeisters Domenico Cometa zu erweitern, nachdem es bereits in den 70er Jahren des 16. Jahrhunderts von Antonio Ericer zum Renaissanceschloss umgebaut worden war. Peter Wok hat in Wittingau die berühmte Bibliothek seines Bruders Wilhelm mit seiner eigenen Bücher- und Handschriftensammlung vereint. Auch das Familienarchiv, das größte Adelsarchiv Böhmens, das Václav Březan leitete, ließ er nach Wittingau bringen.

1599: Třeboň wird im Stil der Renaissance erweitert

Die Bibliothek der Rosenberger
Die Bibliothek der Rosenberger war eine der berühmtesten Privatbibliotheken ihrer Zeit. Derartiges gab es erst seit der Renaissance. Der ungarische König Matthias Corvinus war ein großer Büchersammler, auch Kaufleute wie die Fugger legten sich private Bestände zu. Herfried Münkler meint dazu in seinem „Lexikon der Renaissance": „Die Entstehung der humanistischen Privatbibliotheken nahm ihren Anfang mit der Ausplünderung der Klosterbibliotheken sowie der Rettung von Buchbeständen in Griechenland und auf dem Balkan vor ihrer – angeblichen – Bedrohung durch die Türken." Wilhelm von Rosenberg hatte als ambitionierter Sammler bereits die aus der Hussitenzeit bewahrten Handschriften vereint, weiters die Bibliotheken der Augustiner Klöster Borovany/Forbes und Wittingau. Er kaufte viel bei Linzer Buchhändlern und erwarb naturwissenschaftliche und astronomische Werke. Sein Bruder Peter Wok reservierte in Wittingau ein eigenes Haus und ließ einen Katalog von vier Foliobänden in rotem Leder mit je 600 Seiten als Bücherverzeichnis anlegen. Der Ruf dieser Bibliothek, die öffentlich zugänglich war, zog gelehrte Besucher an. Ein Jesuit vermerkte: „Vidi – tractavi – laudavi!" Er war begeistert von den seltenen Schriften, die meist mit einem Ex libris, die ihren Besitzer auswiesen, geschmückt waren, vielfach von der Hand des berühmtes flämischen Grafikers Aegidius Sadeler, der auch für Kaiser Rudolf II. arbeitete. Diese Ex libris erwiesen sich als hilfreich in der Dokumentation einer außergewöhnlichen Diaspora. Denn Peter Wok wollte die Bibliothek einer Schule der Böhmischen Brüder schenken, die er selbst in Sobieslav gegründet hatte, aber es kam anders.

Zunächst verlor sich die Spur des Hüters der Bibliothek, des Archivars Václav Březan, in der unruhigen Zeit um 1618. Die Erben Peter Woks, die Herren von Schwanberg, wurden als Protestanten enteignet, ihr Besitz fiel nach der Schlacht am Weißen Berg 1620 an den Kaiser. Der gab einen kleinen Teil an Klöster zurück, die „besseren Bücher" wurden aber alle nach Prag geschafft, wie der Jesuit Bohuslav Balbín berichtete. Dort fielen sie 1648 zusammen mit der Kunstkammer Rudolfs II. am Ende des Dreißigjährigen Kriegs den Schweden in die Hände. Königin Christina von Schweden befahl, Bibliothek und Kunstkammer sowie einen Löwen aus dem Tiergarten so schnell wie möglich an die Ostsee zu bringen, vorher war aber schon manches in die Hände von Offizieren und Händlern geraten. Der lange Schiffsweg auf der Elbe und die winterliche Wartepause an der Küste brachten weiteren Schwund, der Löwe war inzwischen „verrecket".

Im Juni 1649 erreichten die Bücher Stockholm. Wieder wurde ein Teil an Schulen gegeben. Bibliophile Kostbarkeiten machte die Königin, die sechs Jahre später, 1655, zum katholischen Glauben übertrat, dem französischen König und seinem Kardinal zum Geschenk und nahm sie mit nach Rom, wo insbesondere die Handschriften der Vatikanischen Bibliothek einverleibt wurden.

Die gedruckten Bücher wurden in Auktionen in ganz Europa verstreut, 1659 tauchten Reste beispielsweise in einer Pariser Buchhandlung auf, *Laciniae* (also Fetzen, Bruchstücke). Im 19. Jahrhundert wurden kleine Teile von Schweden offiziell dem damaligen Kronland Mähren zurückgegeben. Was nach dem letzten Willen Peter Woks eine Bildungsinstitution hätte werden sollen, hatte sich in alle Winde zerstreut.

Ab 1606 war Wittingau unter Peter Wok, einem Lutheraner und Anhänger der Brüderunität, Schauplatz mehrerer Treffen „der führenden protestantischen, antihabsburgischen Ständepolitiker der böhmischen Länder und des Reichs". Nach Peter Woks Tod 1611 kam Wittingau an die protestantische Familie der Schwanberg und später, nach der Niederwerfung des Ständeaufstands und der protestantischen Union von 1620, als beschlagnahmter Besitz an Erzherzog Leopold Wilhelm von Österreich, der die Herrschaft 1660 an Johann Adolf zu Schwarzenberg verkaufte.

So kamen die fränkischen Schwarzenberger nach Böhmen. Johann Adolf zu Schwarzenberg war bereits Reichsfürst, als er sich in Südböhmen einkaufte. Der prominenteste Vertreter der Schwarzenberger in Böhmen war Feldmarschall Karl I. Philipp von Schwarzenberg, der Begründer der zweiten Linie, der Sekundogenitur auf Schloss Orlík. Dieser Linie gehört auch Karl VII. von Schwarzenberg an, heute Außenminister der Tschechischen Republik.

In der altösterreichischen Innenpolitik profilierte sich Felix von Schwarzenberg (1800–1852) zunächst in der Niederwerfung der Revolution von 1848, dann als österreichischer Ministerpräsident im Neoabsolutismus. Seine Grabinschrift in Wittingau, in der er als „Mann der Einsicht und der Tat" gewürdigt wird, hat Franz Grill-

32 Wappen: Höflingszimmer in Schloss Třeboň

Die beiden letzten Brüder

Gotische Architektur, Predigtkultur und religiöse Erneuerung unter Karl IV.

parzer verfasst. Oppositionelle haben ihm verübelt, dass er sich vom Konstitutionalismus losgesagt hatte.

Die Stadt Wittingau ist von alten Festungsmauern umgeben, in die drei Tore eingelassen sind: im Westen das Budweiser-Tor, im Osten das Neuhauser-Tor, im Süden das Schweinitzer Tor. Der Hauptplatz der Stadt, der von Barock- und Renaissancefassaden gesäumt ist, öffnet sich an seiner Südseite zum Schlossportal. Aus der Zeit der letzten Rosenberger erinnert vor allem das spätgotische Haus des Josef Štěpánek Netolický am Stadtplatz an einen universellen Baumeister, denn er war es, der 1525 bis 1527 die doppelte Befestigungsmauer um die Stadt zog, deren innerer Ring – höher als der äußere – mit Zinnen bekränzt wurde. Diese Zinnenkrone war aufgrund der Einführung der Feuerwaffen zwar bereits überholt, aber sie zeigt, wie in der Renaissance gotische Elemente der einstigen Burgen- und Herrschaftsarchitektur auf Stadtbauten übertragen wurden. Nicht nur in Třeboň, auch in anderen Städten Südböhmens wurde die Chiaroscuro-Verzierung als Fassadenputz gebräuchlich, eine Hell-Dunkel-Malerei als Imitation massiver Quadersteine. Die Stadttore wurden – ähnlich den Bürgerhäusern – mit Giebeln geschmückt.

Die Propsteikirche der Augustiner Chorherren

Die Propsteikirche St. Ägidius des Augustiner Chorherrenklosters gehört zu den bedeutendsten gotischen Bauwerken Tschechiens. Die Kirche entstand unmittelbar nach der Übernahme durch die Rosenberger 1367 bis 1380 und ist die älteste zweischiffige Hallenkirche Südböhmens. Viele Sakralbauten in Südböhmen wurden als zweischiffige Hallenkirchen nach dem Vorbild Třeboňs errichtet, etwa in Kaplice/Kaplitz, aber auch die Minoritenkirche in Enns ist nach diesem Architekturmodell gebaut. Solche Hallenkirchen, in denen die Mittelpfeiler den Blick auf den Hochaltar verstellen, sind Gegentypen zur altarbetonten südlichen Basilika. Zweischiffige Bauten tauchen in der Gotik häufig bei weltlichen Gebäuden auf, bei Rathäusern oder Rittersälen. Die zweischiffige Hallenkirche entspricht dem Zweck der Predigerkirche und wurde ursprünglich von den Dominikanern in Frankreich verwendet. Sie löste das Schiff vom Presbyterium und gab ihm den Charakter eines profanen Versammlungsraums. Das Kloster in Třeboň wurde von den Augustiner Chorherren aus Roudnice/Raudnitz in Nordböhmen besiedelt. Dort hatte zu dieser Zeit Kaiser Karl IV. ein Augustiner Chorherrenstift für die Söhne tschechischsprachiger Eltern gegründet, um den deutsch-tschechischen Differenzen innerhalb des Klerus entgegenzuwirken. Auch im bayerischen Ingelheim, im deutschen Umfeld, förderte er tschechische Kanoniker. Diese Idee bewusster Zweisprachigkeit mochte auch in Třeboň eine Rolle gespielt haben. In der Zeit des Kirchenbaus wurde jedenfalls unter Karl IV. eine kirchliche Erneuerungsbewegung wirksam, an der besonders die Augustiner Chorherren beteiligt waren. Sie wurde als „devotio moderna – neue Frömmigkeit" bezeichnet, die die Hierarchie und das Machtgefüge der katholischen Kirche hinterfragte.

1781 wurde die Ägidiuskirche im Barockstil umgebaut. Dabei verlor sie den ursprünglichen Hauptaltar, den Tafelbilderzyklus des „Meisters von Wittingau" mit Szenen der Leidensgeschichte Christi (um 1380), an verschiedene Pfarren in der Umgebung. Sie sind heute auf die Nationalgalerie in Prag und die Aleš-Galerie in Hluboká aufgeteilt. Der Meister von Wittingau gilt als Vorläufer des Schönen Stils, der uns in vielen Madonnenstatuen Südböhmens begegnet und Vorbild für jenen Künstler gewesen sein dürfte, der den Hohenfurther Altar schuf. Seine bizarren Felskulissen lassen die Nähe zur niederländischen Malerei der Zeit erkennen, die während der Isolation Böhmens durch die Hussitenkriege in der Folge europaweit durch Rogier van der Weyden und Jan van Eyck verbreitet worden war. Dem Schönen Stil wird auch die Madonna von Wittingau zugezählt, eine gotische Kalksteinfigur am rechten Seitenaltar aus der Zeit um 1390. Die gotischen Wandmalereien in der Kirche stellen die Gründung des Chorherrenklosters dar, an der Brüstung des Musikchors die Apostel, an der Sakristeitür die Klostergründung, den heiligen Christophorus und das Jüngste Gericht. 1785 wurde durch Kaiser Joseph II. das Augustiner Chorherrenkloster aufgehoben und das Gebäude fortan als Forstamt der Schwarzenberger genutzt.

Am Südrand der Stadt liegt die Familiengruft der Fürsten Schwarzenberg, erbaut ab 1874 in neugotischem Stil als Kapelle mit Turm. In der Zeit davor hatten sich die Fürsten in der St. Veitskirche in Krumau beisetzen lassen.

Die Südböhmische Teichwirtschaft
Die Fischzucht in großem Maßstab blieb seit den Rosenbergern ein wichtiger Wirtschaftszweig. Viele behaupten, die Anlage der Teiche und ihrer riesigen Wasserflächen habe im 16. Jahrhundert das Klima Südböhmens verändert. So wurde zur Wasserversorgung der Fischteiche um Wittingau bereits im 14. Jahrhundert ein Kanal gebaut, der später verfiel. Teichbaumeister Josef Štěpánek Netolický errichtete ab 1508 den Zlatá stoka/Goldenen Kanal, der südlich von Třeboň an der Luznice/Lainsitz beginnt, zahlreiche Fischteiche verbindet und 45 Kilometer weiter flussabwärts wieder in die Luznice mündet.

Der Kanal wurde zum Rückgrat des Teichsystems und der zweite namhafte Teichbauer Südböhmens Jakub Krčín von Jelčany konnte auf diesen Anlagen aufbauen: Er legte 1571 den „Rybník Svět – die Fischwasser Welt" an, einen Teich mit einer Wasserfläche von 208 Hektar. Bei der Errichtung der

Kreuzgang im Augustiner Chorherrenstift Třeboň (oben); nächste Doppelseite: Die ausgedehnten Teichanlagen rund um Třeboň

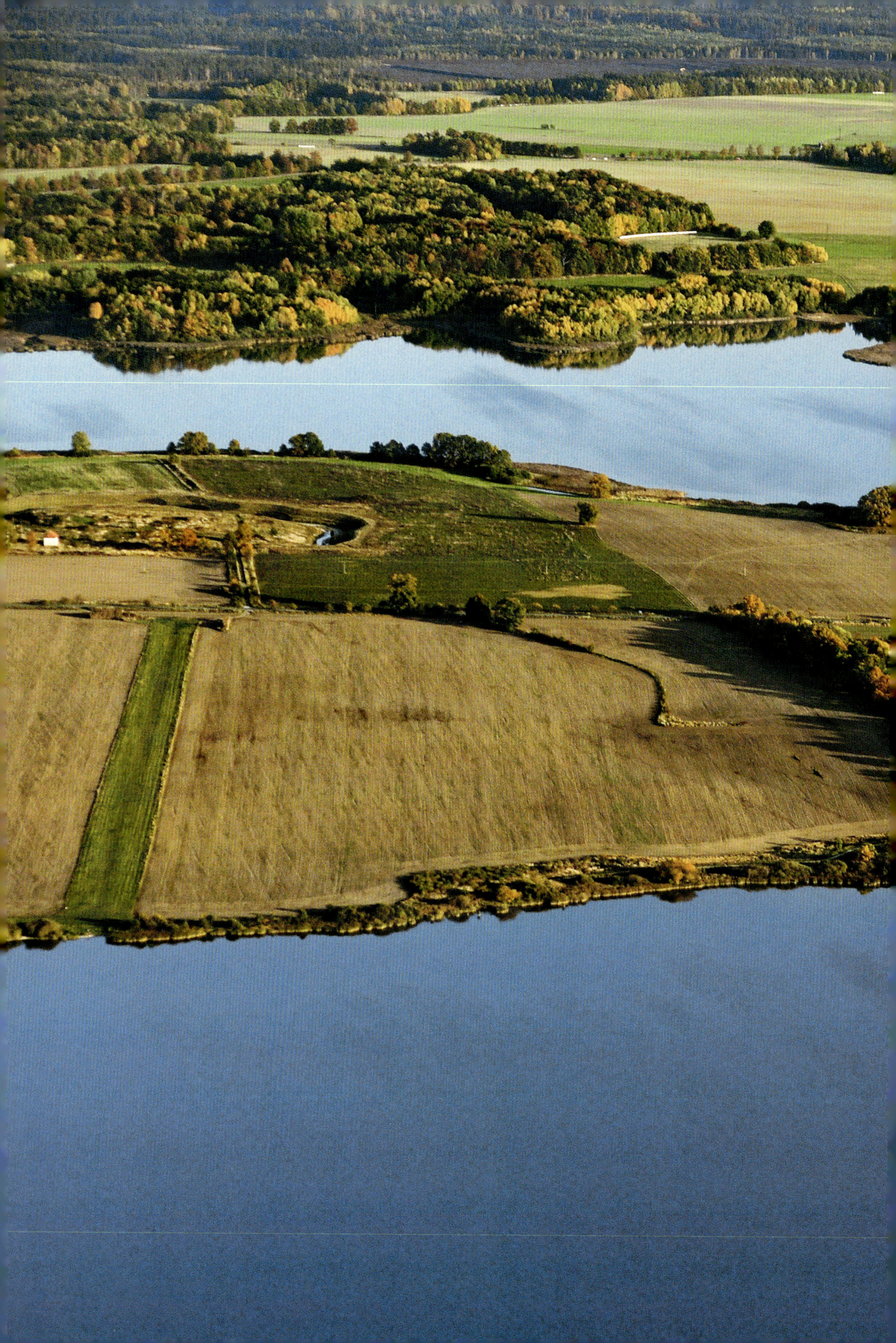

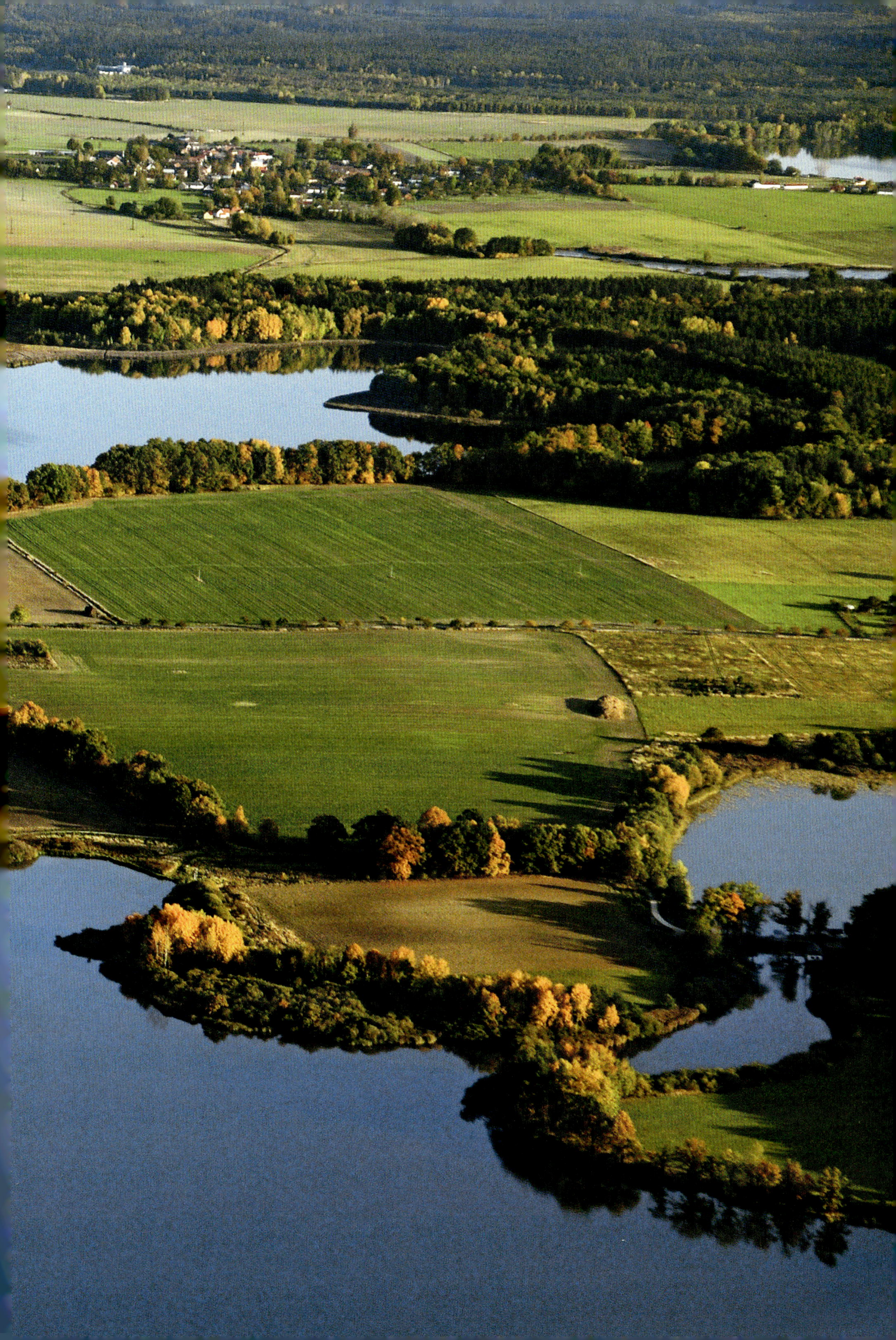

Die beiden letzten Brüder

Über Jahrhunderte Residenz der einflussreichsten Verwandtschaft der Rosenberger: Jindřichův Hradec, raffiniertes Rondell als Gartenhaus

Dämme in unmittelbarer Nähe der Stadtmauern stieß Krčín auf Widerstand in der Bevölkerung, die um die Sicherheit ihrer Häuser fürchtete. Zur Befestigung wurden die Dämme deshalb mit Eichenalleen bepflanzt.

Auch ein zweiter Teich, der „Rosenberger Teich", entstand unter der Leitung Jakub Krčíns. Seine ursprüngliche Fläche von mehr als 1.000 Hektar wird längst nicht mehr zur Gänze geflutet.

Die Domäne Wittingau blieb aber auch im 19. Jahrhundert mit fast 300 Teichen von mehr als 9.000 Joch Wasserfläche unter der professionell-wissenschaftlichen Leitung Josef Sustas (1835–1914) die größte Teichwirtschaft Böhmens. Heute noch ist das Abfischen eine Touristenattraktion im südböhmischen Herbst.

Jindřichův Hradec/Neuhaus

Jindřichův Hradec ist Krumau ebenbürtig, denn auch hier residierte durch Jahrhunderte der neben den Rosenbergern bedeutendste Zweig der Witigonen. Heinrich von Neuhaus ist einer der Söhne des Witiko von Prčice. Sein Wappenzeichen zeigt die goldene Rose im blauen Feld. Die Burg, 1220 erstmals als *Novum Castrum* erwähnt, wurde auf einem slawischen Burgwall über der Nežárka/Naser, einem Nebenfluss der Lainsitz, errichtet. Als Heinrichsburg, daher tschechisch Jindřichův Hradec, wird der Platz erst im 14. Jahrhundert erwähnt. Heinrich hatte zu dieser Zeit bereits ein Hofamt in Prag inne und baute seine Herrschaft nach dem Vorbild des Landesfürsten, seines Königs, auf. Er war auch dabei, als 1255 der Deutsche Orden mit Besitz und Privilegien ausgestattet wurde.

Der Deutsche Orden war für Jindrichuv Hradec bedeutend. Gegründet wurde er 1190 als Hospitalbruderschaft im Heiligen Land vor Akkon, wenig später erfolgte die Umwidmung in einen geistlichen Ritterorden, der in den folgenden Jahrhunderten europaweit Einfluss gewann und in Böhmen zeitgleich mit der Přemyslidendynastie aufstieg.

Auf den Gründer der Burg, Heinrich, folgte Witiko von Neuhaus (1223–1259), auf diesen Ulrich I. (bis 1282) und in direkter Nachfolge Ulrich II. (1281–1312). Letzterer stand nach dem Tod des „goldenen" Königs Přemysl Ottokar II. an der Seite von Zawisch von Falkenstein und war damit der Gegner des Königs. Er verstand es aber, rechtzeitig die Fronten zu wechseln, dem jungen König Wenzel II. zu huldigen und so im wahrsten Sinn seinen Kopf aus der Schlinge zu ziehen.

Ulrich III. (1300–1348) bezog die Herrschaft von Telč/Teltsch in seinen Besitz ein und stiftete sogar Güter für Wilhering an der Donau. Er berief die Minoriten nach Neuhaus und übertrug ihnen die Kirche Johannes des Täufers. Dort wurde eine eigene Tuchmacherkapelle eingerichtet. Die Tuchmacher bildeten die wirtschaftlich erfolgreichste Zunft in Jindřichův Hradec. Sie bauten ihren Export aus und unterstützten die Minoriten.

Ulrich III. erweiterte die Burg, behielt nur den runden Wehrturm, verdoppelte die Wohnfläche und gab den Anstoß, den Versammlungssaal des Ritterordens mit einzigartiger Wandmalerei zu schmücken, die aber erst im 19. Jahrhundert wieder entdeckt wurden. Dieser „Georgs-Zyklus" stellt Szenen aus dem Leben des Ordenspatrons dar, sein Martyrium und jenes der bekehrten Königin Alexandra. Die Fresken ziehen sich in zwei Reihen übereinander über die vier Wände, der begleitende Schriftkommentar ist in österreichisch-bayerischem Dialekt verfasst. Laut Inschrift entstanden sie 1338. Der Stifter, Ulrich III., wurde links oberhalb des Türrahmens auf Höhe des zweiten Bilderstreifens dargestellt. Neben ihm der Ordenskomtur, sozusagen auf Augenhöhe mit dem Feudalherrn. Diese Wandmalereien im Haupttrakt der Burg, im „Alten Palas", gehören zu den wertvollsten Denkmälern böhmischer gotischer Malerei aus der ersten Hälfte des 14. Jahrhunderts. Die unterhalb der beiden Bildreihen angefügte Wappengalerie zeigt die Wappen jener 19 Adeligen, die sich am Feld- und Kreuzzug des böhmischen Königs Johann von Luxemburg ab 1322 gegen das heidnische Litauen beteiligt hatten.

In dieser Zeit war Neuhaus ein kulturelles Zentrum, das den Austausch mit den Klöstern auf österreichischer Seite und mit dem gesamten Donauraum zwischen Passau und Wien pflegte. Schon vorher gewann es einen Ruf als Zentrum höfischer Dichtung. Die Stadt erhielt damals ihre Befestigung mit drei Toren, von denen heute nur mehr Nežárka-Tor existiert. Unter Heinrich IV. (1440–1507) wurde der Königspalast der Burg nach den Turbulenzen der Hussitenzeit von den besten Meistern ausgestattet, von Künstlern, die auch auf Blatna und Žirovnice/Serownitz arbeiteten. Der mächtige katholische Heinrich, der dem Jagiellonenkönig Wladislaw verbunden war, ließ sich selbst im Anbetungsfresko (1493) der Marienkapelle porträtieren. Der König gab der Stadt seine Initiale „W" ins Wappen. Der ursprünglich einflussreiche Deutsche Orden verschwand allerdings in diesen Jahren aus der Region, die Herren von Neuhaus zogen seinen Besitz ein.

Mit Adam II. von Neuhaus (1546–1596) trat zwei Generationen später ein Renaissancemensch auf, der Kaiser Rudolf II. von Jugend auf kannte, der Katharina von Montfort, die Tochter des Hofmeisters der Steiermark, heiratete und sich als Bauherr in höchsten Hofämtern auf der Prager Burg ähnlich wie seine Verwandten, die Rosenberger, Nachruhm schuf. Er holte ebenfalls den Baumeister Maggi d'Arogno, der Kratochvile, Krumau und Bechyně gebaut hatte, und ließ von ihm das Neue Gebäude errichten, das fünf Stockwerke hoch die Südfront des Schlosses bildet. Giovanni Facconi führte den Stil im spanischen Flügel nordseitig weiter.

1586 schließlich errichtete der Steinmetz Antonio Melana „drei Pawlatschen aus behauenem Stein" (man bezeichnete damit Arkadengänge), die den Burghof von Garten und Rondell trennen. Die Pracht der Innenräume wurde besonders durch farbige und vergoldete Kassettendecken gesteigert. Als einzigartig in Mitteleuropa gilt das Rondell, ein Garten- und Lusthaus, das Baldassare Maggi d'Arogno entworfen hatte. Die Stuck- und Terracottareliefs des Innen-

Freunde von Kindesbeinen an: Kaiser Rudolf II. und Adam II. von Neuhaus

raums sind bis in die Kuppel mit Blattgold bedeckt. Die Raffinesse des Raums, der dem Schlossturm in Krumau verwandt ist, wird durch ein Untergeschoß erhöht: Dort war Platz für Musiker, deren Darbietungen die Gäste durch eine Bodenöffnung lauschen konnten. Die Großartigkeit dieser Bauten hebt sich ab vom bitteren Ende ihres Bauherrn, denn Adam II. verausgabte sich finanziell, verfiel dem Alkohol und wurde durch die „Ungarische Krankheit", die Syphilis, hinweggerafft. Sein Sohn überlebte ihn nur um acht Jahre. 1604 erlosch die männliche Linie derer von Neuhaus und damit auch das Wappenbild der blauen Rose auf Goldgrund.

1604: Die männliche Linie derer von Neuhaus erlischt

Die schöne Tochter Adams, Lucie Ottilie, ehelichte den wendigen Wilhelm Slawata, der durch den gesellschaftlichen Hintergrund seiner Frau in Hofämter aufrückte und als königlicher Statthalter ein Opfer des Prager Fenstersturzes und damit ungewollt prominent wurde: Am 23. Mai 1618 stießen ihn aufgebrachte Protestanten zusammen mit seinem Kollegen Jaroslav Borsita von Martinitz durch ein Fenster aus der Prager Burg, ein Ereignis, das er heil überstand, das aber den Religionskonflikt anheizte, der schließlich in den Dreißigjährigen Krieg mündete. Ein barockes Votivbild in Jindřichův Hradec verherrlicht die Rettung Slawatas. Er starb 1652 in Wien und wurde in der Jesuitenkirche von Jindřichův Hradec beigesetzt.

Nun ging die Herrschaft an die Czernin von Chudenitz. Im Slawatasaal des Schlosses in Jindřichův Hradec hängt das größte Ölgemälde Südböhmens, von Salvator Rosa einem Thema gewidmet, das das gesamte 16. Jahrhundert einnahm: „Die Schlacht der Christen gegen die Türken". Daneben aber ist Peter Brandls „Josef gibt sich seinen Brüdern zu erkennen" (1721) zu sehen, das „einzige Bild", von dem der berühmte und selbstkritische Barockmaler behauptete, „dass es mich nicht enttäuscht hat". Dazu schreibt der Kunsthistoriker Jaromir Neumann: „Zum ersten Mal in der Barockmalerei Böhmens wurden hier in einem reifen und durchaus persönlichen Stilgebilde Strömungen umgewertet, die von verschiedenen Richtungen (aus Italien und Holland) in dieses kleine Land im Herzen Europas eindrangen."

Im 19. Jahrhundert verlor Jindřichův Hradec, das von den Handelswegen früherer Zeit profitiert hatte, den Anschluss an die neuen wirtschaftlichen Entwicklungen, weil es abseits der Hauptbahnlinien zu liegen kam. Es konservierte sich als jene Idylle, als die es in Josef Jedlickas Familienroman „Blut ist kein Wasser" auftaucht, als sonnenbeglänzte Sommerfrische, sympathisch-versponnen und kleinstädtisch.

Peter Wok von Rosenberg (1539–1611)

Die Porträts des letzten Rosenbergers in fortgeschrittenem Alter zeigen ein kleines Detail, das sonderbar anmutet: Peter Wok trägt an einer goldenen Halskette nicht das Goldene Vlies, wie es seinem Bruder Wilhelm für Verdienste um Land und Reich verliehen worden war, sondern den Totenschädel als Amulett, umfasst von einer Sichel, in deren Gold eingeschrieben steht: „Memento mori". Das deutet auf die Kultivierung des Todesgedankens in späteren Jahren hin, die auf eine tief depressive Gemütslage schließen lässt. Schon Peter Woks Geburt am 1. Oktober 1539 stand im Zeichen des Todes, da sein Vater Jost III. auf dem Sterbebett lag, als sein Sohn zur Welt kam.

Peter Wok wuchs nicht bei seiner Mutter auf, sondern wie ein Vollwaise bei Anna von Neuhaus, seiner Tante, die verheiratet auf Schloss Jindřichův Hradec lebte. Beide blieben einander zeitlebens sehr verbunden. In seiner Jugend ging Peter Wok nach

Ehrgeiz · Toleranz · Melancholie

Repräsentant wider Willen: Peter Wok von Rosenberg mit dem Orden „Memento mori"

Schuljahren im Kloster Hohenfurth und in Krumau, nicht anders als seine Standesgenossen, auf „Kavalierstour".

„Kavalierstour" nach Holland
Sie führte ihn nicht, wie seinen älteren Bruder, in den Süden, sondern über Köln nach England und in die Niederlande, wo er mit Königin Elisabeth und Wilhelm von Oranien zusammentraf. Schon vorher hatte er durch Georg Ernst von Hennenberg, der ihn auch mit Büchern versorgte, Kontakt zu reformatorischen Schriften.

Peter Wok war zunächst ähnlich „religiös indifferent" für die führende katholische Adelsschicht seiner Zeit, wie der Habsburger Maximilian II. innerhalb seiner Familie. Als er in den 70er Jahren des 16. Jahrhunderts Schloss Bechyně übernahm, lebte er – im Schatten des Bruders – das genießerische Leben eines reichen Privatiers. Manches davon ist in „Gästebüchern" dokumentiert, die auf exzessive „Trinkunterhaltungen" schließen lassen, wie Václav Bůžek beschreibt: „Der Alkohol und die Anwesenheit der jungen Kammerfrauen Peter Woks

Die beiden letzten Brüder

Fasziniation Alchemie: Labor auf Schloss Třeboň

lockerten den Umgang, eigene ‚Strafregister' wurden geführt für jene, die die verlangte Menge nicht trinken konnten. Sie mussten die ‚Untat' fehlender Trinkfestigkeit eingestehen und äußerten dazu handschriftlich auch erotische Phantasien und Meinungen zum anderen Geschlecht."
Gleichzeitig pflegte Peter Wok aber auch die Kultur, baute Schloss Bechyně in seinem Sinn aus, sammelte nicht nur gesellschaftlich delikate Erlebnisse, sondern auch Bücher und technische Instrumente. Im Eingang zum Innenhof des Schlosses steht heute noch die Maxime an der Wand: „Nulla dies sine linea" – Kein Tag ohne eine Zeile (zu lesen/schreiben). Oder auch: ohne strukturierten Plan.

1580, mit 41 Jahren, heiratete Peter Wok Katharina von Ludanice. Sie stammte aus einer mährischen Familie und gehörte der reformierten Glaubensgemeinschaft der Böhmischen Brüder an. Peter Wok unterstützte vorher schon die Protestanten der Rosenberger Herrschaft, und richtete den Böhmischen Brüdern in Bechyně ein Bethaus ein, obwohl diese, anders als die Lutheraner oder die Utraquisten, eine in Böhmen verbotene Konfession waren. Umso heftiger fiel die Konfrontation mit seinem durchaus toleranten Bruder Wilhelm aus, als Peter Wok selbst zu Pfingsten 1587 den Böhmischen Brüdern beitrat.

Zu dieser Zeit residierte in Prag bereits Kaiser Rudolf II., bei seinen Verwandten umstritten, im Volk und beim böhmischen Adel zunächst anerkannt, weil er seine Residenz von Wien an die Moldau verlegt hatte. Das Bild Rudolfs II. in der populären Erinnerung ist das eines weltfremden Sonderlings. Aber der Prager Erzbischof Dominik Duka machte anlässlich des 400. Todestags des Kaisers im Jänner 2012 auch auf einen weiteren Aspekt von Rudolfs Persönlichkeit aufmerksam. Der in Spanien erzogene Habsburger war Duka zufolge ein Mensch, der Verständnis für Christen der verschiedensten Glaubensbekenntnisse zeigte. Der Erzbischof zitierte Rudolfs Worte, mit denen dieser die Bartholomäusnacht, den Pogrom an den Protestanten in Frankreich 1572 kommentiert hatte:

„Obwohl der französische König mein Schwager ist, muss ich mit Trauer feststellen, dass mir ein derartiges ehrenloses und tyrannisches Verhalten nicht gefällt. Ich kann seiner Entscheidung weder zustimmen noch sie für gut halten. Denn es ist schändlich und nicht christlich, gegen den Glauben zu handeln. Die Angelegenhei-

Ehrgeiz · Toleranz · Melancholie

ten der Religion können nicht mit Schwert und Gewalt gelöst werden, sondern nur mit Gottes Wort und nach christlicher Lehre beigelegt und beurteilt werden."

Das war nahe an der Einschätzung Peter Woks.

In der Alchemie wie in der Kunst faszinierte Kaiser Rudolf die Suche. Seine Hofkünstler stellten mit dem „Sieg der Weisheit" als der höchsten Tugend Minerva nicht zufällig in derselben Pose dar wie Christus den Auferstandenen. Rudolf II. erhob die Malerei zur offiziell anerkannten Kunst, nachdem sie bis dahin zu den „artes serviles", zum Handwerk, gezählt worden war.

Er berief die bekanntesten Konstrukteure, benutzte die modernsten Technologien, Uhren und Automaten. An seinem Hof war im Unterschied zum auf Gleichheit bedachten städtischen Zunftwesen Innovation möglich. Jost Bürgi etwa, ein Schweizer, baute ab 1604 am Hof in Prag hochpräzise Uhren und kolbenlose Pumpen nach einem Entwurf Johannes Keplers zur Entwässerung von Bergwerken, wie überhaupt die Kunstkammer des Hofastronomen eine Lehrmittelsammlung für Maschinenbau darstellte. Franz Grillparzer präzisierte in seinem Drama „Bruderzwist im Hause Habsburg", das Rudolfs Kampf gegen seinen Bruder Matthias thematisiert, was ihn an der Figur dieses Kaisers beschäftigte: „Das Tragische ward dann doch, dass er das Hereinbrechen der neuen Weltepoche bemerkt, die andern aber nicht und dass er fühlt, wie alles Handeln den Hereinbruch nur beschleunigt."

Der Religionsstreit, die Macht der Stände und die Türkenkriege
Damit waren die Habsburger damals konfrontiert. Und die letzten beiden Rosenberger an vorderster Front mit ihnen, Wilhelm auf der katholischen, Peter Wok auf der protestantischen Seite. Letzterer hatte sich die Rolle in der zweiten Hälfte seines Lebens nicht ausgesucht. Er wurde mit dem Tod seines Bruders zwangsläufig zum Repräsentanten seines Hauses. Aber nicht nur das: Er erbte von Wilhelm eine enorme Schuldenlast und sah sich vor dem Bankrott. Deshalb war er gezwungen, die rosenbergische Domäne zu verkleinern und ab 1593 einen Ansitz nach dem anderen zu verkaufen, die Bergwerke genauso wie die Schlösser, auch Bechyne, das seine persönliche Handschrift trug.

Sein Neffe Adam von Neuhaus war inzwischen Oberster Burggraf geworden. Auf

Peter Woks letzte Residenz: Innenhof des Schlosses Třeboň

191

Wappen der Familie Tschernembl (Freiherrn-Wappen)

Wie der Kaiser in Prag: Die letzten Lebensjahre Peter Woks

dessen Verlangen übernahm Peter Wok das Amt des Oberbefehlshabers der böhmischen Truppen, die 1594 erneut in Ungarn gegen die Türken kämpften. Sein Generalrang gab ihm wenigstens in Böhmen Rückendeckung, umso mehr als, solange die Truppe kämpfte, den Gläubigern der Zugriff auf Rosenbergs Vermögen verwehrt war.

Seine Frau Katharina war ihm zu dieser Zeit keine Stütze mehr, denn sie war mit einem schweren Nervenleiden bettlägrig und starb 1601. Kurz danach verkaufte Peter Wok nach dreihundert Jahren im Besitz der Familie auch die Rosenberger Residenz Krumau an Kaiser Rudolf II. Er selbst zog sich nach Třeboň zurück. Als Militär erkannte er inzwischen die Gefahr der näherrückenden Türken und begann seine Herrschaft aufzurüsten. Er machte Wittingau zu einer Festung und investierte, um 2.500 Soldaten im Krisenfall ausrüsten zu können.

Melancholiker und Mittler

In Wittingau lebte er nach dem Verkauf großer Teile der Herrschaft ein Leben, das dem des Kaisers in Prag nicht so unähnlich war. Peter Wok hatte die Bibliothek und das Archiv aus Krumau mitgenommen, er besaß eine sorgsam verwahrte Kunstkammer mit 200 Pretiosen, die auch teilweise an die Glorie der eigenen Familie erinnerten: Wachsplastiken seiner Vorfahren oder Nachbildungen der verflossenen rosenbergischen Residenzen. Er holte nach wie vor Künstler vom Hof des Kaisers. In der Prager Werkstatt des kaiserlichen Goldschmieds ließ Peter Wok seine Leute ausbilden; umgekehrt holte Rudolf II. einen Edelsteinschleifer aus Krumau an seinen Hof.

Die beiden Regenten erscheinen in einer gewissen Wesensverwandtschaft, wenigstens als Sammler. Und als solche hatten sie eine gemeinsame Neigung zum „Melancholiker", insofern sich „die tiefen Beziehungen des Melancholikers mit der Außenwelt immer in den Dingen vermitteln (häufiger jedenfalls als in den Menschen)", wie Susan Sontag analysiert.

Eine ruhige Zeit war Peter Wok dennoch nicht gegönnt. 1606 schloss Erzherzog Matthias einen Friedensvertrag mit dem Osmanischen Reich, allerdings gegen den Willen seines Bruders Kaiser Rudolf, der seinerseits die Amtsenthebung des Matthias anstrebte. Nun verbündete sich Matthias mit führenden und oppositionellen Vertretern der Stände, die ihrerseits aus dem Bruderstreit der Habsburger europaweit strategisch-konfessionelle Vorteile erhoffen, darunter der Oberösterreicher Georg Erasmus Tschernembl. Wittingau wurde zu einer konspirativen Drehscheibe für den böhmischen, mährischen, deutschen und österreichischen Protestantismus. Hier konferierte Tschernembl, der Vertreter der österreichischen protestantischen Stände und Schutzherr Johannes Keplers, 1601 mit Peter Wok und dem deutschen Fürsten Christian von Anhalt. Der 23-jährige Anhalt war Calvinist und Diplomat und suchte Peter Wok zur Unterstützung des Netzwerks der protestantischen Union im Reich.

Georg Erasmus Tschernembl (1567–1626) war Herr auf Schwertberg im Mühlviertel und nach seiner Akademiezeit in der Nähe von Nürnberg und einer Bildungsreise nach Paris, London und Basel überzeugter Calvinist. Die mehrheitlich evangelischen oberösterreichischen Landstände hatten sich die Glaubensfreiheit erkämpft und erkauft, nachdem sie dem Kaiser 1.200.000 Gulden für den Türkenkrieg zur Verfügung gestellt hatten. Tschernembl pendelte zwischen Linz, München, Wien, Graz sowie Prag und stellte dem Absolutismus der Habsburger die Souveränität des Volkes (was damals meinte: der führenden Schicht des Adels) entgegen. Er war Vorkämpfer freier Religionsausübung, wobei der spätere König Matthias richtig erkannte, dass die Stände nach holländischem Vorbild „gleichsam eine freie rem publicam" wollten.

Die Stände waren damals so selbstbewusst, dass ein Zeitgenosse, der venezianische Gesandte in Wien, meinte, die Stände, evangelische Ritterschaften, Städte und Hochadel „würden sich möglicherweise durch einen Gewaltakt zu einem Föderationsmodell nach dem Muster der Schweiz oder der Niederlande zusammenschließen und die Dynastie unter ihre Kontrolle bringen".

Peter Wok war also der „große Mittler" zwischen den evangelischen Ständen der österreichischen Länder unter Tschernembl und den deutschen evangelischen Fürsten geworden.

Er war aber auch aus katholischen Kreisen gut unterrichtet und erhielt von seinem Verwandten, dem Katholiken Wolf Novohradsky von Kolowrat, einem Vertrauten Kaiser Rudolfs, Nachrichten, die er „der Tinte und dem Papier nicht anvertrauen" konnte. Peter Wok war einer der am besten informierten Adeligen seiner Zeit. Die Stände trieben die beiden zerstrittenen Habsburger Rudolf und Matthias (der Bruderzwist dauerte von 1608 bis 1611) vor sich her. Rudolf hatte inzwischen bereits die Macht mit seinem Bruder teilen müssen. 1608 übernahm Matthias Österreich, Mähren und Ungarn. Er gewährte in Mähren dafür den Ständen Religionsfreiheit. Dasselbe wurde Rudolf in einem Majestätsbrief 1609 für Böhmen abgerungen.

Dabei spielte Peter Wok von Rosenberg eine zentrale Rolle. Hatte er zunächst den Protestanten Johann Georg von Schwanberg zu seinem Haupterben bestellt, so unterstützte er jetzt die Forderung der evangelischen Stände nach Religionsfreiheit. Man übte auf Rudolf II. Druck aus und drohte mit einer Gegenregierung unter dem Rosenberger. Peter Wok, der durchaus konservativ auf Seiten des Kaisers stand, lenkte die Verhandlungen in gemäßigte Bahnen und wurde dabei auch von toleranten Katholiken unterstützt. Jedenfalls war der von Kaiser Rudolf II. am 9. Juli 1609 unterfertigte Majestätsbrief zur Religionsfreiheit maßgeblich von Peter Wok formuliert worden. Er bewies darin seine Fähigkeit als Vermittler. 1611 verlor Kaiser Rudolf II. schließlich auch noch Böhmen, infolge einer „militärischen Kurzschlusshandlung". Gemeinsam mit seinem Cousin, dem Bischof-Koadjutor Leopold von Passau, warb der Kaiser Truppen an. Dieses „Passauer Kriegsvolk" fiel in Oberösterreich ein und zog schließlich gegen Prag, weil sich Leopold, gestützt auf die katholischen Reichsfürsten, Hoffnung auf die Nachfolge Rudolfs in Böhmen machte. Diese Aktion veranlasste Matthias einzugreifen und seinen Bruder Rudolf zur Abdankung zu zwingen.

Peter Wok aber musste zusehen, dass die umherstreifenden Soldaten Südböhmen nicht weiter verwüsteten. Er wandte von der Bevölkerung den zu befürchtenden Schaden, Raub und Plünderung ab, indem er aus der rosenbergischen Kasse den Sold an das Passauer Kriegsvolk auszahlen ließ und sie so zum Abziehen bewegen konnte.

Peter Wok war in seinen letzten Lebensjahren zunehmend von Politik und wirtschaftlichem Krisenmanagement vereinnahmt worden, umgeben von konspirativen Zuträgern, Sekretären und Mittelsleuten, die oft Agenten mehrerer Auftraggeber waren, und eingezwängt in nahezu unlösbare Spannungen am Vorabend des Dreißigjährigen Kriegs. Peter Wok starb am 6. November 1611 in Wittingau. Auf dem Totenbett bedauerte er, wie sein Archivar Václav Březan überliefert, dass er sich „in der literarischen Kunst nicht besser habe üben können".

Das Begräbnis wurde prunkvoll von einem utraquistischen Geistlichen, Matěj Cyrus geleitet, katholischer Klerus war aber ebenso dabei. Cyrus hob am Ende seiner Predigt den rosenbergischen Wappenschild über die Köpfe der Trauergemeinde, brach ihn entzwei und warf die Teile von der Kanzel. Ein dramatisches Ritual für das Ende eines Geschlechts.

1611: Unlösbare Spannung am Vorabend des Dreißigjährigen Kriegs und Erlöschen der Rosenberger in männlicher Erbfolge

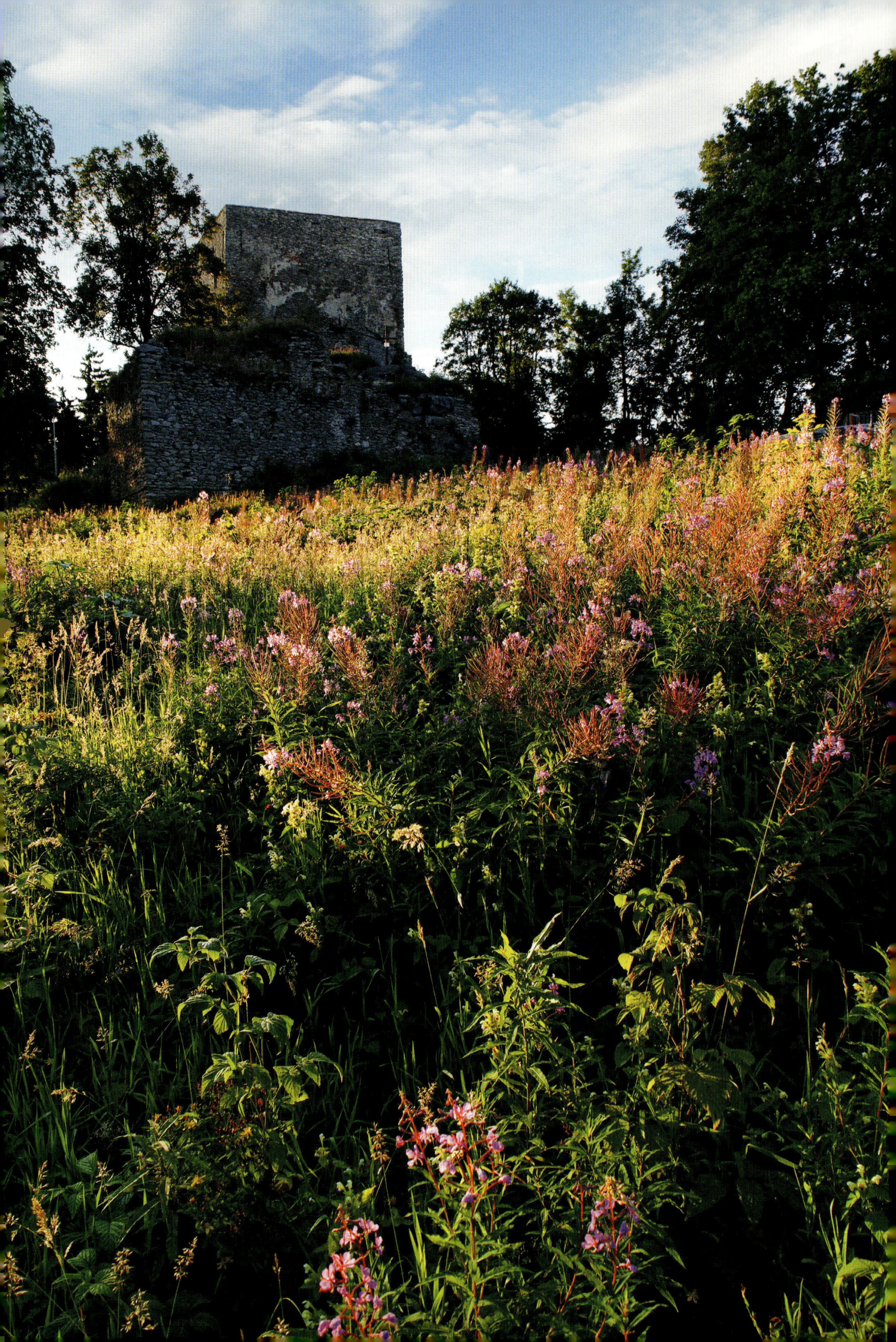

IM HOCHWALD

Adalbert Stifters literarischer Ort und das Unzeitgemäße seines Romans „Witiko"

Kirche und Burgruine von Wittinghausen spielen in der Literaturgeschichte eine bedeutende Rolle. Damit wurde der Ort bald zum Orientierungspunkt im kollektiven kulturellen Gedächtnis.

Im nahen Frymburk/Friedberg lebte von 1831 bis 1893 der Schuldirektor und Heimatforscher Jordan Kajetan Markus. Er war der Initiator jenes Stifter-Obelisken auf dem Plöckenstein, der als frühes literaturtouristisches Projekt an jener Stelle errichtet wurde, von der in Stifters erfolgreicher Erzählung „Der Hochwald" (1841) die Töchter des Heinrich Wittinghausen in der Ferne ihre Burg wie „einen luftblauen Würfel" liegen sahen und erfahren mussten, dass diese durch Brandschatzung zur Ruine geworden war.

Die Kirche St. Thoma wurde im 14. Jahrhundert zur Zeit Peters I. von Rosenberg errichtet und sie diente lange als Wallfahrtskirche. Unter Kaiser Josef II. wurde sie aufgelassen und erst nach 1989 wieder renoviert. Der alte Förster Petr Ziegrosser legte damals als einer der ersten Hand an, gab Auskunft über den Ort, erzählte, dass er dabei war, als der Moldau-Stausee 1956 geflutet wurde und durch die Schaffung einer militärischen Sperrzone dieses Grenzland völlig in Isolation geriet.

Auch Václav Reischl, der in den 1970er Jahren nach Deutschland ging und nach dem Fall des Eisernen Vorhangs als Dokumentarfilmer zurückkehrte, um ein verschwundenes Dorf zu porträtieren, lernte als Schüler in den 50er Jahren die tote Grenze von tschechischer Seite aus kennen: „Wir sind geschickt worden, um Kartoffeln zu sammeln, wir haben in den verfallenen Häusern gestöbert – einfach schräg! Aber aufgrund der ideologischen Prägung in der Schule haben wir nichts hinterfragt. Die Welt hat hier für uns aufgehört und uns wurde signalisiert, dass noch einen Schritt weiter zu tun bedeutet: Du bist dort, wo das Böse beginnt. Das Böse war damals aus der Perspektive eines tschechischen Schulkindes Deutschland und Österreich."

Die Stereotypen hatten sich in den Köpfen festgesetzt. Mit ihnen war auch Petr Honka aufgewachsen. Er kam in jener Zeit, als Reischl schon nach Deutschland emigriert war, aus der Slowakei nach Hohenfurth und brachte es bis zum Major der Grenztruppen. Heute arbeitet er bei einer Security-Firma. Er empfängt uns freundlich, erzählt vom Dienst am Eisernen Vorhang und erzählt mit nüchternem Blick auf die unmittelbare Zeitgeschichte über die vereitelten Fluchtversuche jener Jahrzehnte, die er „Anhaltungen" nennt:

„90 Prozent der Anhaltungen gelangen durch Hunde. Es gab davon drei Typen. Die besten Suchhunde konnten bei günstigem Wetter, wenn es feucht war, bis zu 12 Stunden alte Spuren von Störern, wie wir die Flüchtlinge nannten, aufnehmen." Zwischen 1948, dem Jahr der kommunistischen Machtübernahme, und 1950 zählte die offizielle Statistik mehr als 23.000 Geflüchtete. Selbst alte Schmugglerpfade durch Hochmoore wurden im Böhmerwald aktiviert.

Spielt eine bedeutende Rolle in der Literaturgeschichte: Vítkův kámen/Wittinghausen, heute Ruine

Dann wurde der Eiserne Vorhang installiert, ein dreifacher stromgeladener Drahtverhau, die Grenzgemeinden und ihre „überprüfte zivile Einwohnerschaft" wurden in die Beobachtung eingebunden. Die Universität Pilsen erstellte eine Dokumentation anhand von altem „Schulungsmaterial" und fragte nach den jungen Grenzsoldaten, die durch Selbstmord oder ungeklärte Unfälle starben. Das Verschwiegene arbeitet sich seit 20 Jahren an die Oberfläche. Oder es wird zutage gefördert wie die Grabsteine des Friedhofs von Zvonková/Glöckelberg. Am Südufer des Moldausees wurde die ehemalige Ortschaft nach der Vertreibung der deutschsprachigen Bevölkerung 1945 in den 1960er Jahren geschleift. Es war das der letzte Akt in der Anwendung des Prinzips der Kollektivschuld auf tschechischer Seite und in der Umsetzung jener Beneš-Dekrete, die als Reaktion auf die Politik Hitlers formuliert worden waren.

Heute stehen Kirche und Friedhof von Glöckelberg saniert mitten im Wald. Es war das erste derartige Projekt, das der damalige Bischof von Budweis und spätere Kardinal Miloslav Vlk 1992 als Gedenkstätte einweihen konnte. Es handelte sich dabei um eine Privatinitiative des Linzer Unternehmers Horst Wondraschek, der damit ein von Menschen aus Österreich, Tschechien und Deutschland getragenes Versöhnungsprojekt schuf. Auch die junge tschechische Initiative „Antikomplex" recherchiert in durchaus eigennütziger Weise die Vergangenheit ausgesiedelter Grenzräume und macht derartige Aufarbeitung zum Anliegen gegenwärtiger Kommunalpolitik in den ehemaligen Sudetengebieten Tschechiens. Die deutsche Volkskundeexpertin Elisabeth Fendl hat inzwischen den sogenannten „Heimwehtourismus" vertriebener Menschen erforscht und folgert, es gebe eine neue Sensibilität für das „Gedächtnis der Orte". So wird auch das Angebot Horst Wondrascheks viel genützt, bietet er doch über Google maps virtuelle Begehungen von Glöcklberg an. Er ist überzeugt, dass der Erfolg seiner Initiative darin besteht, dass sich Lebensläufe schließen lassen, was zur Aufarbeitung der Vergangenheit beiträgt und dass auch junge Leute aus Tschechien hier Zugang zu einer lange tabuisierten Vergangenheit finden können. Schließlich habe auch seine Generation erst in der Nachkriegszeit allmählich Klarheit über den Nationalsozialismus gewonnen.

Das einstige Glöckelberg ist nicht zuletzt durch den deutschböhmischen Schriftsteller Johannes Urzidil bekannt geworden, der in der Gegend seine Urlaube verbracht hatte und, als er vor den Nazis in die USA flüchten musste, diesen Platz in seiner Literatur festhielt. In seiner Novelle „Wo das Tal endet" nimmt er das Dorf als Metapher für ein im Streit entzweites Land: „Es war unerklärlich, wie viel Schuld sich überhaupt auf so kleinem Raum zusammendrängen konnte." Urzidil nimmt hier vorweg, was Jaroslav Durych als verfemter Autor der kommunistischen Tschechoslowakei 1955 in seinem Alterswerk „Gottes Regenbogen" beschrieb und nach 1989 eine Reihe junger tschechischer Autoren wie Radka Denemarková oder Jáchym Topol aufgreifen und zum Thema machen sollten.

Wittinghausen und Adalbert Stifter
Die Landschaft um Wittinghausen gehört heute zum ökologisch wertvollen Reservat „Grünes Band" Europas. Das ist nicht zuletzt der Tatsache zu verdanken, dass es Jahrzehnte als Niemandsland quasi der menschlichen Geschichte entzogen war. Diese Landschaft ist in ihrer Vernarbung umso mehr ein Verweis auf die europäische Vergangenheit. Und die Literatur nimmt sich oft noch vor den Historikerkommissionen dieser Themen an.

Zur literarischen Figur wird im 19. Jahrhundert durch Adalbert Stifter auch Witiko von Prčice, der Bauherr der benach-

---

Johannes Urzidils Dorf als Sinnbild der böhmischen Tragödie

barten Festung Wittinghausen. Wittinghausen diente kaum jemals als Wohnburg, sondern vornehmlich als Verwaltungssitz in vergleichsweise unwirtlicher Höhenlage. Die Prominenz, die ihr zuteil wird, verdankt sie eher ihrem Platz in der Literatur als in der Geschichte.

Adalbert Stifters Roman „Witiko" ist eigentlich ein Fragment, denn Stifter plante auch noch zwei Romane über „Wok" und „Zawisch" zu schreiben, dazu reichte seine Lebenszeit aber nicht mehr. Mit „Witiko" kehrt er zurück. Hatte die Erzählung „Der Hochwald" die Zerstörung von Burg Wittinghausen im Dreißigjährigen Krieg zum Inhalt, so wird in „Witiko" die Gründungssage von Wittinghausen erzählt. Die historische Vorlage des Romans ist der Streit um die böhmische Erbfolge im 12. Jahrhundert, der Roman antwortet aber eher auf den Zeitgeist des 19. Jahrhunderts und seine Probleme. „Stifter projizierte in eine ferne Vergangenheit zurück, wie er sich das Verhältnis von Mensch und Geschichte dachte. Und er entwarf das Szenario für ein richtiges, von Verantwortungsbewusstsein getragenes Handeln im politischen Raum", schreibt sein Biograf Wolfgang Matz.

Am 28. Mai 1865 schickte Stifter dem Gemeinderat der Stadt Prag ein Widmungsexemplar seines Romans „Witiko", den er „insbesondere den Bewohnern der Stadt Prag zu widmen" beschlossen hatte. Damit betonte Stifter seinen böhmischen Landespatriotismus, den er seinem „Witiko", an dem er über 12 Jahre arbeitete, zugrunde legte. 1859 schrieb er bereits an seinen Verleger Heckenast, ihm sei beim gegenwärtigen Zustand der Mächte Europas „meine Arbeit Rettung und Trost geworden". Stifter war enttäuscht über den politischen Gang der Zeit. Er setzte der Weltlage „starke Menschen" in seiner Dichtung entgegen. Die Niederlage Österreichs gegen Preußen in der Schlacht bei Königgrätz 1866 brachte ihn „so sehr außer meinem Wesen, dass ich vollkommen wieder nervenkrank war". Die von Stifter ersehnte, aber real geschei-

Adalbert Stifter: Oberplan, um 1823 (oben); nächste Doppelseite: Grenzland rund um die Burgruine Wittinghausen, im Vordergrund St. Thoma

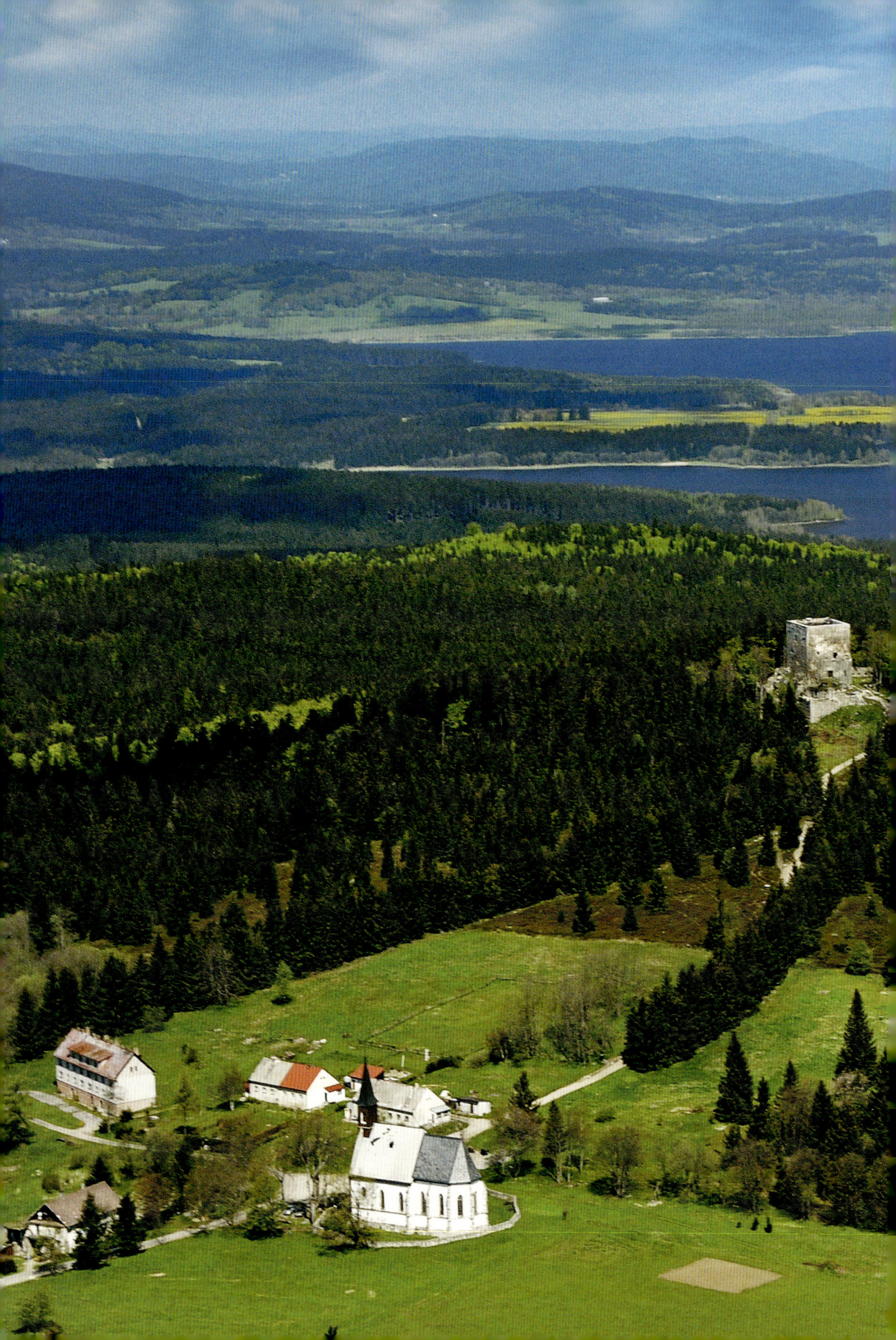

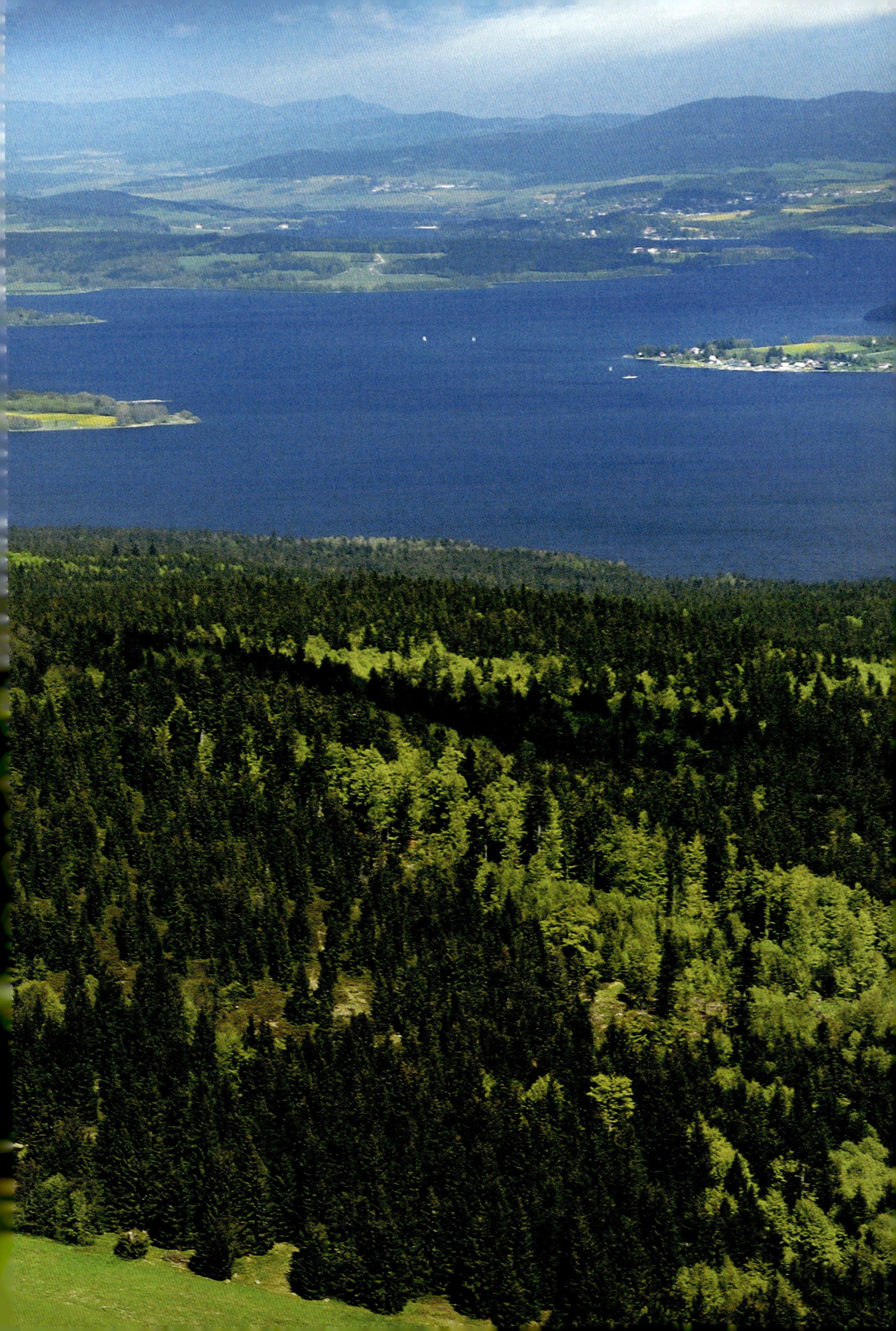

PRAG

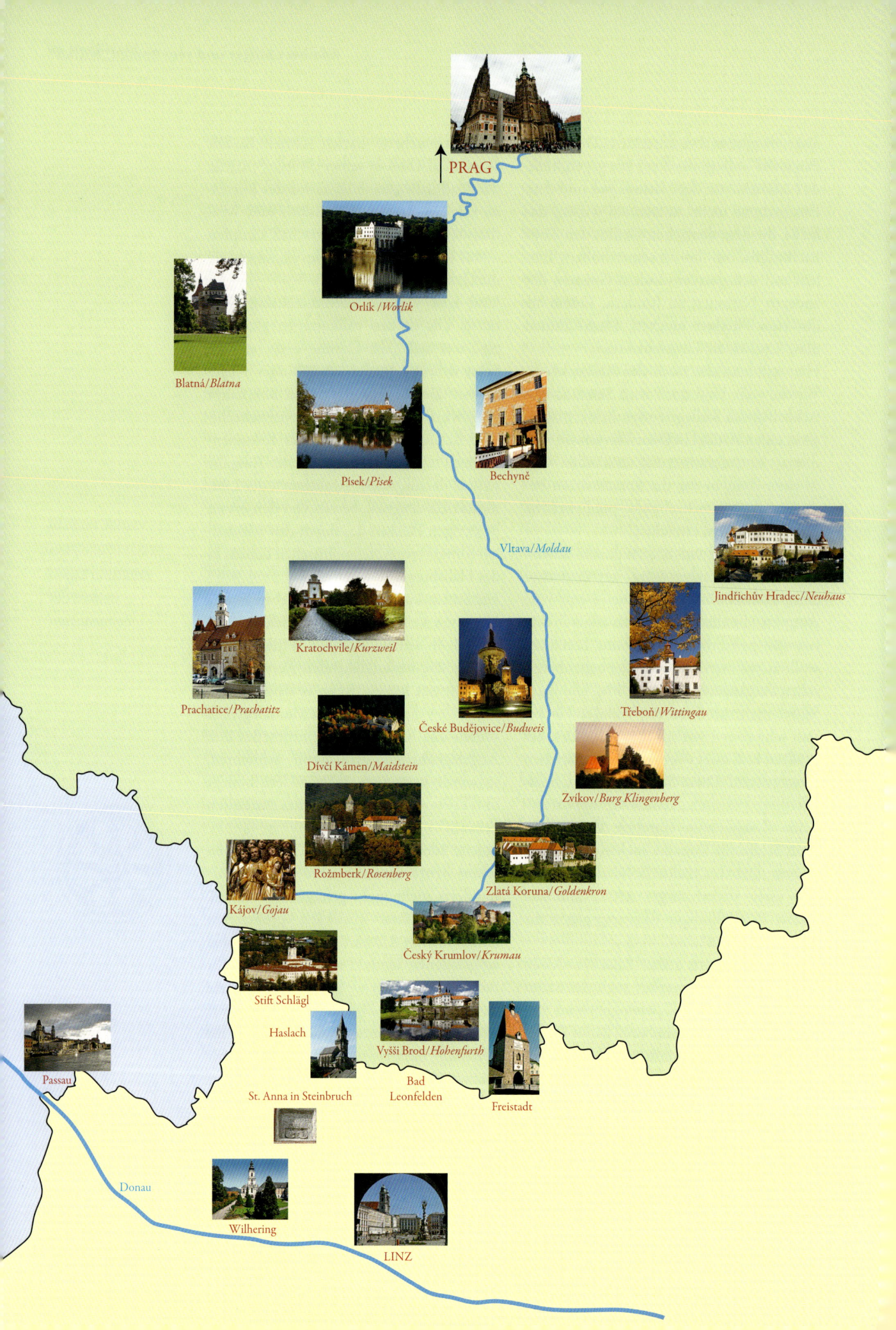

Orlík / *Worlik*

Blatná / *Blatna*

Písek / *Pisek*

Bechyně

Vltava / *Moldau*

Jindřichův Hradec / *Neuhaus*

Kratochvíle / *Kurzweil*

Prachatice / *Prachatitz*

České Budějovice / *Budweis*

Třeboň / *Wittingau*

Dívčí Kámen / *Maidstein*

Zvíkov / *Burg Klingenberg*

Rožmberk / *Rosenberg*

Zlatá Koruna / *Goldenkron*

Kájov / *Gojau*

Český Krumlov / *Krumau*

Stift Schlägl

Haslach

Vyšší Brod / *Hohenfurth*

St. Anna in Steinbruch

Bad Leonfelden

Freistadt

Passau

Donau

Wilhering

LINZ

ZEITTAFEL

8. Jh.	Christianisierung des bayerischen Raumes
800	Karl der Große wird zum römisch-deutschen Kaiser gekrönt
921–929	Herzog Wenzel (der Heilige) aus der Familie der Přemysliden
976	Beginn der Herrschaft der Babenberger mit Leopold I. als Markgraf der bayerischen Ostmark
1098	Gründung des Zisterzienserordens
1146	Gründung des Stiftes Wilhering/Donau
1150	Beginn der gotischen Kathedralbauten in Frankreich
1156	Markgrafschaft Österreich wird zum Herzogtum
1158	Kaiser Friedrich Barbarossa ernennt Herzog Wladislaw II. zum König von Böhmen; Witiko von Prčice, der Stammherr der Witigonen, begleitet Friedrich Barbarossa auf dem Italienfeldzug
1170–1230	Walther von der Vogelweide
1250	Rosenberg wird erster Stammsitz. König Přemysl Ottokar II. übernimmt nach dem Ende der Babenberger deren Erbe in Österreich und regiert 1251–1276
1252	Erstmalige Nennung von „Austria superior"
1258	Gründung des Stiftes Vyšší Brod/Hohenfurth
1278	Böhmenkönig Přemysl Ottokar II. unterliegt Rudolf I. von Habsburg in der Schlacht auf dem Marchfeld
1290	Zawisch von Falkenstein aus der Linie der Krumauer Witigonen wird hingerichtet
1306	Ende der Dynastie der Přemysliden
1346–1378	Kaiser Karl IV.: Prag wird Mittelpunkt des Heiligen römischen Reichs deutscher Nation, westeuropäische Orientierung des Landes, Beginn religiöser Erweckungs- und Erneuerungsbewegungen
1344	Baubeginn des Veitsdoms in Prag
1348	Gründung der Universität Prag als erster Universität nördlich der Alpen
1348–1417	Großes Schisma der Kirche: Papst und Gegenpapst bekämpfen einander; Jan Hus predigt in Prag religiöse Reform und nationale Positionen
1378–1419	Niedergang Böhmens unter König Wenzel IV., Ermordung Johannes von Nepomuks
1393	Gefangennahme König Wenzel IV. durch Heinrich von Rosenberg auf Wildberg
1415	Feuertod des Jan Hus auf dem Scheiterhaufen in Konstanz
1419–1434	Hussitenkriege
1458–1471	Vom Adel gewählter Ständekönig Georg von Podiebrad; Böhmen bleibt in zwei konfessionelle Lager geteilt
1517	Thesen Martin Luthers
1521	Hochzeit des Habsburgers Ferdinand I. mit Anna von Böhmen in Linz
1526	Habsburger übernehmen den böhmischen Königsthron (bis 1918)
1529	Türken vor Wien
1555	Augsburger Religionsfrieden: Zwei Konfessionen
1570	Wilhelm von Rosenberg wird Oberster Burggraf in Prag.
1575–1612	Kaiser Rudolf II.; Prag als Zentrum für Kunst und Wissenschaft (Johannes Kepler)
1608	Verschärfung der religiösen Gegensätze, Bruderzwist und Entmachtung Rudolfs II.
1611	Tod des letzten Rosenbergers Peter Wok
1618	Prager Fenstersturz
1620	Schlacht am Weißen Berg, Niederlage der „Protestantischen Union", Beginn des Dreißigjährigen Kriegs

LITERATUR

BAHLCKE, JOACHIM/EBERHARD, WINFRIED/ POLIVKA, MILOSLAV (Hg.): Böhmen und Mähren. (Handbuch der historischen Stätten) Kröner Verlag, Stuttgart 1998.
BAYER, PETRUS A.: Das Stift Schlägl. Zankapfel zw. Passau und Böhmen. In: Erzählungen aus Geschichte u. Kultur im Bezirk Rohrbach. Heimatkundliche Beiträge Heft 17.
BECHER, PETER: Adalbert Stifters „Witiko". Ein Wirkungsdefizit als Ausdruck gescheiterter Integration? In: Höhne, S./Ohme, A. (Hg.): Prozesse kultureller Integration und Desintegration. Deutsche, Tschechen, Böhmen im 19. Jahrhundert. Verlag Oldenbourg, München 2005
BOSHOF, EGON u. a.: Geschichte der Stadt Passau. Hgg. im Auftrag d. Vereins für ostbairische Heimatforschung, Verlag Friedrich Pustet, Regensburg 2003.
BRUNNER, ALOIS: Mittelalterliche Sakralarchitektur. In: Boshof, Egon u. a.: Geschichte der Stadt Passau. Hgg. im Auftrag d. Vereins für ostbairische Heimatforschung, Verlag Friedrich Pustet, Regensburg 2003.
BŮŽEK, VÁCLAV: Das Goldene Zeitalter der südböhmischen Teichwirtschaft In: Knittler, H.: Die Lainsitz 1997, S. 81–93.
BŮŽEK, VÁCLAV: Der Anteil der österr., süddt. und ital. Märkte bei der Bildung des Kulturniveaus der Adelshöfe. In: Opera historica. Editio Universitatis Bohemiae meridionalis 2 (1992). S. 38–44.
BŮŽEK, VÁCLAV: Die Linzer Märkte und die Kultur am Hof der letzten Rosenberger. In: Historisches Jb. der Stadt Linz 1989. S. 11–44.
BŮŽEK, VÁCLAV: Die politische Rolle der Residenz Peter Woks von Rosenberg in Třeboň/Wittingau zur Zeit des Bruderzwists. In: Bůžek, V. (Hg.): Ein Bruderzwist im Hause Habsburg (1608–1611). Opera Historica 14, Budweis 2010. S. 307–330.
BŮŽEK, VÁCLAV: Die private Welt der böhmischen adeligen Familien. In: Heimann, Heinz Dieter (Hg.): Adelige Welt und familiäre Beziehung. Verlag für Berlin-Brandenburg, Potsdam 2000. S. 17–43.
BŮŽEK, VÁCLAV: Die Schlösser der südböhmischen Magnaten in der Zeit der Renaissance und des Manierismus. In: Vocelka, K./R. Leeb/A. Scheichl (Hg.).: Renaissance und Reformation. OÖ. Landesausstellung 2010. Trauner Verlag, Linz 2010.
BŮŽEK, VÁCLAV: Passau 1552 – Augsburg 1559. Zeugnisse böhmischer Adeliger über den Hof u. die Reichspolitik Ferdinand I. In: Mitteilungen des Inst. f. Österr. Geschichtsforschung 116. Bd., Heft 1–4. Böhlau Verlag, Wien 2008. S. 291 ff.
COUDENHOVE-KALERGI, BARBARA/RATHKOLB, OLIVER (Hg.): Die Beneš-Dekrete. Czernin Verlag, Wien 2002.
DA COSTA-KAUFMANN, THOMAS: Linz, des Kaisers Kulturhauptstadt um 1600? In: P. Assmann: Des Kaisers Kulturhauptstadt. Verlag Bibliothek der Provinz, Weitra 2012.
DENKSTEJN, V./MATOUS, F.: Südböhmische Gotik. Artia Verlag, Prag 1955.
DIWALD, HELLMUT: Anspruch auf Mündigkeit. (Propyläen Geschichte Europas Bd. 1). Propyläen Verlag, Frankfurt/M. 1975.
DUBY, GEORGES: Die drei Ordnungen. Das Weltbild des Feudalismus. Suhrkamp tb wissenschaft 596, Frankfurt/Main 1986.
ERKENS, FRANZ-REINER (Hg): 1000 Jahre Goldener Steig. Veröffentlichungen des Instituts für Kulturraumforschung Ostbaierns und der Nachbarregionen der Univ. Passau 61. Klinger Verlag, Passau 2011.
ETZLSTORFER, HANNES: Klosterrouten Oberösterreich. Klöster, Orden, Säkularinstitute und geistliche Gemeinschaften in Oberösterreich. Verlag Bibliothek der Provinz, Linz 2012
FELLNER, FRITZ: Freies Burgleben für freie Leute. Die Geschichte der Stadt Freistadt.
FRANC, JIŘÍ: „Ich werde blühen, wenn mich Gott anschaut". Typologie zum Gemälde: 500-jähriges Bestandsjubiläum des Stiftes Hohenfurth. In: Památky Jižních Čech 2. České Budějovice 2009, S. 62–86.
FRANC, JIŘÍ: Und sollte man mit dem Frächterwagen dorthin fahren? Zur Geschichte der südböhmischen Kleinstadt Hohenfurth/Vyšší Brod in den Jahren 1918–1937. Diplomarbeit, Salzburg 2001.
FUHRMANN, HORST: Einladung ins Mittelalter. C. H. Beck Verlag, München 1989.
GOTTSMICH, SEVERIN: Hohenfurth. Zur Geschichte seines Stiftes und seiner Pfarreien. In: Cistercienser Chronik Jg. 76. Verlag der Cistercienser, Mehrerau 1969. S. 90ff
GRAUS, FRANTIŠEK: Přemysl Ottokar II. Sein Ruhm und sein Nachleben. In: Mitteilungen d. Inst. f. österr. Geschichtsforschung 1971. H. Böhlaus Nachf., Köln, Wien, Graz. 1971, S. 57–110
GUTKAS, KARL: König Otokars Städtepolitik in Österreich und der Steiermark. In: Bláhová M./Hlaváček, I. (Hg.): Böhmisch-österreichische Beziehungen im 13. Jh. Österr. Kulturinstitut u. Philosoph. Fakultät d. Karlsuniversität Prag 1998.

HAIDER, SIEGFRIED: Geschichte Oberösterreichs. Verlag f. Geschichte u. Politik, Wien 1987.
HLAVÁČEK, IVAN: Bemerkungen u. Überlegungen zu den hochmittelalterlichen böhmischen Itinerarien im Spätmittelalter, bes. zu dem des Ulrich von Rosenberg. In: Heimann, Hans Dieter: Adelige Welt und familiäre Beziehung. Potsdam 2000, S. 43–57.
HLAVÁČEK, IVAN: Böhmisch-österreichische Nachbarschaft. In: Bláhová, M./Hlaváček, I. (Hg): Böhmisch-österreichische Beziehungen im 13. Jhdt. Vorträge des Int. Symposiums 1996 in Znaim. Österr. Kulturinstitut u. Philos. Fakultät der Karlsuniversität Prag 1998.
HLAVÁČEK, IVAN: Zu den kulturellen Kontakten zw. den böhmischen u. österreichischen Ländern im 15. Jh. In: Winkelbauer, T. (Hg.): Kontakte und Konflikte 1992
HOENSCH, JÖRG K.: Geschichte Böhmens. Von der slawischen Landnahme bis ins 20. Jh. C. H. Beck Verlag, München 1987.
HÖHNE, STEFFEN: Öffentlichkeit und nationaler Diskurs im Vormärz. In: Prozesse kultureller Integration und Desintegration. Deutsche, Tschechen, Böhmen im 19. Jh., hg. v. Steffen Höhne u. Andreas Ohme (Veröff. des Collegium Carolinum Bd.103. Oldenbourg Verlag, München 2005.
IGGERS,WILMA: Die Juden in Böhmen und Mähren. C. H. Beck, München 1986.
JANTZEN, HANS: Kunst der Gotik. Rowohlt Verlag, Hamburg 1957.
JORDAN, KAJETAN MARKUS: St. Thoma. Wittinghausen 1882.
KAINDL, DOMINIK: Geschichte des Zisterzienserstifts Hohenfurth in Böhmen. Selbstverlag, Krumau 1930.
KLIEBER, RUPERT: Lebenswelten der Donaumonarchie 1848–1918. Böhlau Verlag, Wien 2010.
KNITTLER, HERBERT/KOMLOSY, A.: Die Lainsitz. Natur- und Kulturgeschichte einer Region (Forschungen zur Landeskunde v. Niederösterreich Bd. 28), Verein f. Landeskunde v. NÖ. St. Pölten 1997.
KNORRING, MARC VON: Die Hochstiftpolitik des Passauer Bischofs Wolfgang von Salm (Neue Veröff. des Inst. für ostbairische Heimatforschung d. Univ. Passau Bd. 57) Passau 2006.
KROESS, ALOIS: Geschichte der böhmischen Provinz der Gesellschaft Jesu. (= Quellen und Forschungen zur Geschichte, Literatur u. Sprache Österreichs u. s. Kronländer XI) Verlag Ambros Opitz Nachf., Wien 1910.
KUBIKOVÁ, ANNA: Familienbeziehungen der Rosenberger zu österr. Adelsfamilien. In: Winkelbauer, T. (Hg): Kontakte und Konflikte. Böhmen, Mähren, Österreich. Horn 1993.
KUTHAN, JIŘÍ: Die Kunst am Hof Přemysl Ottokars II. In: Bláhová, M./Hlaváček (Hg.): Böhmisch-österreichische Beziehungen im 13. Jhdt. Österr. Kulturinstitut u. Philos. Fakultät d. Karls-Universität Prag 1998.
KUTHAN, JIŘÍ: Vyšší Brod/Hohenfurth. Bezirkszentrum für staatliche Denkmalpflege. Budweis 1989.
LACHINGER, JOHANN/SLAVÍK, IVAN (Hg.): Grenzüberschreitungen. Tsch.-Österr.-Dt. Symposion 2000 (= Jb. A. Stifter Inst. Bd .7, 8). Linz 2004.
LE RIDER, JACQUES: Mitteleuropa. Auf den Spuren eines Begriffs. Deuticke, Wien 1994.
LEROUX-DHUYS, JEAN-FRANÇOIS: Die Zisterzienser. Geschichte und Architektur. Könemann Verlag, Köln 1998.
MAIDL, VÁCLAV: Stifter Rezeption in den böhmischen Ländern. In: Laufhütte, H. u. K. Möseneder (Hg.): Adalbert Stifter. Dichter und Maler, Denkmalpfleger und Schulmann. M. Niemeyer Verlag, Tübingen 1996. S. 527ff.
MALE, EMILE: Die Gotik. Die französische Kathedrale als Gesamtkunstwerk. Belser Verlag, Stuttgart1994.
MARCKHGOTT, GERHART: Fremde Mitbürger. In: Hist. Jahrbuch d. Stadt Linz, Jg. 1985, S. 285–310.
NATIONALE FRAGE und Vertreibung der Deutschen in der Tschechoslowakei. Fakten, Forschungen, Perspektiven aus dem Abstand von 50 Jahren. Mitteilungen des OÖ. Landesarchivs 19, Linz 2000.
PÁNEK, JAROSLAV: Böhmen, Mähren u. Österreich in der frühen Neuzeit. In: Winkelbauer, T. (Hg): Kontakte und Konflikte. Böhmen, Mähren, Österreich. Horn 1993.
PÁNEK, JAROSLAV: Der Adel n der böhmisch-mährischen Gesellschaft u. Kultur der frühen Neuzeit. In: Opera historica 2. Budweis 1992.
PÁNEK, JAROSLAV: Der böhmische Vizekönig Wilhelm v. Rosenberg und seine deutschen Ehen. In: Tanz,Sabine (Hg.): Mentalität und Gesellschaft im Mittelalter. Frankfurt/M. 1994.
PÁNEK, JAROSLAV: Reisende aus Böhmen im Europa der Renaissance. In: Bohemia 32 (1991) S. 338–67.
PÁNEK, JAROSLAV: The Rozmberks. A short Exhibition Guide. Národní památkový ústav – územní odborné pracoviště v Českých Budějovicích 2011.
PAVELEC, PETR: Das Dominikanerkloster in České Budějovice. České Budějovice 2008.
PAVELEC, PETR: The Rozmberk Rose. In: Panek, J: The Rozmberks, České Budějovice 2011. S. 10–15.
PAYRLEITNER, ALFRED: Österreicher und Tschechen. Alter Streit und neue Hoffnung. 2. Aufl. Böhlau Verlag, Wien 2003.
PICHLER, ISFRIED: Stift Schlägl und Böhmen. In: Archiv für Kirchengeschichte von Böhmen-Mähren-Schlesien. Bd. VII Hg. v. Inst. f. Kirchengeschichte von Böhmen, Mähren, Schlesien. Königstein/Taunus 1985.
POHANKA, REINHARD: Österreich im Mittelalter. (= Geschichte Österreichs Bd. II). Pichler Verlag, Wien 2002.

POLÍVKA, MILOSLAV: Ulrich v. Rosenberg und seine Umgebung. In: Heimann, Hans Dieter: Adelige Welt und familiäre Beziehung. Potsdam 2000, S. 59–72.
POLLEROSS, FRIEDRICH: Prager Prager Gotik, Wiener Barock und Brünner Moderne. In: Bůžek/Komlosy u. a. (Hg.): Kulturen an der Grenze. Promedia Verlag, Wien 1995.
PRÖLL, LAURENZ: Haslach. Geschichte der Pfarrei bis zur Übernahme durch Schlägl. Linz 1926.
REICHENBERGER, ROBERT: Wolfgang von Salm, Bischof von Passau (1540–1555). Ein Beitrag zur Geschichte des 16. Jahrhunderts. Dissertation, Freiburg 1902.
ŘEŘICHOVÁ, SYLVA: Třeboň und Bechyně. In: Knittler, H.: Die Lainsitz 1997, S. 51–67.
RÖSMER, WERNER: Religion und Ökonomie. Zur Wirtschaftstätigkeit der Zisterzienser. In: Scholkmann, B.: Von Cîteaux nach Bebenhausen. Tübingen 2000.
SCHIECHE, E.: Die Rosenbergische Bibliothek vor und nach 1648. In: A. Stifter Jahrbuch 5 (1957). Edmund Gans Verlag, Gräfelfing bei München 1957, S. 102–140.
SCHOCK-WERNER, BARBARA: Die Vernetzung der spätgotischen Bauhütten im Süden des Reichs. In: Hauck, Michael/Wurster, H. W. (Hg): Der Passauer Dom des Mittelalters. Klinger Verlag, Passau 2009.
SCHOLKMANN, BARBARA (Hg): Von Cîteaux nach Bebenhausen. Welt und Wirken der Zisterzienser. Attempto Verlag, Tübingen 2000.
SCHULTES, LOTHAR: Linz als Residenzstadt. In: Des Kaisers Kulturhauptstadt. Linz um 1600. Hg. v. OÖ. Landesmuseen, P. Assmann. Verlag Bibliothek der Provinz, Weitra 2012.
SCHULTES, LOTHAR: Linz. Gesichter einer Stadt. Verlag Bibliothek der Provinz, Weitra 2011.
SCHWARZENBERG, KARL: Geschichte des reichsständischen Hauses Schwarzenberg. Bd. 2. Neustadt/Aisch 1963.
SEIBT, FERDINAND (Hg): Renaissance in Böhmen. Prestel Verlag, München 1985.
SEIBT, FERDINAND: Glanz und Elend des Mittelalters. Siedler Verlag, Berlin 1987.
SEIBT, FERDINAND: Stifters „Witiko" als konservative Utopie. In: Deutsche u. Tschechen. Beiträge zu Fragen der Nachbarschaft zweier Nationen. Delpsche Verlagsbuchhandlung, München 1971. S. 23–39.
SONTAG, SUSAN: Im Zeichen des Saturn. Essays. Fischer Taschenbuch Verlag, Frankfurt/M. 2003.
STURMBERGER, HANS: Georg Erasmus Tschernembl. Zur Geschichte der Gegenreformation und des Landes ob der Enns. H. Böhlaus Nachf., Wien–Graz 1953.
TUCHMAN, BARBARA: Der ferne Spiegel. Das dramatische 14. Jahrhundert. Deutscher Taschenbuch Verlag, München 1980.
TŮMA, MICHAL: České Budějovice in flagranti. Foto Mida, Budweis 1994.
UFLACKER, HANS GEORG: Christian I. von Anhalt und Peter Wok von Rosenberg. Disseration 1926.
ULM, BENNO: Die Bauhüte der Rosenberger und die Pfarrkirche von Haslach. In: OÖ Heimatblätter Jg.37, H. 2, hg. v. Landesinstitut für Volksbildung. Linz 1983, S. 133f.
ULM, BENNO: Kefermarkter Retabel und Bauhütte von Freistadt.
VACHA, BRIGITTE (Hg.): Die Habsburger. Eine europäische Familiengeschichte. Verfaßt von Walter Pohl u. Karl Vocelka. Styria Verlag, Graz, Wien, Köln 1992.
VANÍČEK, VRATISLAV: Die Familienpolitik der Witigonen. In: Bláhová, M./Hlaváček, I. (Hg.): Böhmisch-österreichische Beziehungen im 13. Jh. Österr. Kulturinstitut u. Phil. Fakultät d. Karlsuniversität Prag 1998.
VOCELKA, KARL: Böhmen, Mähren u. Österreich in der frühen Neuzeit. In: Winkelbauer, T. (Hg): Kontakte und Konflikte. Böhmen, Mähren, Österreich. Horn, 1993. S. 137ff.
VOKOLEK, VÁCLAV: Krumau. Die Stadt der mystischen Rose. Eminent Verlag, Prag 2008.
WEBERMARKT HASLACH an der Mühl.(Heimatbuch) Hg. Marktgemeinde Haslach 1992.
WIESMÜLLER, WOLFGANG: Die Prag-Reichenberger Stifter-Ausgabe und die neue historisch-kritische Stifter-Ausgabe. In: Jb. A. Stifter Inst. d. Landes OÖ. Bd. 14, 2007
WINKLER, GERHARD B.: Monastikon. Beiträge zum kulturgeschichtlichen Umfeld des Zisterzienserordens zu seiner Theologie und Spiritualität. Patrimonium Verlag, Heimbach 2012.
WINKLER, GERHARD: Bernhard von Clairvaux. Tyrolia Verlag, Innsbruck 2001.
WISCHIN, FRANZ: Die Stadt am blauen Fluß. Egon Schiele und Krumau. Wirtshaftstrend Zeitschriftenverlag, Wien 1994.
WURSTER, HERBERT W.: Das Bistum Passau und seine Geschichte. Edition de Signe, Straßburg 2010.
ZAUNER, ALOIS: Ottokar II. Přemysl und Oberösterreich. In: Jb. für Landeskunde f. NÖ., NF 44, 45. Wien 1978.
ZAUNER, ALOIS: Zur Geschichte Schlägls. In: Festschrift Gerhard Winkler zum 70. Geburtstag. Jb. d. OÖ. Musealvereins Gesellschaft für Landeskunde 149. Bd. Linz 2004.
ZEEDEN, E. W.: Hegemonialkriege und Glaubenskämpfe 1556–1648. (= Propyläen Geschichte Europas Bd. 2). Verlag Ullstein, Frankfurt/M. 1977.

Impressum

ISBN: 978-3-7012-0142-6

styriabooks

© 2013 by Styria regional
in der
Verlagsgruppe Styria GmbH & Co KG
Wien · Graz · Klagenfurt
Alle Rechte vorbehalten

Bücher aus der Verlagsgruppe Styria
gibt es in jeder Buchhandlung und im Online-Shop

styriabooks.at

Bildnachweis:
Adalbert-Stifter-Geburtshaus: S. 197; de.academic.ru: S. 128; flickr.com: S. 68/69 (Foto: Klaus Führer); Fotolia/areny samuel: S. 114/115; Geolocation: S. 17; Guide-Taxi: 113; Graphische Sammlung Albertina, Wien: S. 155; janzen-reisen.de: S. 145; Johannes Jetschgo: S. 14, 23, 71, 72, 131, 132, 133, 142, 191; Nationalgalerie Prag: S. 26, 35 (Foto: Ladislav Pouzar); NPU UOP Telč , SZ Telč: S. 36 (Foto: Thomáš Záhoř); OÖ Tourismus/Bohnacker: S. 18; Österreichische Galerie, Belvedere: S. 62, 63; portrait.kaar.at: S. 124; Regionalmuseum Krumau/Foto Hugo Moc: S. 162; Helga Schmidt-Glassner: S. 22; SOA Třeboň/Jaromir Hřebecký: S. 51, 168; Nicole Stava: S. 176; Stiftsarchiv St. Florian: S. 105; Thomas and Archikey.com: S. 21; Gerhard Trumler/Imagno/picturedesk.com: S. 94; Tschechischer Tourismusverband: S. 111; Universitätsbibliothek Heidelberg: S. 90; WGD Tourismus GmbH: S. 55; wikimedia: S. 43 (Foto: Jitka Erbenová), 46, 52, 64, 67 (SzP. Photo), 97, 108, 119 (Foto: Rolf Süßrich), 120, 126, 186 (Foto: Esperanto-klubo Písek); wikimedia/Wolfgang Sauber: S. 50, 98, 101, 102, 103, 107, 158; Zisterzienserabtei Vyšší Brod: S. 24, 57 (Foto: B. Kostohryz, boshua), 189 (Foto: Ladislav Pouzar)
Alle Strichzeichnungen: Educational Technology Clearinghouse/Clipart
Alle übrigen Bilder: Aleš Motejl

Lektorat und Herstellung:
Marion Mauthe
Covergestaltung:
Bruno Wegscheider
Buchgestaltung:
Maria Schuster
Reproduktion:
Pixelstorm, Wien
Druck und Bindung:
FINIDR, s.r.o., 737 01 Český Těšín
2 4 6 7 5 3 1

Printed in the European Union

KULTUR LAND OBERÖSTERREICH